算錢

阮翔鉞、洪紹魁——合著

風水解出您的投資方向和時機，
升億萬富翁！

本書使用說明

紫微命盤的致富地圖，六步驟讓您不論經濟危機或繁榮，都會看趨勢賺大錢。

步驟一：列印出自己的紫微命盤

1. 在 Yahoo 或 Google 等任何搜尋引擎中，輸入「紫微命盤免費算」。

2. 使用線上命盤查詢

輸入自己的出生年、月、日、時辰，將自己的紫微命盤列印下來。不用學會紫微斗數也沒關係。接下來您只要跟著本書查詢，就能輕鬆得知最佳的投資方案和時機。

步驟二：用紫微斗數判斷投資環境

告訴您如何用紫微斗數來預測股市，並以二〇一二年每月預測和實際行情對照，證明其準確率高達百分之八十！以長期持股來看，依據股市漲跌的預測趨勢圖，讓你獲利十拿九穩！

步驟三：了解適合自己的投資方式

1. 找到自己的財神爺

每個人發財的來源都不一樣，有人是來自父母庇蔭；有人是靠人脈，用人滾錢；有人是則從房屋不動產致富，只要知道您的財神爺是誰，找到對的方向就像找到發財的捷徑，不但減少損失，而且事半功倍。

2. 尋找財神爺的方法

本書為您設計了簡單的查詢圖表，只要知道「民國出生年尾數」與「命宮位置（十二地支）」，三秒鐘立即找到您的財神爺。

3. 從喜神找出適合自己的五行產業

有人投資電子股賺大錢，有人卻慘賠不已？那是因為每個人都有適合投資的產業類別。本書為您設計了簡單的查詢圖表，只要知道「出生日天干」和「農曆出生月」，三秒鐘立即找到「投資方向」！

4. 發財真實案例介紹

舉出七位投資者的真實案例，他們在接觸紫微斗數之前，有時賠有時賺；從紫微命盤找到他們的投資方向和時機後，開始賺錢。

步驟四：認知自己財運好壞時機點

1. 找出你的先天財運

查看你的財帛宮和田宅宮有什麼好壞運星宿，便知道您先天的財運運勢。

2. 找出你的後天財運

就算先天財運不佳，仍可以找到未來的財運好壞時機，一次透視十年財運優劣。

3. 看未來的發財時機點！

找到您的發財星，從二十二歲算到七十一歲，每年都可以算出是否為財運好時機，以及何時該避開投資風險。

4. 二〇一四～二〇一八年個人財運預測

本書提供您查詢二〇一四～二〇一八年的財運狀況，掌握近五年的發財狀況，就能抓準投資的時機賺大錢。

步驟五：搭配當年紫微斗數理財預測投資規劃

本書提供二〇一四年的台灣股市大局趨勢圖，讓你知道何時該逢低買入，何時該逢高賣出。

步驟六：布置開運發財風水，讓您發財守庫

最後，運用裝飾物品之材質、色彩、形狀催財，讓你透過風水創造利於自己的最佳氣場。

推薦序

「紫微斗數」起源自宋朝，由祖師陳希夷在華山禪修時，仰觀天象，作為斗數推人命，綜合陰陽五行、祿命法……諸多學說，不依五星要過節，只論年月日時生；直接立盤安身命，紫微天府佈諸星的一種術數。

紫微斗數在歷代帝王時期，並不在民間流傳，直至民國四十年代才在民間出現，經有心人士參研驗證之後，方使「紫微斗數」大為盛行。原因是「紫微斗數」不但是一套有系統的學說，而且還能藉著星辰間相互牽引的關係，配合十二個宮位因子的變化，而能將人們一生之窮、通、禍、福，在命學中表露無遺，如此神奇的一門學問，焉能不使人崇拜研讀？尤其我國命理學又是本源於儒家之寶—易學，經過數千年的對比、引證、邏輯、驗證的結晶。其準確性絕不遜於科學的求證方式，而且它更可以導引人類走向一個美麗、幸福、圓滿的生活。

由於時代的進步，物換星移，工商業發達，人們追求財富的意念，不同往時。「紫微斗數」也隨著時代的轉變，不僅是推論人的命運而已，更能運用於投資理財、股市預測，也能應用於工商團隊的組合，民選團隊的應用，甚至製造下一代的優生學……。

阮翔鉞依隨我十幾寒暑，為人謙虛、孝順、賢能、做事認真，更有善根，胸懷大志，一心想雲遊濟世。今其盡已學成天鉞門五術，尤其對因子之應用，投資理財、婚姻組配，更是見解獨特，創意新穎，意理完整，引證詳盡，今著此書，堪稱驚世之作，當即鼓勵翔鉞從速著手整理，早日出書應世，以之導引世人去惑解蔽、趨吉避凶，使社會更加和諧、富強安樂。

阮翔鉞曾任本會（中華民國天星紫微斗數研究會，以下簡稱本會）常務理事及因子學研究主任委員，現任本會第六屆理事長及天鉞門五術第二代主持；對復興中華文化、宏揚星相學術，於公於私，責無旁貸。近十幾年來，觀其做人言行，導惑教愚，有助世道人心，樂善好施，為善不為人知，善心義舉，令人肅然起敬，特撰言以勉其志，是為所序。

中華民國天星紫微斗數研究會 第一、二屆理事長

民國一〇二年冬吉旦撰於台北

作者序

「紫微斗數」自千年前，由老祖宗夜觀天象推演而成，當時僅有皇親國戚深受其惠。到了現代，又在高深莫測中離群索居，這門利益眾生的精深學問，就此深居閨中！筆者感慨學術墨守成規、故步自封，應該將紫微斗數生活化，讓先人的智慧幫助每個人解決疑難雜症，生活變得簡單、幸福變得容易，如此才能將老祖宗的心血廣施福澤，並且傳揚世世代代。

目前社會經濟狀況載浮載沉，物價膨脹，民不聊生，面臨著國際間激烈競爭的挑戰，筆者義憤填膺、心有感嘆、苦民所苦，決定傾己所學，與大家共赴難關，精心將命理學術應用在政經各層面，乃至於個人投資理財，以回饋社會。

陰陽學術歷時數千年，紫微斗數也已超過千年歷史，命理依據統計學不斷地印證、統計，由於資料數據充足，所以準確性很高，至少可達七成，再經由研究者熟稔的經驗分析，準確性甚至可達九成以上。筆者傳承自恩師 洪培峰，家師於民國七、八十年間，運用天體運轉的自然氣數，與人類的思想變化而做預測（如股票市場、房地產市場），陸續發表於各刊物，頗受好評。有鑑於社會結構變遷，投資理財觀念提升與受重視，筆者隨師數年來統計、追蹤、驗證、鑽研斗數，累積三十幾年經驗精專分析，運用於投資理財。本書將算錢的箇中奧秘公開給社會大眾，期助有緣人掌握自己的財運，透過靈活運用，創造理財佳績，方不負老祖宗所傳留的古老智慧文化。

對於紫微斗數，無論您是箇中好手，還是門外漢，或是一知半解，相信您都一定看得懂這本書。老祖宗把賺錢的秘密藏在紫微斗數中，筆者化繁為簡，還畫圖給您看，不怕您看不懂，也不怕您不賺錢，只怕您沒有機會好好鑽研這本書。化古今之玄妙，白話圖示一目瞭然，原來賺錢就是這麼簡單！這個秘密就是要讓大家都知道，就是要讓大家都賺錢！如此，這套學問非但不會失傳，還可以更加精進發展，甚至可以帶給大家幸福，確實使許多人受惠，這就是筆者的心願。

「億萬富翁計畫」：十年五百萬資產、二十年千萬資產、三十年上億資產，這套計畫周詳嚴密的三十年大計。您想擁有上億資產嗎？那就請您好好循著本書的方向，循序漸進，邁向億萬富翁的捷徑吧！每一張地圖都引領著我們接近財富，享受財富，同時提升精神的躍進。本書最後一章彙集 洪紹魁老師所學，運用天鉞門獨到的能量風水學，讓您我的財富進退自如、長治永安、頤養天年，甚至能夠回饋社會，福慧雙修。

老祖宗的智慧高深艱澀，遂將此精髓白話文、生活化，傳承恩師 洪培峰先生之智慧，盡我等所學，與有緣人分享，嘉惠普羅大眾。

阮翔鉞
洪紹魁
謹致 癸巳年冬

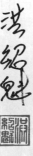

理財智富地圖總覽

請您跟我們這樣做～圓滿理財智富就是您！

STEP 1
觀念建立
P.23

STEP 2
錢海裡我是哪塊料
P.29

STEP 3
智富關鍵
億萬富翁計畫
P.46

STEP 4
拼錢要訣一
判斷投資環境
P.51

STEP 5
拼錢要訣二
了解適合自己的
投資方式
P.71

STEP 6
找到
自己的
財神爺
P.84

STEP 7
喜神助我
發大財
P.146

STEP 8
拼錢要訣三
認知自己財運
好壞的時機點
P.187

STEP 9
先天財運
好壞怎麼看
P.188

STEP 10
後天財運
好壞怎麼看
P.206

STEP 11
進財大運地圖
22-71 歲發財星
P.225

STEP 12
財運密碼 2014-
2018 年自己的
財運走向
P.286

STEP 13
拼錢要訣四
預測理財趨勢
P.321

STEP 14
布置開運發財風水
讓您發財守庫
P.329

用紫微斗數變身千萬富翁實例——王先生親身經歷

本門門生王先生經由本書《算錢》裡的拼錢要訣理財有道，晉身千萬富翁行列。

觀念建立：王先生自拜師入門，學習陰陽之術，善加運用天鉞門的紫微斗數及風水之學，家庭和興業圓滿如意，經由 洪培峰大師引導建立觀念，在理財投資方面更是游刃有餘，身家上億資產；目前仍低調潛學五術之道修身養性。王先生所學習的紫微斗數理財祕訣，則是筆者本書中的拼錢四要訣。

拼錢要訣一：用紫微斗數判斷投資環境（參考頁51）

說明：王先生依據紫微斗數理財，判斷股市投資環境，大獲利市。魁鉞運星也透過二〇一二年的每月股市預測和實際行情比較，印證運用紫微斗數預測股市起伏準確率高達八十%。

拼錢要訣二：了解適合自己的投資方式（參考頁71）

步驟1、找到你的財神爺（參考頁74）

步驟2、喜神助你發大財（參考頁146）

◎找到王先生的財神爺：（參考頁126）

說明：王先生命宮在申，太陽星、巨門星化忌相守（命宮星辰係為變局），二合天同、太陰化祿權。命宮星宿在申、民國出生年次尾數為六，適合創業經營或與子女晚輩同業。

命宮星宿

民國出生年次的尾數是：6

命宮位置在：申

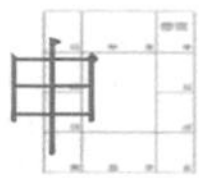

星宿	適合產業
破軍星	自立自強、股票投資財
七殺星	從事理財事業或長期投資
天梁星	從事養生事業或兄弟同業
天相星	從事理財事業或長期投資
巨門星	創業經營或子女晚輩同業
貪狼星	從事或經營養生相關產業
太陰星	不動產業或配偶伴侶同業
天府星	與父母或長輩同業或投資
廉貞星	自立自強、穩定事業財
天同星	從事養生事業或兄弟同業
武曲星	從事理財事業或長期投資
太陽星	創業經營或子女晚輩同業
天機星	不動產業或配偶伴侶同業
紫微星	與父母或長輩同業或投資

◎喜神助王先生發大財：

說明：王先生農曆六月出生，出生日天干庚，喜神為土。（參考頁168）

所以，適合投資五行屬土的產業，容易投資得利。（參考頁160）

五行產業別—土

＊石灰、泥土、尼龍、碳類、石油、建材

＊塑膠、玻璃、陶瓷、寶石、玉、水晶、鑽石

＊地板、磁磚

＊茶壺

＊資產、政治、教育、服務業〈房地產、保險、飯店〉、自由業

說明：王先生四十九歲入門學習天鉞門的紫

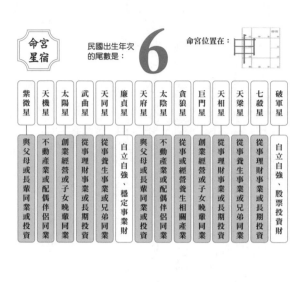

微斗數，其時已在上市建設公司擔任高階主管，在依據本書的方法由自身命盤算出自己的財富密碼後，理財得當，並順利於五十五歲退休；名下財產由子女繼承並投資，攻守自如，資產仍在增值中。

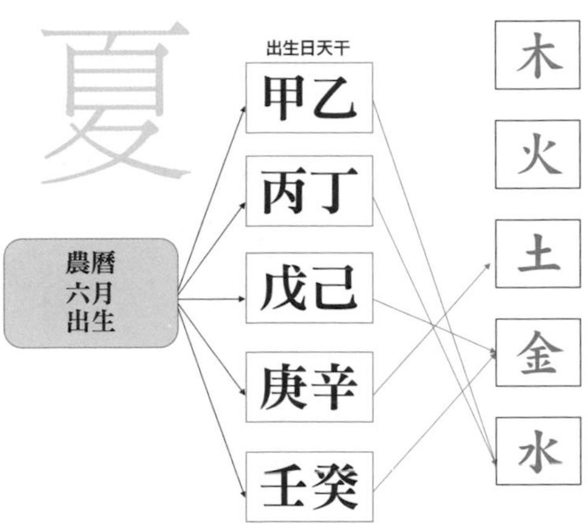

拼錢要訣二：認知自己財運好壞時機點（參考頁187）

步驟1：找到你的先天財運（參考頁188）

步驟2：找到你的後天財運（參考頁206）

步驟3：進財大運地圖（參考頁225）

步驟4：找到你當年度發財狀況（參考頁286）

◎王先生的先天財運：（參考頁192）

說明：王先生的財宅宮並非先天好財運之命格，財帛宮空宮弱勢；田宅宮紫微七殺星尚屬穩定，且可投資股票，天魁星可得長上助力，故其出世榮華，繼承遺產。

◎王先生的後天財運：（參考頁206）

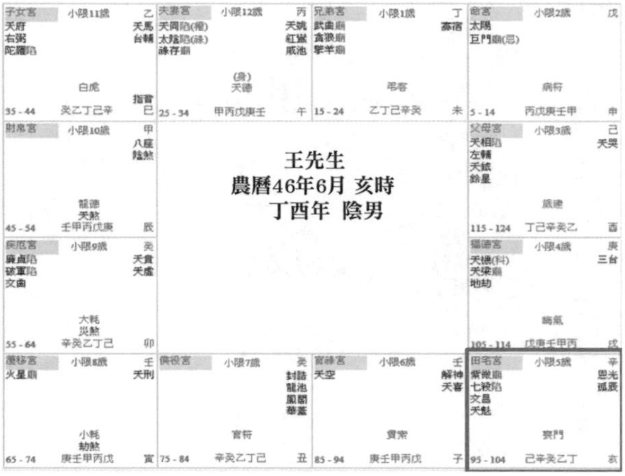

說明：王先生大限在辰（四十五～五十四歲），財帛宮無主星借對宮天同太陰化祿，太陽化大忌巨門化忌入大限夫官線相脅，此限十年吉凶參半。

◎進財大運地圖：（參考頁264）

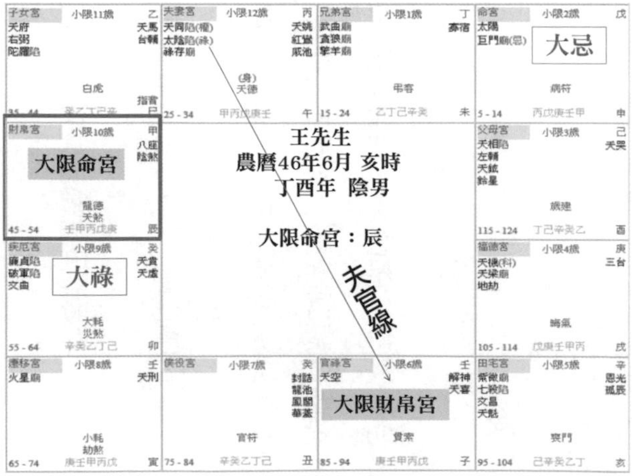

說明：王先生五十二～六十一歲財帛宮有發財星太陰星（本祿），此十年有發財靈動。

進財大運地圖

男生命宮在申【52～61歲】發財星

民國出生年尾數	財帛宮中有發財星	民國出生年尾數	財帛宮中有發財星
1	天梁星(本祿) 破軍星(大祿)	6	太陰星(本祿) 破軍星(大祿)
2	破軍星(本祿) 天機星(大祿)	7	×
3	廉貞星(本祿) 太陰星(大祿)	8	武曲星(本祿) 太陰星(大祿)
4	天機星(本祿) 武曲星(大祿)	9	太陽星(本祿) 武曲星(大祿)
5	天同星(本祿) 巨門星(大祿)	0	巨門星(本祿) 巨門星(大祿)

◎王先生的個人財運預測：（參考頁293）

說明：王先生二〇一四年大限命宮位在癸，有天同星、太陰星，運勢平穩、財運難攻可守。二〇一四年後的財運可以參考本書，預知當年度的發財狀況，做好進退的準備，萬無一失，老來無憂。

流年宮星　大限命宮天干是：癸　2014年 甲午年財運

紫微星	天機星	太陽星	武曲星	天同星	廉貞星	天府星	太陰星	貪狼星	巨門星	天相星	天梁星	七殺星	破軍星
穩定事業財 謹防財庫破	財運平平 不動產尚可守	運勢困頓 不動產運難守	財運亨通 不動產運平平	運勢平穩 財運難攻可守	運勢通達 不動產運尚可	財運亨通 不動產運平平	運勢平穩 財運難攻可守	投機賭性強 財運攻守難	財運平平 不動產尚可守	運勢通達 不動產運尚可	進財運勢平 不動產難守	投機賭性強 財運起伏大	偏財運佳 不動產運可守

拼錢要訣四：搭配當年紫微斗數理財預測投資規劃（參考頁321）

說明：紫微斗數為王先生量身訂做理財方案

十分成功！王先生乙亥年五十一歲，流年紫微七殺三合廉貞破軍化大祿，經指點年前投資其喜神「土」資產股——農林，股票大漲，財神登府、橫發資財近二千六百萬元；丙子年五十二歲，天同太陰化雙祿，此年股票投資亦獲利一百萬。

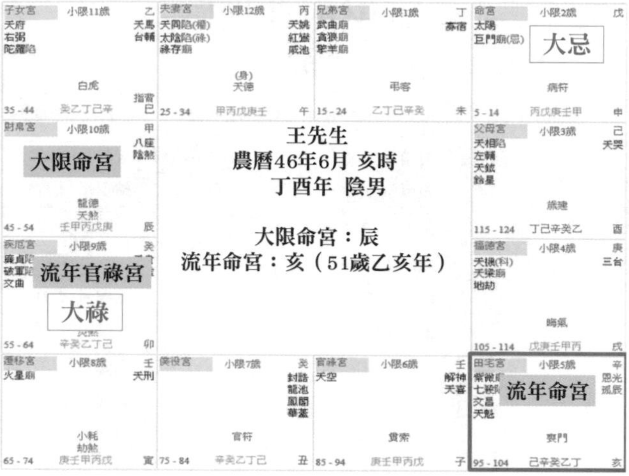

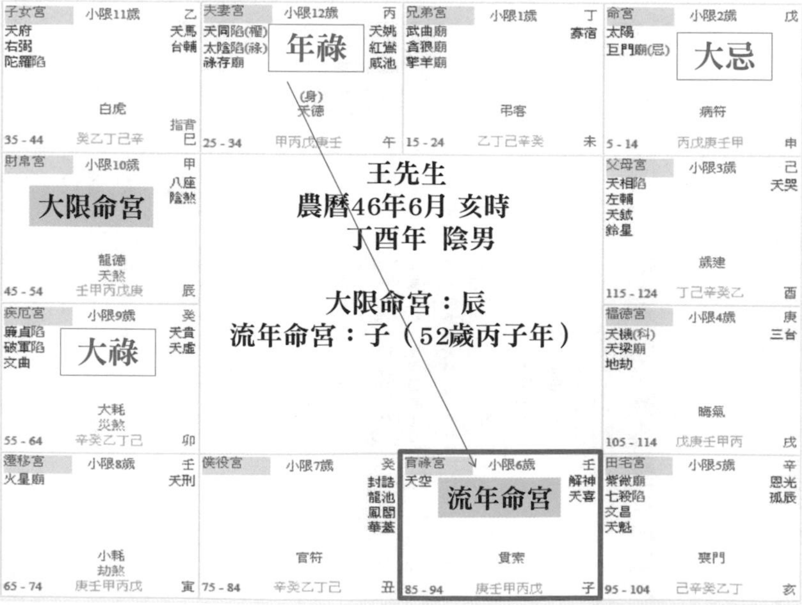

說明：王先生庚寅年五十四歲，三合化祿，再經指引投資彰化銀行，亦獲利三百萬。

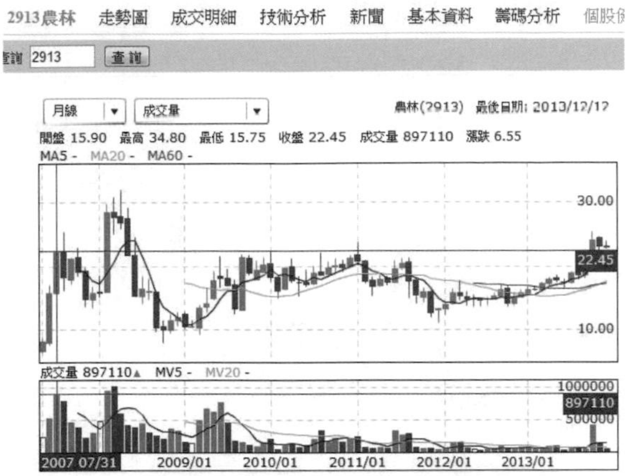

註：上圖引用 YAHOO! 奇摩股市的成交量圖

買入時間與單價		賣出時間與單價		獲利差價
2006/	15.8	2007/7	30.0	14.2
2009/2	10.5	2009/8	17.6	7.1
				農林股二波段獲利 2,700 萬

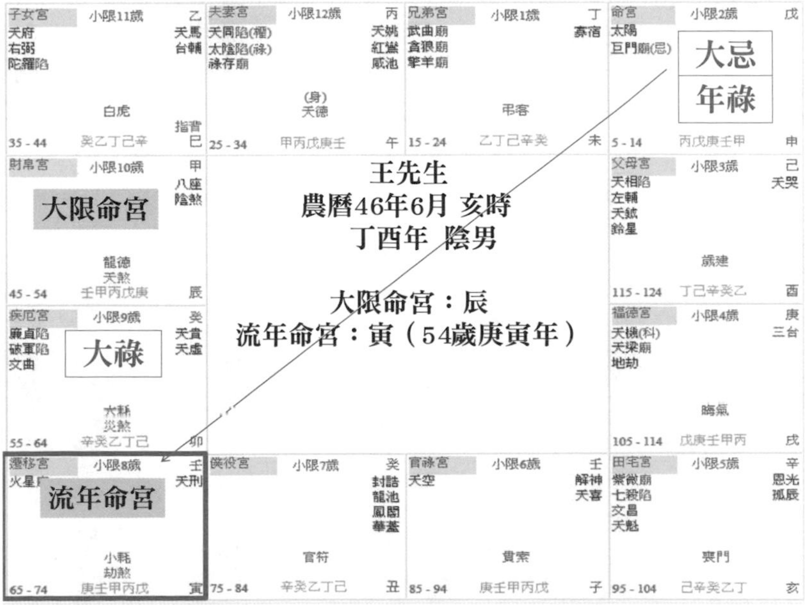

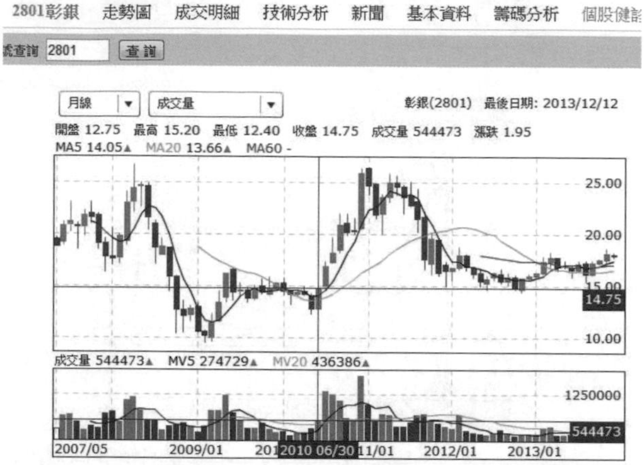

註：上圖引用 YAHOO! 奇摩股市的成交量圖

買入時間與單價		賣出時間與單價		獲利差價
2010/6	15.0	2010/12	23.0	8
2011/	15.8	持股以抱		增值中
				彰銀股一波段獲利 300 萬

王先生根據本書的理論，運用紫微斗數股票市場預測分析，精準買賣兩支股票，共獲利三千萬。因此不管股市行情好壞，只要能掌握買賣時機，任何時間都是投資股票市場的好時機。

布置開運發財風水，讓您發財守庫：（參考頁329）

說明：王先生經洪大師勘測指點居家及辦公風水，嚴選陽光、空氣、水、地氣皆足的環境補氣，於三年前購置兩棟別墅，布置經檢測合格，在高能量的水晶屋養生，克服了長年的病痛；如今身體健康，家庭和諧及富貴隨之圓滿，惜福感恩、福澤綿延！

本書使用說明 2
推薦序 4
作者序 6
理財致富地圖 8
用紫微斗數變身千萬富翁實例——王先生 9

第一章 跟著老祖宗的智慧：誰能賺大錢？

一、「我急著賺錢嗎？」 24
二、「我有賺錢的本事嗎？」老祖宗的生存之道 26
三、理財智富地圖怎麼用？ 28
第一步 探索投資環境〈已知經濟的了解〉 28
第二步 了解自己適合的投資方式 28
第三步 認知自己財運好壞的時機點 29
第四步 預測經濟，搶得先機，風險管理〈未知經濟的預測〉 29
四、「錢海裡，我是哪塊料？」 29
紫微智富：智富星星各有巧妙 30
星宿理財表 31
【紫微星】 32 【天機星】 33 【太陽星】 34
【武曲星】 35 【天同星】 36 【廉貞星】 37
【天府星】 38 【太陰星】 39 【貪狼星】 40
【巨門星】 41 【天相星】 42 【天梁星】 43
【七殺星】 44 【破軍星】 45
五、智富關鍵：億萬富翁計畫 46

第二章 拼錢要訣一：用紫微斗數判斷投資環境

一、影響股市的漲跌：觀天干地支生剋變化 53
怎麼樣知道當下投資環境的好壞呢？ 53
要怎麼樣去探討投資的環境？ 54
天有定數是如何去判斷呢？ 55

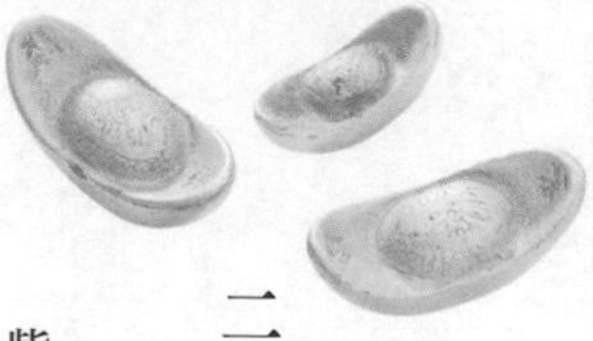

二、控制股市漲跌的時機：紫微斗數的星術變化 57
紫微斗數怎麼影響股市的變化呢？ 57
流月行情強弱的研判 58
三、用紫微斗數判斷投資環境 60
什麼是南斗星、北斗星及中天令主？ 60
四、二〇一二年每月預測與實際行情比較 61

第三章 拼錢要訣二：了解適合自己的投資方式

一、「我的財神爺是誰？」 74
財神爺在「父母宮」 74
財神爺在「命宮」 75
財神爺在「兄弟宮」 76
財神爺在「夫妻宮」 77
財神爺在「子女宮」 77
財神爺在「財帛宮」 78
財神爺在「疾厄宮」 79
財神爺在「遷移宮」 80
財神爺在「僕役宮」 81
財神爺在「官祿宮」 81
財神爺在「田宅宮」 82
財神爺在「福德宮」 83
二、尋找財神爺的方法 84
尋寶步驟：找到自己的財神爺 84
尋找我的財神爺：民國出生年尾數與命宮位置（十二地支）的配對查詢 85
民國出生年尾數為「0」、紫微斗數命宮在「子」「丑」「寅」「卯」「辰」「巳」「午」「未」「申」「酉」「戌」「亥」 86
民國出生年尾數為「1」、紫微斗數命宮在「子」「丑」「寅」「卯」「辰」「巳」「午」「未」「申」「酉」「戌」「亥」 92
民國出生年尾數為「2」、紫微斗數命宮在「子」「丑」「寅」「卯」

「辰」「巳」「午」「未」「申」「酉」「戌」「亥」 98
民國出生年尾數為「3」、紫微斗數命宮在「子」「丑」「寅」「卯」「辰」「巳」「午」「未」「申」「酉」「戌」「亥」 104
民國出生年尾數為「4」、紫微斗數命宮在「子」「丑」「寅」「卯」「辰」「巳」「午」「未」「申」「酉」「戌」「亥」 110
民國出生年尾數為「5」、紫微斗數命宮在「子」「丑」「寅」「卯」「辰」「巳」「午」「未」「申」「酉」「戌」「亥」 116
民國出生年尾數為「6」、紫微斗數命宮在「子」「丑」「寅」「卯」「辰」「巳」「午」「未」「申」「酉」「戌」「亥」 122
民國出生年尾數為「7」、紫微斗數命宮在「子」「丑」「寅」「卯」「辰」「巳」「午」「未」「申」「酉」「戌」「亥」 128
民國出生年尾數為「8」、紫微斗數命宮在「子」「丑」「寅」「卯」「辰」「巳」「午」「未」「申」「酉」「戌」「亥」 134
民國出生年尾數為「9」、紫微斗數命宮在「子」「丑」「寅」「卯」「辰」「巳」「午」「未」「申」「酉」「戌」「亥」 140

三、用喜神找出適合自己的五行產業 146
喜神是什麼？ 146
五行生剋制化圖 149
喜神詳細求法 151
用喜神找出適合自己的五行產業 152
喜神助您發大財！ 165
春天農曆一月至三月出生的喜神 166
夏天農曆四月至六月出生的喜神 167
秋天農曆七月至九月出生的喜神 169
冬天農曆十月至十二出生的喜神 170

四、理財投資命盤實例解析 172
【實例一】股票市場實戶林先生命盤解析 172
【實例二】股票市場實戶賴先生命盤解析 174
【實例三】股市市場實戶王先生命盤解析 176
【實例四】商界股市實戶劉小姐命盤解析 178
【實例五】房產市場實戶游小姐命盤解析 180

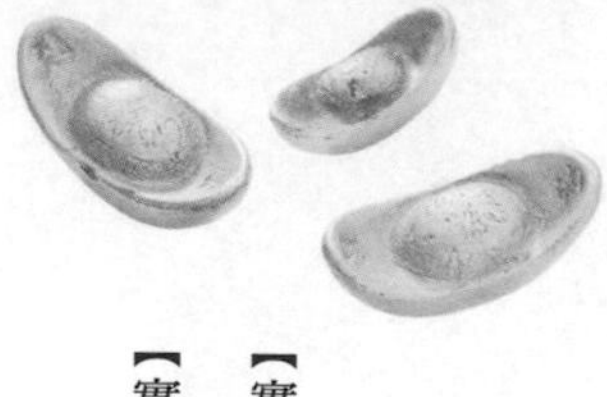

【實例六】房產市場實戶洪先生命盤解析 182
【實例七】協助經營服飾林小姐命盤解析 185

第四章 拼錢要訣三：認知自己財運好壞的時機點

一、先天財運好壞怎麼看？ 188
所謂先天財運好壞怎麼看？ 188
財帛宮、田宅宮裡喜歡的星宿 191
財帛宮、田宅宮裡忌諱的星宿 199
二、後天財運好壞怎麼看？ 206
查出自己的本命四化 207
找出後天財運的方法 212
透視十年財運優劣 213
後天財運優劣簡易計算法 215
三、看未來的發財時機點！ 221
尋寶步驟：找到自己的發財星 223
進財大運地圖：二十二至三十一歲男生的發財星 226
進財大運地圖：二十二至三十一歲女生的發財星 232
進財大運地圖：三十二至四十一歲男生的發財星 238
進財大運地圖：三十二至四十一歲女生的發財星 244
進財大運地圖：四十二至五十一歲男生的發財星 250
進財大運地圖：四十二至五十一歲女生的發財星 256
進財大運地圖：五十二至六十一歲男生的發財星 262
進財大運地圖：五十二至六十一歲女生的發財星 268
進財大運地圖：六十二至七十一歲男生的發財星 274
進財大運地圖：六十二至七十一歲女生的發財星 280
四、二〇一四～二〇一八年個人財運預測 286
尋寶步驟：找到當年度的發財狀況 286
二〇一四年個人財運紫微斗數預測 288
二〇一五年個人財運紫微斗數預測 294
二〇一六年個人財運紫微斗數預測 300
二〇一七年個人財運紫微斗數預測 307

二〇一八年個人財運紫微斗數預測 313

後記 343

第五章 拼錢要訣四：搭配當年紫微斗數理財預測投資規劃

一、千金難買早知道，教您做好風險管理 322

二、西元二〇一四年大局趨勢預測圖 323

三、西元二〇一四年農曆每年的氣數分析預測 323

第六章 布置開運發財風水，讓您發財守庫

一、上天的恩賜、大地的瑰寶：風水學之「地氣」 330

二、「我的財位在哪裡？」 334

三、「如何布置我的招財風水？」 335

四、運用裝飾物品之材質、色彩、形狀來催財 339

五、藏風又聚氣，財氣不渙散 341

心 得 筆 記

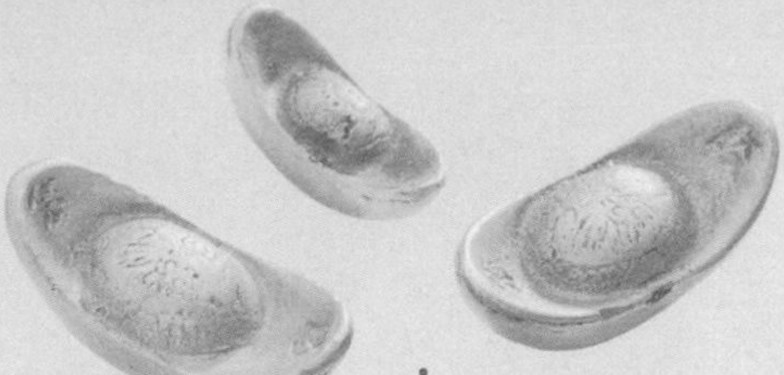

第一章

跟著老祖宗的智慧：誰能賺大錢？

一、「我急著賺錢嗎？」

您急著賺錢嗎？若是很急，請您放下這本書，因為它不會讓您馬上致富；正確理財是求「富貴長存」，而非「浮雲富貴」；紫微斗數古文骨髓賦：「鄧通餓死，運逢大耗之鄉。」漢朝鄧通的故事正是一部鐵證寫照，也呼應了時運變化的富貴一線間：

「飛黃騰達的鄧通」：鄧通原是一個船伕，漢朝時稱之為「黃頭郎」。西漢的漢文帝做了一個夢：想上天卻上不去，有個黃頭郎從身後推一把，終於上了到天上。漢文帝認為此夢喻意自己可以登天為仙，故積極尋找夢境中的「黃頭郎」，尋遍天下，把「黃頭郎」鄧通找出來，封官賞賜。

「吮癰舐痔的鄧通」：漢文帝身上長了一個大瘡，鄧通便趴在這個大瘡上，忍著噁心，啜去大瘡的膿汁。鄧通的舉動打動了漢文帝的心，問鄧通道：「普天下誰最愛朕呢？」鄧通答道：「當然是太子啊！」這時正好太子前來向皇帝問病，皇帝要太子給他吸啜身上的膿汁，想不到太子大感為難，令漢文帝感到鄧通比親兒子還要愛自己，鄧通自始得到漢文帝的歡心。

「鄧通錢」：皇帝命相士為鄧通看相，相士看過後稱：鄧通最後會因貧窮飢餓而死，文帝聽了不服，對自己那麼好的人，能讓他餓死嗎？於是文帝把蜀郡的一座銅山賜給鄧通，准許他私人鑄錢，從此，鄧通錢流通天下，鄧通亦富甲一方。

「鄧通的下場」：公元前一五六年，漢景帝繼位。鄧通因早年吮癰舐痔一事得罪景帝，漢景帝便以過境採礦的罪名罷其官，沒收其財產；後來鄧通餓死於雅安。

鄧通正是運走大耗而慘遭餓死。曾經富甲一方，卻落入此步田地，可見理財千萬不可輕率，須步步為營，做好運勢評估；依循老祖宗的地圖，做好人生短中長期的規劃。

讓您長治久安的致富秘訣！您想要嗎？若想要，就一定要熟讀這本書，它會讓您擁有正確的投資觀念，理財致富。老祖宗的智慧早就明白告訴我們，知命掌運，勝券在握；少走冤枉路，進財守財一次搞定。所以千萬不要急，跟著老祖宗的腳步，了解自己、掌握天機、取得地利，天人地三才齊備，人處於天地之間，必須上知天文、下曉地理，才能奪得先機！

羅經差一線，富貴不相見。富人與窮人的觀念只差一線，您覺得您會是富人？還是窮人？為自己評量一下吧！看看您的觀念正不正確？

※富人的觀念	※窮人的觀念
我一定要贏	我不可能贏
成功要靠自己	要是我老爸有留下…
學會管理風險	賺錢要小心，別冒風險
我想辦法找資金	我沒有資金
我想辦法買得起	我可買不起
沒有錢萬萬不能	錢不是萬能
我讓金錢為我工作	我為賺錢而工作
想辦法解決問題	面對問題束手無策
觀念嶄新	觀念陳舊
言行一致	只說不做
看趨勢做事	看結果做事
失敗找原因改善	失敗找理由卸責
運用人際關係	不與人合作
不計較一時利益	斤斤計較眼前得失
時間不夠忙於做事	時間太多無所事事
熱愛事業，樂於工作	總想休息，工作痛苦
不斷投資	努力存錢
設法創造財富	千方百計節約錢財
跌倒爬起來，達成目標	遇到挫折就放棄
一心做好自己的事業	總想找個好工作
總是更聰明地工作	總是更努力工作
驚醒的雄獅	迷途的羔羊

想要成為富人，觀念一定要調整；調整好了，就可以進行智富秘訣的步驟。為自己與家人創造財富，讓老祖宗的智慧幫助我們一生衣食無憂，生活智富、智富生活！

二、「我有賺錢的本事嗎？」老祖宗的生存之道

一句流傳許久的老祖宗智慧語錄，蘊含著生存智富的道理，只要您能懂，妥善運用、執行、體會，幸福、財富就在您手裡！

一命，二運，三風水，四積陰德，五讀書，六名，七相，八敬神，九交貴人，十養生，十一擇業與擇偶，十二趨吉及避凶，十三逢苦要無怨，十四不固執善惡，十五榮光因緣來。

有了以上十五訣，過日子不再那麼難了吧！老祖宗已經告訴我們生存之道囉！

欲善其事，先利其器。

【一命】我有賺錢的命嗎？
先天命格有四種：無財無庫、無財有庫、有財無庫、有財有庫。怎麼看？

【二運】我有賺錢的運嗎？
有命格沒有運氣，猶如浪裡行舟載浮載沉，危機重重老是套牢，必須做好風險管理。

【三風水】同樣的八字，每個人都會在好運時賺錢嗎？
後天風水造就有氣有勢，造命突破勢如破竹不可一世。

【四積陰德】有錢人都會好命嗎？
積陰德長治永安享晚福，行善積德，回饋社會。

【五讀書】繼續學習共修，充實身心靈。社會學最有用，可賺錢，可修心養性；讀五術最棒，提升氣質又能知命掌運，還可以加強人際關係。現在的社會，人脈就是錢脈，掌握人脈，賺錢才快。

老祖宗的這十五訣，道盡了做人處事的成功原則：

有命無運是空談、無命有運是奇蹟、有命有運是福氣、無命無運靠後天；有運無風水是小富、無運有風水是平安、有運有風水大富貴、無運無風水災禍臨。有風水無積德財難守、無風水有積德保平安、有風水有積德富貴綿長、無風水無積德禍不單行；有積德無讀書平庸人生、無積德有讀書及時向善、有積德有讀書福慧雙全、無積德無讀書終難翻身。

（六）名取好名眾星拱月、（七）相轉好相相由心生、（八）敬神尊重傳統禮俗、（九）交貴人心存感激、（十）養生沒有健康都是空談、（十一）擇業與擇偶助力因子事半功倍、（十二）趨吉避凶知命掌運、（十三）逢苦要無怨心態健康積極、（十四）不固執善惡廣納箴言、（十五）榮光因緣來成功人生！

老祖宗字字句句苦口婆心。賺錢人人都愛，具備一至三的老祖宗箴言時，有命有運有風水的確減少了奮鬥，事半功倍，但是知己知彼、腳踏實地、積極正面，才能真正趁勢而發；當天時、地利、人和具備，即可一躍而上；賺到錢之後，別忘了守成才是真功夫；「會輪轉不如會打算（台語）」，謹記四至十五的老祖宗箴言，懂得感恩惜福，才有資格讚譽為食祿萬鐘、富貴滿盈。

三、理財智富地圖怎麼用？

這本書帶您直抵理財致富的秘訣，請循著地圖，直搗理財致命點！命盤地圖怎麼排？有了地圖，您將勇往直前！Go！

本書將帶您一窺究竟，按照步驟一步步來，走向智富圓滿的人生。

理財智富地圖

第 1 要訣
用紫微斗數判斷投資環境

第 2 要訣
了解適合自己的投資方式

第 3 要訣
認知自己的財運好壞的時機點

第 4 要訣
預測經濟，搶得先機，做好風險管理

第一步　用紫微斗數判斷投資環境〈已知經濟的了解〉

既然了解了理財的重要，也準備做好理財規劃，接下來就要做功課，必須多探索投資的環境。怎麼去了解呢？技術分析、產業報導、電視新聞……各方面都可以作為參考值。現在再加入紫微斗數觀測局勢，您將比別人多一份先知，少一份恐懼。

1. 影響著股市的漲跌—觀天干地支的生剋變化。
2. 控制股市漲跌的時機—紫微斗數的星宿南北斗變化。
3. 歷年投資環境如何運用紫微斗數來分析？

第二步　了解適合自己的投資方式

理財方式有很多種，到底什麼方式可以讓您輕鬆致富？必須有智慧地去了解自己理財的方向。

1. 尋找我的財神爺：找出財神爺，確立投資的對象與目標。
2. 喜神助我發大財：喜神幫助我們掌握投資的行業或標的物。

第三步　認知自己財運好壞的時機點

確認自己理財的方向後，必須審視自己的時運好壞，好時攻，不好時守，做好風險管理，勝於未戰之時。老祖宗智慧的流傳，就是要讓有福報的人少走冤枉路。

第四步　預測經濟，搶得先機，風險管理〈未知經濟的預測〉

千金難買早知道，教您做好風險管理。除了了解自己運勢外，若能夠掌握經濟脈動、預測未來，您智富的勝算可高達七成。

趕緊靜下心來，好好研究此書，一步步進行您的智富計畫。千萬不可漏掉任何一個步驟，紮實蹲好馬步，致富還需要智慧經營，才能富貴圓滿一生！

四、「錢海裡，我是哪塊料？」

欲勝人者，必先自勝；欲知人者，必先自知。理財前先搞清楚，自己是哪塊料？透過認識紫微斗數的星宿理財觀，掌握自己，才能出奇制勝、擁有財富，並且守成不敗、頤養天年。

紫微斗數中，每個主星的理財觀念為何嗎？

紫微斗數中，每個主星的財神爺是誰？

紫微斗數中，每個主星的速配行業是什麼嗎？

先了解您紫微斗數命盤中的命宮星宿，方能教您踏出輕鬆理財的第一步！

每一顆星宿都有自己專屬的理財觀及理財模式，也各有其獨特的性格。性格決定命運，徹底了解自己，才能趨吉避凶，尋求適合自己的理財方式，發揮自己的特長，修正自己的缺點，您將會發現：理財其實可以很簡單！

紫微智富：智富星星各有巧妙

將自己的八字排列出紫微斗數命盤，依據「命宮」的星宿告訴您，原來您的理財觀是如何？〈如何算出命盤：讀者可上網搜尋「紫微斗數免費命盤」，輸入個人八字排列命盤，即可找出自己命宮中的星宿！〉

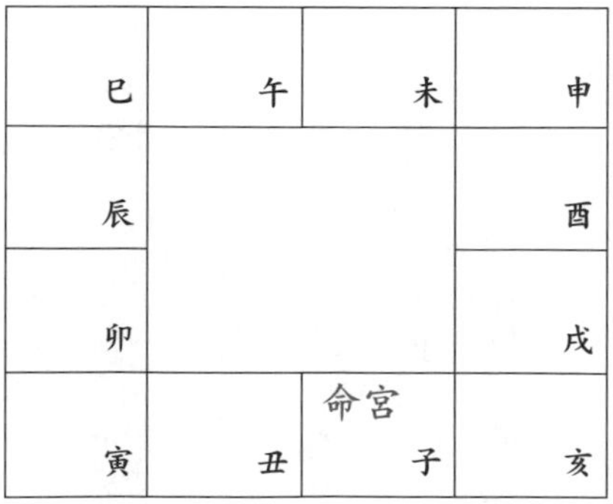

例如上圖，命宮就在「子」位，以命宮裡的星宿來分析。

由命宮可以直窺您的財帛宮為何星宿，並由其星宿的五行，可以了解適合您的理財方式。依下表，可以找到您的理財法寶，讓您方向明確，突破自我的迷思。

星宿理財表

命宮星宿	財帛宮星宿	財帛星五行	財神爺	股票類別
紫微星	武曲星	金	正財、事業財、長期投資	金屬業或金融股、鋼鐵股、汽車股、電器股
天機星	天同星	水	人際財、積福福至財臨	水產事業、化工業或化生股、化學股、生技股、通信股、航運股
太陽星	不定星	火	智慧財、眾生財、薪俸	火產事業、資訊硬體業或塑膠股、玻璃股、電子股、電機股
武曲星	廉貞星	火	正財、事業財、長期投資	火產事業、資訊硬體業或塑膠股、玻璃股、電子股、電機股
天同星	不定星	水	祖蔭、福氣財、專技財	水產事業、化工業或化生股、化學股、生技股、通信股、航運股
廉貞星	紫微星	土	正財、事業財、長期投資	土地、不動產業、農產業或水泥股、通路股、營建股
天府星	不定星	土	正財、家業、長期投資	土地、不動產業、農產業或水泥股、通路股、營建股
太陰星	不定星	水	祖蔭、不動產、祖產	水產事業、化工業或化生股、化學股、生技股、通信股、航運股
貪狼星	破軍星	水	投機財、創意公關、表演財	水產事業、化工業或化生股、化學股、生技股、通信股、航運股
巨門星	不定星	水	專業技術、生意經、眾生財	水產事業、化工業或化生股、化學股、生技股、通信股、航運股
天相星	天府星	土	正財、投資財、桃花財	土地、不動產業、農產業或水泥股、通路股、營建股
天梁星	太陰星	水	宗教財、不動產、俸祿	水產事業、化工業或化生股、化學股、生技股、通信股、航運股
七殺星	貪狼星	木	偏財、股票財、投機財	畜牧業、農產業或紡織股、造紙股
破軍星	七殺星	金	偏財、股票財、投機財	金屬業或金融股、鋼鐵股、汽車股、電器股

命宮裡的星宿是【紫微星】

【紫微智富】

命宮星宿理財觀－紫微星

★紫微星的理財，帝王般的尊貴

★凡事必須操控，理財謹慎節儉

★紫微星的財神爺：

正財、事業財、長期投資

★紫微星理財元素　金

金、銀、銅、鐵、錫，五金，金屬器材買賣，食用油－沙拉油、麻油，裝飾品－電火反射發亮，金融，銀樓

紫微星五行屬陰土，乃北斗令主又名帝座，為官祿主，解厄延壽制化，化氣曰尊。入命個性剛柔不濟，較隨心所欲，且易受外界影響。

紫微星是官祿主，通常會取財自正財、事業財、長期投資。正財乃為正常管道的財源，事業財為工作薪給或是創業所得，長期投資乃適合長期性的投資方式。不宜冒險投機，以免與個性相左，而得不償失。

財帛宮的星宿代表著進財的屬性。命宮為紫微星者，其財帛宮必定有武曲星。武曲星五行屬陰金，故而可以取財自屬「金」的行業或類股，如金屬業或金融股、鋼鐵股、汽車股、電器股等。

命宮、官祿宮及財帛宮，稱為三合，紫微斗數以此論斷人生的成就與地位。以上星性介紹與進財的屬性，是命運安排每個人的際遇，容易接觸三合中星宿五行所代表的職業或投資標的，可是這不代表一定可以由此賺到錢，真正能理財賺

到錢的，還是要靠本書第二要訣中的財神爺與喜神的選擇。

命宮裡的星宿是【天機星】

【紫微智富】

命宮星宿理財觀－**天機星**

★天機星的理財，機靈謹慎膽小

★有錢煩惱，沒錢更煩惱，厚操煩

★天機星的財神爺：

人際財、積福福至財臨

★天機星理財元素　水

水產、青果、水菜、冰水、餐飲、西藥、化學、化纖、航運運輸、交通、貿易通商代理、大哥大、電影、影像、期貨、流水事業

天機星五行屬陰木，南斗第三星，為兄弟主，化氣曰善，又名善宿。入命個性性急、脾氣暴躁、精明多計較，但勤勞謹慎、機謀多變，具學習與創新的能力，重視六親情份、孝順父母、友愛兄弟。

天機星是兄弟主，心地善良，喜歡結交朋友，通常會取財自人際財、福氣財。人際財乃為經營人脈，學習將人脈轉為錢脈；福氣財為因應個性的善良，多行善舉累積福德，無形中能產生源源福報而進財。

財帛宮的星宿代表著進財的屬性。命宮為天機星者，其財帛宮必定有天同星。天同星五行屬陽水，故而可以取財自屬「水」的行業或類股，如水產事業、化工業或化生股、化學股、生技股、通信股、航運股等。

命宮裡的星宿是【太陽星】

【紫微智富】

命宮星宿理財觀－太陽星

★太陽星的理財，熱情慈愛大方

★意氣相挺、濟弱扶傾、出手闊綽

★太陽星的財神爺：

智慧財、眾生財、薪俸

★太陽星理財元素　火

電燈、電器、電器修護、電腦、電工、香燭買賣、皮件、糕餅、肉類、廚師、屠宰、煉鋼廠、瓦斯、鍋爐

太陽星五行屬陽火，乃日之精，主權貴，司官祿主，為中天之主星，化氣曰貴。喜白天生人，夜生人居廟旺亦須扣分。入命個性聰明慈愛、不較是非、有魄力、浮華、好動、喜助人，凡事大而化之。

太陽星是官祿主，通常取財自智慧財、眾生財、薪俸。智慧財乃為運用頭腦或專業技術取財，眾生財為取之於大眾，也用之於大眾，如宗教、政治、大眾傳播等。薪俸可為公務人員或公司員工，取財於穩定的薪俸。

財帛宮的星宿代表著進財的屬性。命宮為太陽星者，其財帛宮不定星宿座落，通常為天機、太陰、天梁或巨門星，取決於哪一顆星的五行來分析適合的行業或類股。亦可依據命宮太陽星五行屬陽火，故而可以取財自屬「火」的行業或類股，如火產事業、資訊硬體業或塑膠股、玻璃股、電子股、電機股等。

命宮裡的星宿是【武曲星】

【紫微智富】

命宮星宿理財觀－**武曲星**

★武曲星的理財，君子愛財取財

★錙銖計較，理財、賺錢達人

★武曲星的財神爺：

正財、事業財、長期投資

★武曲星理財元素　火

電燈、電器、電器修護、電腦、電工、香燭買賣、皮件、糕餅、肉類、廚師、屠宰、煉鋼廠、瓦斯、鍋爐

武曲星五行屬陰金，為北斗第六星。司財帛之主，又名將星，為剛毅之宿，化氣曰財。入命個性剛強耿直、氣量寬宏、果斷短思。

武曲星是財帛主，通常取財自正財、事業財、長期投資。正財乃為正常管道的財源，事業財為工作薪給或是創業所得，長期投資乃適合長期性的投資方式。是個天生理財好手，選擇穩當理財方式為佳，以免與個性相左，得不償失。

財帛宮的星宿代表著進財的屬性；命宮為武曲星者，其財帛宮必定有廉貞星。廉貞星五行屬陰火，故而可以取財自屬「火」的行業或類股，如火產事業、資訊硬體業或塑膠股、玻璃股、電子股、電機股等。

命宮裡的星宿是【天同星】

【紫微智富】

命宮星宿理財觀－**天同星**

★天同星的理財，福星，無激亢

★上善若水，無為不爭，隨緣吧

★天同星的財神爺：

祖蔭、福氣財、專技財

★天同星理財元素 水

水產、青果、水菜、冰水、餐飲、西藥、化學、化纖、航運運輸、交通、貿易通商代理、通訊、電影、影像、期貨、流水事業

天同星五行屬陽水，為南斗第四顆星。為福德主，可解厄延壽制化，化氣曰福。入命個性溫和慈祥，為人謙遜耿直、無激亢，精通文墨，但較軟弱懶散。

天同星是福德主，通常取財自祖蔭、眾生財、專技財。祖蔭乃為祖上餘蔭，因為福報而擁有祖先或父母留下遺產；眾生財為取之於大眾，也用之於大眾，如宗教、政治、大眾傳播……，專技財乃為運用專業技術取財。

財帛宮的星宿代表著進財的屬性；命宮為天同星者，其財帛宮不定星宿座落，有太陰、天梁或太陽、巨門星，取決於哪一顆星的五行來分析適合的行業或類股。亦可依據命宮天同星五行屬陽水，故而可以取財自屬「水」的行業或類股；如水產事業、化工業或化生股、化學股、生技股、通信股、航運股等。

命宮裡的星宿是【廉貞星】

【紫微智富】

命宮星宿理財觀－**廉貞星**

★廉貞星的理財，疏狂，司品序

★管理經營樣樣通，靈活手段高

★廉貞星的財神爺：

正財、事業財、長期投資

★廉貞星理財元素　土

石灰、泥土、尼龍、碳類、石油、建材、塑膠、玻璃、陶瓷、寶石、玉、水晶、鑽石、地板、磁磚、茶壺、資產、政治、教育、服務業（房地產、保險、飯店）、自由業

廉貞星五行屬陰火，為北斗第三星。司品秩與權令，官祿主，化氣曰囚，又名囚宿。入身命為次桃花，個性狂傲。

廉貞星是官祿主，通常取財自正財、事業財、長期投資。正財乃為正常管道的財源，事業財為工作薪給或是創業所得，長期投資乃適合長期性的投資方式。運籌帷幄，選擇穩當的理財方式為佳，以免運勢不佳時，因風險過高而得不償失。

財帛宮的星宿代表著進財的屬性；命宮為廉貞星者，其財帛宮必定有紫微星。紫微星五行屬陰土，故而可以取財自屬「土」的行業或類股，如土地、不動產業、農產業或水泥股、通路股、營建股等。

命宮裡的星宿是【天府星】

【紫微智富】

命宮星宿理財觀－**天府星**

★天府星的理財，保守守財庫星

★籌措自如，進退得宜，堅守可成

★天府星的財神爺：

正財、家業、長期投資

★天府星理財元素　土

石灰、泥土、尼龍、碳類、石油、建材、塑膠、玻璃、陶瓷、寶石、玉、水晶、鑽石、地板、磁磚、茶壺、資產、政治、教育、服務業（房地產、保險、飯店）、自由業

天府星五行屬陽土，為南斗第一星。主延壽解厄，司權之宿，又號令星，為祿庫，財帛田宅主。入命為人保守厚重。

天府星是祿庫、財帛田宅主，通常取財自正財、家業、長期投資。正財乃為正常管道的財源，家業為持家有道、勤儉儲蓄所得，長期投資乃適合長期性的投資方式。保守的性格，選擇穩當的理財方式為佳，以免因風險過高而得不償失。

財帛宮的星宿代表著進財的屬性；命宮為天府星者，其財帛宮不定星宿座落，有紫微、武曲、廉貞或貪狼星，取決於哪一顆星的五行來分析適合的行業或類股。亦可依據命宮天府星五行屬陽土，通常取財自屬「土」的行業或類股，如土地、不動產業、農產業或水泥股、通路股、營建股等。

命宮裡的星宿是【太陰星】

【紫微智富】

命宮星宿理財觀－**太陰星**

★太陰星的理財，發乎自然守成

★錢財是非多，不如詩情畫意濃

★太陰星的財神爺：

祖蔭、不動產、祖產

★太陰星理財元素　水

水產、青果、水菜、冰水、餐飲、西藥、化學化纖、航運運輸、交通、貿易通商代理、通訊、電影、影像、期貨、流水事業

太陰星五行屬陰水，為中天主星，司南北斗。為田宅之主宰，化氣曰富。太陰為財星，入命主個性快樂享受，外貌文靜、內心好動、性急、喜安享，但脾氣欠佳，多漂泊，易與女性接近。

太陰星是田宅主，通常取財自祖蔭、不動產。祖蔭乃為祖上餘蔭，因為福報而擁有祖先或父母留下遺產；不動產為從事、經營、買賣或投資土地、房地產。

財帛宮的星宿代表著進財的屬性；命宮為太陰星者，其財帛宮不定星宿座落，有天機、天同或太陽、巨門星宿，取決於哪一顆星的五行來分析適合的行業或類股。亦可依據命宮太陰星五行屬陰水，故而可以取財自屬「水」的行業或類股，如水產事業、化工業或化生股、化學股、生技股、通信股、航運股等。

命宮裡的星宿是【貪狼星】

【紫微智富】

命宮星宿理財觀－**貪狼星**

★貪狼星的理財，膽大包天，貪婪

★高潮迭起，千變萬化，出乎意料

★貪狼星的財神爺：

投機財、創意公關、表演財

★貪狼星理財元素　水

水產、青果、水菜、冰水、餐飲、西藥、化學化纖、航運運輸、交通、貿易通商代理、通訊、電影、影像、期貨、流水事業

貪狼星五行屬陽木帶水，北斗第一星，乃司禍福之主，化氣曰桃花，在數主風騷、放蕩。入命個性剛猛且有機謀、做事急速、不耐靜，具有適應環境之能力，多靈巧具辯才、幽默，佔有欲強、略帶偏激，易迷戀酒色、賭博。

貪狼星是桃花主，通常會取財自投機財、創意公關、表演財。投機財乃從事或經營投機性的事業或投資；創意公關財為因應個性機巧，從事創意性變化的行業或公關業務；表演財為演藝或才藝表演。

財帛宮的星宿代表著進財的屬性；命宮為貪狼星者，其財帛宮必定有破軍星。破軍星五行屬陰水，故而通常取財自屬「水」的行業或類股，如水產業、化工業或化生股、化學股、生技股、通信股、航運股等等。

命宮裡的星宿是【巨門星】

【紫微智富】

命宮星宿理財觀－**巨門星**

★巨門星的理財，循規蹈矩，動口生財

★長者風範，好發慈善，刀子嘴豆腐心

★巨門星的財神爺：

專業技術、生意經、眾生財

★巨門星理財元素　水

水產、青果、水菜、冰水、餐飲、
西藥、化學化纖、航運運輸、
交通、貿易通商代理、通訊、
電影、影像、期貨、流水事業

巨門星五行屬陰水，為北斗第二星。為陰精之星，在數司是非，化氣曰暗。入命主口才佳，適合動口生財的職業。個性心地善良，但本性多疑、善欺瞞，遇事優柔寡斷，與人交往易流於初善終惡的傾向、欠缺人和。

巨門星乃是非主，通常取財自專技財、生意財、眾生財。專技財乃為運用專業技術取財，生意財乃是經商或小買賣，眾生財為取之於大眾、用之於大眾，如宗教、政治、大眾傳播等。

財帛宮的星宿代表著進財的屬性；命宮為巨門星者，其財帛宮不定星宿座落，有天機、天同、天梁或太陽星宿，取決於哪一顆星的五行來分析適合的行業或類股。亦可依據命宮巨門星五行屬陰水，故而可以取財自屬「水」的行業或類股，如水產事業、化工業或化生股、化學股、生技股、通信股、航運股等。

命宮裡的星宿是【天相星】

【紫微智富】

命宮星宿理財觀－天相星

★巨門星的理財，人脈桃花進財
★衣祿之神著重享受，賭輸搏大

★天相星的財神爺：
正財、投資財、桃花財

★天相星理財元素　土

石灰、泥土、尼龍、碳類、石油、建材、塑膠、玻璃、陶瓷、寶石、玉、水晶、鑽石、地板、磁磚、茶壺、資產、政治、教育、服務業（房地產、保險、飯店）、自由業

天相星五行屬陽水，為南斗第二星。為官祿之主宰，在數司爵為善福，衣食之享受，化氣曰印。入命個性言行謹慎、思慮周詳、任勞任怨，做事有始有終，性喜調停多管、好奇，喜美食、好客，愛漂亮，亦屬桃花之辰。

天相星是官祿主，通常取財自正財、投資財、桃花財。正財乃為正常管道的財源；投資財乃善於選擇投資標的以理財，選擇穩當的理財方式為佳，以免運勢不佳時，因風險過高而得不償失；桃花財為因桃花所產生的財源，謹慎應對，以免情色惹禍。

財帛宮的星宿代表著進財的屬性；命宮為天相星者，其財帛宮必定有天府星，天府星五行屬陽土，故而可以取財自屬「土」的行業或類股；如土地、不動產業、農產業或水泥股、通路股、營建股等。

命宮裡的星宿是【天梁星】

【紫微智富】

命宮星宿理財觀－**天梁星**

★天梁星的理財，摒棄粗俗小財

★逢凶化吉，宜風險管理，公職最佳

★天梁星的財神爺：

宗教財、不動產、俸祿

★天梁星理財元素 水

水產、青果、水菜、冰水、餐飲、西藥、化學、化纖、航運運輸、交通貿易通商代理、通訊、電影、影像、期貨、流水事業

天梁星五行屬陽土，南斗第三星，司壽祿，乃父母之主宰，化氣曰蔭。入命清秀溫和，逢凶化吉之辰、延壽之宿；個性孤高不群、正直無私，名士風度，臨事果決、有機謀，善舌辯易競爭。

天梁星主壽，通常可取財自宗教財、不動產、俸祿。宗教財乃從事或經營或參加宗教，有形無形之財富；不動產為從事、經營、買賣或投資土地、房地產。俸祿為事業上的工作收入。

財帛宮的星宿代表著進財的屬性；命宮為天梁星者，其財帛宮必定有太陰星，太陰星五行屬陰水，故而可以取財自屬「水」的行業或類股，如水產業、化工業或化生股、化學股、生技股、通信股、航運股等。

命宮裡的星宿是【七殺星】

【紫微智富】

命宮星宿理財觀－七殺星

★七殺星的理財，衝鋒陷陣將軍格

★冒險犯難，勇往直前，忌色劫財

★七殺星的財神爺：

偏財、股票財、投機財

★七殺星理財元素　木

木材、種植、竹、棉、紗、布、山產、木器、中藥、稻穀、玉米、製香、紙類、紡織、硬纖維、土木建築、土木工程設計、園藝

七殺星五行屬陰金帶火、火化之金，南斗第五星，乃數中之上將，成敗之孤辰，專司斗柄，主孤剋刑煞之宿、司生死。入命個性沉吟、有謀略。

七殺星主肅殺，通常可取財自偏財、股票財、投機財，偏財乃非正常管道所得之財，如彩券、統一發票中獎等；股票財乃具投資眼光，從事股票之買賣、經營與投資；投機財乃從事或經營投機性的事業或投資。

財帛宮的星宿代表著進財的屬性；命宮為七殺星者，其財帛宮必定有貪狼星。貪狼星五行屬陽木，故而可以取財自屬「木」的行業或類股，如畜牧業、農產業或紡織股、造紙股等。

命宮裡的星宿是【破軍星】

【紫微智富】

命宮星宿理財觀－**破軍星**

★破軍星的理財，突破革新，冷門進財

★偏財運佳，意外得財，宜防破失

★破軍星的財神爺：

偏財、股票財、投機財

★破軍星理財元素　金

金、銀、銅、鐵、錫，五金，金屬器材買賣，食用油－沙拉油、麻油，裝飾品－電火反射發亮，金融，銀樓

破軍星五行屬陰水，北斗第七星，司夫妻子息奴僕之宿，在數為殺氣，又名耗星，化氣曰耗，乃不利六親之宿。入命個性有衝勁，具開創精神，與人寡合、隨心所欲、狂傲多疑。

破軍星主禍福，通常可取財自偏財、股票財、投機財。偏財乃非正常管道所得之財，如彩券、統一發票中獎等；股票財乃具投資眼光，從事股票之買賣、經營與投資；投機財乃從事或經營投機性的事業或投資。

財帛宮的星宿代表著進財的屬性；命宮為破軍星者，其財帛宮必定有七殺星。七殺星五行屬陰金，故而可以取財自屬「金」的行業或類股，如金屬業或金融股、鋼鐵股、汽車股、電器股等。

五、智富關鍵：億萬富翁計畫

這本書送您一個成為億萬富翁的觀念，我們設定目標名稱為「億萬富翁計畫」。首先，現在請努力存錢保本，預備以台幣一百萬為基點，預測操作對象為「台灣股市績優股」，投資報酬率三至五倍以上（倍數依個人財運強弱判斷）。分三波段經營，每一波須沉潛六至十年，絕對要沉著應戰。每一波收益後，必須保本，以應下一波機會；等待時機、進退得宜，如此前後三波，必定成為億萬富翁！

「第一波」股市跌下兩千至四千點時，選擇適合您的績優股，一百萬分批進場。

「第一波」股市漲上七千至一萬點時，將您的投資績優股，分批出場。

「第一波」本金一百萬，投資報酬率約五倍，五百萬進帳，入袋為安保本以待第二波！

「第二波」股市跌下兩千至四千點時，選擇適合您的績優股，一百萬分批進場。

「第二波」股市漲上七千至一萬點時，將您的績優股，分批出場。

「第二波」本金五百萬，投資報酬率約五倍，兩千五百萬進帳，入袋為安保本以待第三波！

「第三波」股市跌下兩千至四千點點時，選擇適合您的績優股，一百萬分批進場。

「第三波」股市漲上七千至一萬點時，將您的投資績優股，分批出場。

「第三波」本金兩千五百萬，投資報酬率約五倍，一億兩千五百萬進帳，富貴滿盈！

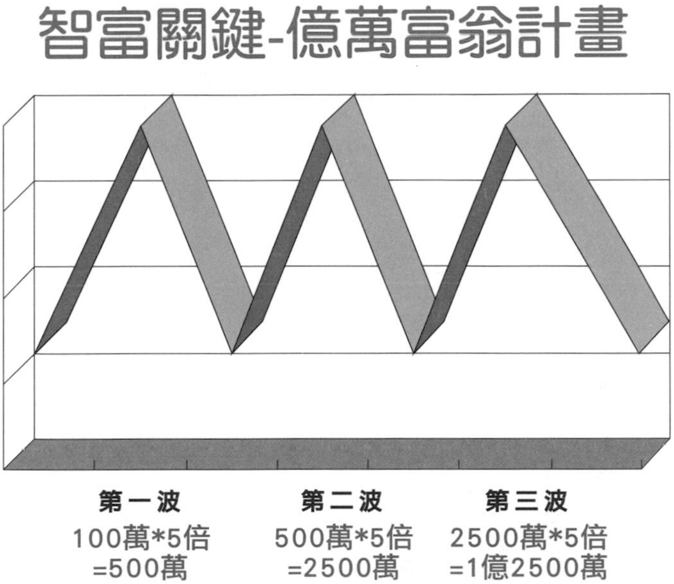

「巴菲特式」的投資哲學：選擇績優股票長抱賺波段財，這是很多股市投資達人創造財富的祕訣；但對一般投資人來說，想效法巴菲特長抱股票，卻是不容易的事。掌握本書的四大要訣，下一個巴菲特就是您。

台灣股市歷年來波段年限紀錄如下圖：

台灣股市歷史波段紀錄
1987.1 ～ 1990.2 三年 台股指數 1039 ～ 12682
1990.10 ～ 1997.2 六年半 台股指數 2485 ～ 10256
2001.9 ～ 2007.10 六年 台股指數 3411 ～ 9859
2008.11 ～ 2011.2 二年半 台股指數 3955 ～ 9421

＊守靜為安，保守理財

目前台灣股市指數仍持續在七千五百至八千五百點左右盤旋，並非進場投資的適當時機。眼前期待跌至二千至三千點，尚需二至五年時間，需耐心等待。

當前又該如何投資理財呢？建議「守靜為安、守株待兔」；先保守儲蓄、儲存資本，留下投資前的第一桶金。

若尚未擁有第一桶金的朋友們，在此高點不宜進場，故而請努力賺錢、存錢，並等待時機；賺錢的方式，必須選擇保守穩定的標的物。

＊計算資產，理債理財

將自己所有的資產列冊，清楚明白目前的個人財產結構；設定好目標一百萬，按月盈餘計算，如何完成第一桶金的準備？

假如您還有負債，無須擔心害怕，先把所有的資產負債攤出來，好好整頓，化繁為簡，要有決心逐一將負債處理妥善。無債一身輕，乃是投資理財成功的第一步。

＊穩定工作，固定收入

此時此刻能有固定工作，就是理財樹的根。過去漫無目的、渾渾噩噩的工作渡日子，現在要將工作視為投資的基準點，將本月的收支做好規劃，無論多寡，必須儲蓄！只要肯腳踏實地，理財智富的目標即將達成。

＊銀行定存，低率利息

即使銀行定存利息很低，但是定存確是守財的好方法，尤其適合非財星組合的朋友們。選擇可靠的銀行定存，合約到期前保本無憂。

＊投資保險，保障保本

為了使儲蓄附有保障，選擇儲蓄型保險也是很好的選擇；到期日的設定則要計算妥當，以免向隅投資的利基時機點。

＊備頭款，投資不動產

備有不動產頭期款者，可以參考二〇一四年大局趨勢預測圖（頁323），選擇在較低點時投資不動產，最高點時則不宜輕舉妄動，需等待經濟恐慌谷底，再伺機而動。當下經濟局勢居高不下時，不動產的投資要點不在時機，而在地點！投資位置與格局的選擇，必須容易脫手，自然能夠有房價成長的利潤空間。

＊守株待兔，風險增收

各方利潤空間有限的情況下，希望能有多些投資收益，當然可以選擇其他效益高的投資方式，但是風險性絕對存在，必須小心應對！投資無論得利與否，必須見好就收！

＊定期定額基金投資：評估手續費是否划算？

＊股市短線，預測盯盤：專心盯盤，細心預測推算。

＊跟會賺息，信任早標：跟會必須保守提早標回。

＊冷門市場，賺時機財：隨機運用有潛力的冷門市場投資獲利。

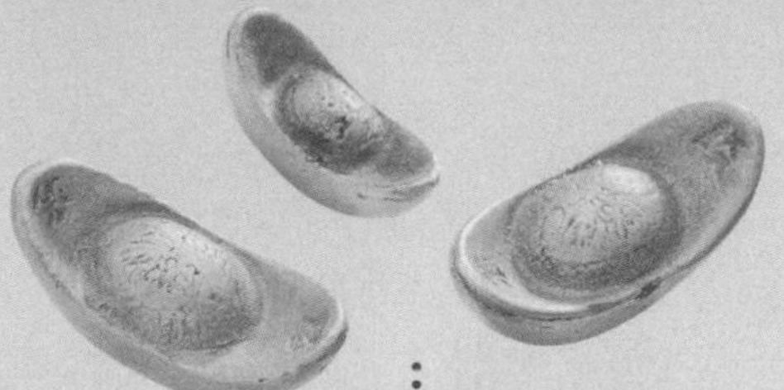

第二章

拼錢要訣一：用紫微斗數判斷投資環境

沒命沒格也能創造奇蹟

老祖宗的智慧猶如人生地圖，引導我們選擇正確的路，做好風險管理。命理學術是一盞明燈，絕對不是宿命，也不是迷信。千金難買早知道，學習紫微斗數可以預測未來的命運，打破宿命。人定勝天，只要做好自我與風險的管理，循序漸進，妥善經營，即使沒命沒格的人，也能造命創造奇蹟，活出自信成功的人生。請跟著我們一起來探索自己的未來吧！

如何有智慧的拼錢致富？老祖宗已經繪好地圖，讓我們循著四個要訣，邁向幸福財富之道：

拼錢智富地圖——【拼錢四要訣】

1. 要探索當下投資環境優劣？是否適合進場？

怎麼樣知道現在的投資環境如何呢？參考技術分析、產業報導、電視新聞各方面依據，再加入紫微斗數觀測局勢，您比別人多了一份「先知」，更勝諸葛孔明。

2. 要了解自己適合哪種投資方式？

先看懂這本書，了解自己適合的投資方式，以免押錯寶，財運好時可以開始著手投資，達到事半功倍、理好財的效果。

3. 要先認知自己目前財運好不好？

理財前必須檢視自己，審核自己的時運好壞，做好風險管理，勝於未戰之時。

4. 要搶得先機，運用老祖宗智慧，預測經濟狀況，為自己做好風險管理！

一、影響股市的漲跌：觀天干地支生剋變化

怎麼樣知道當下投資環境的好壞呢？

不論從技術分析或產業報導、電視新聞等資訊來源，各方面都可以作為參考值。現在還可以再加入紫微斗數來觀測局勢，先知先覺者勝於未戰之時，上知天文、下曉地理，運用老祖宗智慧，觀察整個局勢，這可並非是玄學，而是老祖宗幾千萬年前，傳承給我們的科學智慧，讓我們掌握過去、現在及未來的局勢！

「三才」，指的是天、人、地。人處在天地之間，一定會受到天地的影響，所以只要知道天地的狀態之後，其他的資訊都是參考。如果今天觀測狀況不好，可是新聞卻一直講行情不錯，這下該如何判斷是好？您是否就恐慌了？只要您意志堅定，也就不會被一些假象所影響、干擾；作者在西元二〇一二年年初在台北市議會演講，提到當年局勢會不穩定，必須持續到下半年。實際

2012年盤勢預測圖

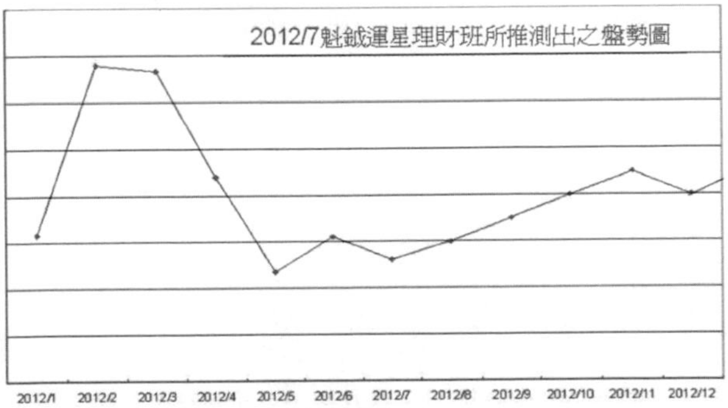

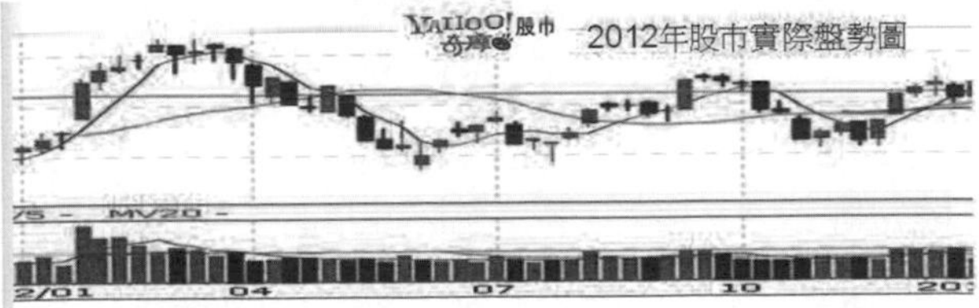

註：上圖引用 YAHOO! 奇摩股市的 2012 年成交量圖

上，的確是二〇一二上半年度行情上上下下，直到端午過後，狀態才漸趨穩定。當各位得到這本書，學習了解老祖宗的智慧時，我們就能打定心意，掌握來年的趨勢，自然不會盲從、恐懼而導致損失！

要怎麼樣去探討投資的環境？

所謂天有定數，自然可以預測出大體的局勢。如何去判斷？基本上要知道每一年的局勢狀態，才比較好拿捏什麼時候該進？什麼時候該出？我們再三鼓勵大家做長期投資，所以掌握局勢的預測與波段的區間是基本要素，必須探討每年的狀態。近幾年來都是天干、地支相剋，一直必須到西元二〇一四年才能適逢相生，之後也都是相剋的局勢。所以這短短的二到五年之間，整個局勢非常有機會滑下來，但是二〇一四年會先撐上去，接下來就會滑鐵盧了。

懂得如何觀察天地變化後，我們可以隨天地時間的變化，把漲跌曲線圖畫出來，如此便能有所依據，也能知其進退，掌握先機，時勢造英雄。

天、人、地三才，人在天地之間，就要看天、看地的生剋變化！

股市怎麼會受到三才的影響呢？會的！絕對會！因為整個天地之間的變化，會影響到人的情緒、國際或國內的經濟脈動，故經濟的脈動早已有了定數！古早時，我們都會說：「天時不利時，易有天災、地變及人禍！」這些變數不是微小的您我可以扭轉的，萬一再來個SARS呢？但是不要害怕，現在就是要學習了解天時、地利之變，並作好準備，等待時機，雖說不希望有天災、地變，但是心裡還是要拿捏分寸。豪氣一世的項羽也感嘆：「力拔山兮氣蓋世，時不利兮騅不逝。騅不逝兮可奈何……」天地之間生死輪迴是很正常的循環，恐懼害怕都無濟於事，掌握天地時局才是根本！

天有定數是如何去判斷呢？

一般來說，判斷運用的是天干跟地支的變化。我們每一年的變化該如何判斷呢？其實每年依據每年農民曆上年的干支生剋，每年都會有其天干、地支，早已經告訴您天是什麼？地是什麼？該年局勢應該是好？還是壞？

怎樣去看生剋？例如：西元二〇一二年是壬辰年，依據五行來產生。壬辰的五行：壬屬水、辰屬土，水土是相剋的，所以西元二〇一二年是相剋，氣數顯弱，須謹慎投資。

長期投資時，看年干支之天地生剋即可，但是我們若想要了解哪一個月比較適合投資，還要看當年當月的干支生剋變化。每個月有其天干地支，需要多加練習演練，以利推算。

就學理來探討，如果今天相生，就會百業復甦、欣欣向榮；相剋就是受制，百業蕭條、天災人禍。所以這幾年，整個國際局勢確實是天災地變的時局，就人禍來說，大家會感覺到人心不穩定，「壞年冬、厚肖人（台語）」的感覺。天地相剋就是會影響人的情緒，萬一我處的環境，地理風水又不好的時候，就很容易發生事故。很多經驗應證如是，比如這個家庭常出狀況，出車禍或是家人生病、事業不順、破財，甚至兇殺案，是因為運勢不佳，再加上風水不利，加乘效果而產生大災難，這就是先天不足、後天又失調的結果。可是如果今天運勢不好，但是風水很好時，可以幫助大化小、小化無，逢凶化吉、趨吉避凶。

比方兩個同樣八字的人，他們家怎麼那麼慘，我們卻沒事？這就是「福地福人居（台語）」，剛好住在福地，擁有好風水，就會有這麼大的差異。否則和前總統李登輝先生同樣八字的人，不都成了總統？台灣諺語說：「落土時、八字命」、「羅經差一線，富貴不相見」、「一命、二運、三風水」；句句都應證了「知命掌運」與「風水寶地」的重要性。

農民曆每年、每月、甚至是每天，都有其天地互動的相關性。生剋之間，如果推算年就觀年的生剋，推算月就觀月的生剋。月干支自身的生剋外，也會跟著年干支產生生剋變化，所以每年、每月都會有起伏。年干支本來只有兩個在互動，如果再有月的分析，干對干、支對支的生剋變化，所以總共會有四種變化，就會影響到股市相生時，應該要漲，可是漲得不是很多，產生盤整現象，代表其中有剋的變化在裡面牽制、拉扯；或明明是相剋，可是沒有跌很多或是沒跌，可能漲一點點、跌一些些，那是因為有相生在扶持，所以作預測的時候，常常講相生扶持。明明今年是相剋，怎麼這個月還不錯呢？正是因為相生，所以可以化解。這些年、月、日、時的干支在生剋變化，也牽引著經濟與股市的脈動。

二、控制股市漲跌的時機：紫微斗數的星術變化

紫微斗數怎麼影響股市的變化呢？

紫微斗數的四化用神，也能夠判斷行情。每個月有其干支，每個天干也會有其紫微斗數四化，四化裡有祿、權、科、忌。股市預測中僅運用到「祿」與「忌」，每一顆星的祿與忌產生出了變化。

神機妙算 掌握經濟脈動

經濟漲跌：
運用干支生剋變化
生為漲
剋為跌

經濟漲跌時機點：
運用紫微斗數四化用神
北斗主上半場
中天主中段場
南斗主下半場

變化用在哪裡？通常用來判斷切入的時機與時間點。紫微斗數每顆星座落的位置有分南斗星、北斗星及中天令主，各代表著不同的時機點。怎麼看呢？紫微斗術運用在股市，只用到十四顆主星加上文昌、文曲，總共十六顆星，這十六顆星左右著股市每一刻的變化。

天干地支的生剋變化，影響著股市的漲跌！

紫微斗數的星術變化，控制股市漲跌的時機！

紫微斗數的運用，稱為「觸機法」，代表著為什麼在這個時候會發生這件事情。知道會漲、會跌，已經很厲害了！若是還能掌控漲跌的時間點，那麼經濟脈動、股市趨勢，就幾乎掌握在您的手裡。當然不敢諱言準確度百分百，卻也能掌

握八、九成，在統計學中八成的準確性，就是一個很高的參考值。而兩成的變因在哪裡？可能是政令、人為因素或是國際的影響，國際脈動也不太會脫離這個變化，只會有時差問題。總之我們要放眼全局，不要拘泥小節，以這八成來推算，即能夠掌握賺錢先機。

如此，在投資判斷的時候，已經可以克服掉「恐懼」的障礙了。接著千萬要切忌「貪婪」引發的障礙。任何規劃投資，都應精算到風險性，預測局勢很好時，就貪心的全盤丟進去，這是很危險的。雞蛋不能全部放在同一個簍子裡，是基本觀念！

「恐懼」、「貪婪」二大投資毒藥，在老祖宗的智慧裡蕩然無存，只要您堅守原則，理財投資必能穩操勝券，更勝天機姜尚、諸葛孔明了！

流月行情強弱的研判

紫微斗數中，流年有流年的四化，流月有流月的四化。

假設今天是甲干，先看天干，來比對他的四化祿忌。

從四化表中，看每個天干的祿忌。股市預測我們只會用到祿跟忌，權跟科影響比較少。甲天干是廉貞化祿、太陽化忌。廉貞化祿是北斗星主上旬（初一到十日），氣勢較強、漲多跌少。太陽化忌主中旬（十一日到十九日），氣數較弱、跌多漲少。所以甲天干的年或月在月中會有跌勢，真正要有好的行情就是在上半年，月的話就是前十天。因為是太陽星中天主化忌，所以差不多四月、五月就要趕快退場，因為五月、六月之後就會開始跌。

如果是丁天干太陰化祿、巨門化忌，太陰是中天主，所以中旬會有漲勢，巨門是北斗星，所以上旬會有跌勢，等於是先壞後好，先跌到中旬時再上來，下半年的時候沒有祿忌，就是平和。

庚天干是太陽化祿、天同化忌，太陽化祿是中旬，中旬有漲勢，天同化祿是南斗星主下旬，所以下半年會有跌勢。因此這年就是剛開始平和，然後上去再下來。

壬天干是天梁化祿、武曲化忌，天梁是南斗星，武曲是北斗星，所以整個局勢會先下來。年中沒有中天主，保守估計中秋過後，或是下半年七月過後，剛好二〇一二年有潤四月，所以跌得比較久一點。

癸天干是破軍化祿、貪狼化忌，這個狀況是兩顆星皆為北斗星，上半年起起伏伏，遇到祿跟忌同樣都是北斗星，表示上半年載浮載沉，不會有什麼好的表現，也不會有太壞的表現，就是一直拉扯、整理盤勢。下半年還比較會穩定。

當您知道這些漲跌時間點，就可以畫出一個趨勢漲跌預測曲線，除了觀察天象、紫微斗數之外，接著需要不斷練習預測，靠經驗的累積做出分析。

三、用紫微斗數判斷投資環境

什麼是南斗星、北斗星及中天令主？

紫微斗數上用在股市上的十六顆星，每一顆星都有歸屬南斗星、北斗星或中天令主的位置；所謂南斗星、北斗星及中天令主的位置，是夜觀星象時，這顆星座落的位置。紫微斗數十四顆主星加上文昌星及文曲星，這十六顆星去區分出位置及時機點。

北斗星前半段，代表時機點是前半段，以整年來看，主攻農曆的一月到六月；如果以整個月來看，主攻一日到十日，以此類推。北斗星有紫微星、武曲星、廉貞星、貪狼星、巨門星、破軍星。舉例說明：假設這個月是武曲星化祿，代表一月到六月份股市會漲。西元二〇一二年是壬天干武曲星化忌，代表前半年都是不穩定的，以跌居多的空頭局勢。

中天令主的星宿代表中段，中間時段以整年來看時，代表農曆的五月到八月；以整個月來看，是11日到19日；星宿有太陽星、太陰星、文昌星、文曲星。北斗星一月到六月，與中天令主的五月到八月有重疊，五月、六月重疊，一定只有一顆星，看是北斗化祿還是中天主化祿。若是北斗化祿代表漲多跌少，如果是中天主化祿，代表五月到八月會有漲的局勢，有利多的空間。所以重點還是要知道今年是什麼星化祿，什麼星化忌，來判斷今年波段時機的優劣。

南斗星代表的是後半段，以整年來看，是指農曆七月到十二月；以整個月來看，是十二日到三十一日。星宿有天機星、天同星、天府星、天相星、天梁星跟七殺星。舉例說明：假設這個月是天梁星化祿，代表七月到十二月份股市會漲。

西元二〇一二年是天梁星化祿，代表後半年趨勢看漲，故而產生多頭局勢。

2012年盤勢預測圖

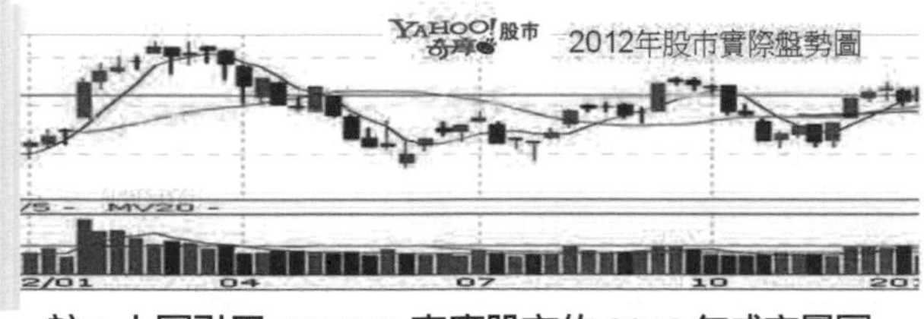

註：上圖引用 YAHOO! 奇摩股市的 2012 年成交量圖

四、二〇一二年每月預測與實際行情比較

西元二〇一二整年每月盤勢預測與實際解析：

＊二〇一二年一月份股市紫微斗數命盤解析

民國一〇一年一月二十三日至二月二十一日（農曆一〇一年一月一日至一月三十日）

過完春節，一年之開始，股市當有新氣象，正月干支欣逢壬寅相生，故此本月股市應為多頭行情，持股以抱，當有佳音。

年干支：壬辰為水土相剋

農曆	日期	指數
開盤	1 月 08 日	7,407
收盤	1 月 30 日	7,921
	漲 514	

月干支：壬寅為水木相生

年月干：壬壬為水水比肩

年月支：辰寅為土木相剋

＊二〇一二年二月份股市紫微斗數命盤解析

民國一〇一年二月二十二日至三月二十一日（農曆一〇一年二月一日至二月二十九日）

本月干支癸卯相生，年月支相剋，所以股市應為盤局。

年干支：壬辰為水土相剋

月干支：癸卯為水木相生

	農曆日期	指數
開盤	2 月 01 日	8,001
收盤	2 月 29 日	7,981
跌 20		

＊二〇一二年三月份股市紫微斗數命盤解析

民國一〇一年三月二十二日至四月二十日（農曆一〇一年三月一日至三月三十日）

斗數命宮星辰進入天羅地網地，步履難跚。月干支甲辰為木土相剋，幸賴年月干相生，方不致於狂風暴雨侵襲，但股市指數大盤乃處於空方回整，因此建議投資人以逢高調節，宜出不宜進，以免遭短套。空手以待月底逢低搶進，持股以抱。

年干支：壬辰為水土相剋

	農曆日期	指數
開盤	3 月 01 日	8,059
收盤	3 月 30 日	7,507
跌 552		

月干支：甲辰為木土相剋

年月干：壬甲為水木相生

年月支：辰辰為土土比肩

＊二〇一二年四月份股市紫微斗數命盤解析

民國一〇一年四月二十一日至五月二十日（農曆一〇一年四月一日至四月三十日）

農曆四月進入夏火，干支為乙巳，木火相生。「細思千里外，山水兩悠悠，霧散雲消，日月照明。」股市也當能稍緩跌勢。若逢急跌，當可買進金融類股或傳產類股，持股以待，唯須注意月中太陰化忌之變數。（五窮六絕係對電子類股較偏向淡季）

	農曆日期	指數
開盤	4 月 03 日	7,481
收盤	4 月 28 日	7,151
跌 330		

年干支：壬辰為水土相剋

月干支：乙巳為木火相生

＊二〇一二年五月份股市紫微斗數命盤解析

民國一〇一年六月十九日至七月十八日（農曆一〇一年五月一日至五月三十日）

時序進入農曆五月炎熱的夏天，干支為丙午，強火比肩。斗

	農曆日期	指數
開盤	5 月 01 日	7,273
收盤	5 月 30 日	7,049
跌 224		

數四化：天同化祿、廉貞化忌（主管上旬），所以農曆五月十日以前，氣數偏弱。

年干支：壬辰為水土相剋

月干支：丙午為火火比肩

年月干：壬丙為水火相剋

年月支：辰午為土火相生

＊二〇一二年六月份股市紫微斗數命盤解析

民國一〇一年七月十九日至八月十六日（農曆一〇一年六月一日至六月二十九日）

時序進入炎熱的夏天，干支丁未火生土，五窮六絕也將近尾聲，氣數上應較為穩定。為月干支巨門化忌，應事於上旬，因此十日以前應屬盤整做底，月中以後顯示較有行情。故於上旬若逢急跌可進，持股以抱。

年干支：壬辰為水土相剋

月干支：丁未為火土相生

年月干：壬丁為水火相剋

年月支：辰未為土土比肩

	農曆日期	指數
開盤	6 月 01 日	7,148
收盤	6 月 29 日	7,490
漲 342		

＊二〇一二年七月份股市紫微斗數命盤解析

民國一〇一年八月十七日至九月十四日（農曆一〇一年七月一日至七月二十九日）

時序進入秋季，也是農家所謂的秋收之季。此月氣數卜得一卦：月欲明時雲又暗，天將晴處雨來凝，雲散依然明月在，雨晴將見霽晴時。

農曆七月干支戊申土金相生，惟年月天干相剋，稍有抵制。斗數四化貪狼化祿，北斗星主管上旬氣數活絪亂跳，偏向小型股與投機股的盤升。天機化忌主管下旬，所以短線投資之波段，可以十五日前尋找賣出點，等待月底再伺機進場。

年干支：壬辰為水土相剋

月干支：戊申為土金相生

年月干：壬戊為水土相剋

年月支：辰申為土金相生

	農曆日期	指數
開盤	7月01日	7,468
收盤	7月29日	7,578
漲 110		

＊二〇一二年八月份股市紫微斗數命盤解析

民國一〇一年九月十七日至十月十七日（農曆一〇一年八月二日至八月二十七日）

	農曆日期	指數
開盤	8月02日	7,738
收盤	8月27日	7,437
跌 301		

時序進入仲秋，金氣最重。幾家歡樂，幾家愁。此月氣數卜得一卦：細雨霏霏落滿天，茫茫四野望無邊，雲橫秦嶺家何在，雪擁藍關馬不前。

農曆八月干支為己酉土生金。斗數四化武曲北斗星化祿，主管上旬，惟與年忌相抵，須防高低震盪沖洗。短線逢高勿追。

年干支：壬辰為水土相剋

月干支：己酉為土金相生

＊二〇一二年九月份股市紫微斗數命盤解析

民國一〇一年十月十五日至十一月十三日（農曆九月一日至九月三十日）

農曆九月干支為庚戌金土相生。斗數四化太陽中天主星化祿，主管中旬，惟與年忌相抵，須防高低震盪沖洗。

年干支：壬辰為水土相剋

月干支：庚戌為金土相生

年月干：壬庚為水金相生

年月支：辰戌為土土比肩

	農曆日期	指數
開盤	9 月 01 日	7,437
收盤	9 月 30 日	7,293
	跌 144	

＊二〇一二年十月份股市紫微斗數命盤解析

民國一〇一年十一月十四日至十二月十二日（農曆一〇一年十月一日至十月二十九日）

農曆十月干支為辛亥金水相生。斗數四化巨門北斗星化祿，主管上旬，靜待佳音。

年干支：壬辰為水土相剋

月干支：辛亥為金水相生

	日期農曆	指數
開盤	10 月 01 日	7,293
收盤	10 月 29 日	7,699
漲 406		

＊二〇一二年十一月份股市紫微斗數命盤解析

民國一〇一年十二月十三日至一〇二年元月十一日（農曆一〇一年十一月一日至十一月三十日）

此月氣數卜得一卦：莫道福田無有定，求財須有不求貪，太極未分應是一，乾元既剖不離三。意謂小心應對自有財利，唯戒之於貪，見好即收，否則事恐難預料。

農曆十一月干支為壬子比肩平和，惟武曲化雙忌是應事於上旬，故農曆十五日之前氣數較不穩定，高低震盪沖洗在所難免。短線逢高勿追（買黑不買紅）。

	農曆日期	指數
開盤	11 月 01 日	7,699
收盤	11 月 30 日	7,819
漲 120		

年干支：壬辰為水土相剋
月干支：壬子為水水比肩
年月干：壬壬為水水比肩
年月支：辰子為土水相剋

＊二〇二二年十二月份股市紫微斗數命盤解析

民國一〇二年元月十四日至一〇二年二月八日（農曆一〇一年十二月一日至十二月二十九日）

時序進入嚴冬，水氣最重。

此月氣數卜得一卦：萬事無過須著實，寸心有禱但存誠，若能籌雨應求雨，要得新晴便得晴。意謂先難後甘者，唯戒之於貪，見好即收。

	農曆日期	指數
開盤	12 月 01 日	7,819
收盤	12 月 29 日	7,907
漲 88		

農曆十二月干支為癸丑水土相剋，武曲化年忌、貪狼化月忌，命格三合殺破狼武曲之人求財須有不求，小心應事，方能平安。武貪雙忌應事於上旬，故農曆十五日之前氣數較不穩定，高低震盪沖洗在所難免。短線逢高勿追（買黑不買紅）。

年干支：壬辰為水土相剋
月干支：癸丑為水土相剋

以上是近一年西元二〇一二年，完整的每月預測與實際行情比較。由此可見，股市的脈動隨著大地干支起伏，並在紫微斗數的時間點中跳躍，如此完美的節奏配合，真是琴瑟和鳴，令人不禁驚嘆造物者的奧妙！趕快拿起紙筆，好好跟隨老祖宗的腳步，認真運算，暫作先知先覺的理財人上人。

西元二〇一二年為民國一〇一年，閱畢那年完美的節奏後，我們再來往前推，了解歷史股市大脈動的情形。

民國七十八年這個時間點，為什麼瘋狂慘跌？崩盤前，家師 洪培峰大師早就已經預測即將大跌。很多事是天有定數，然後就有劇情的鋪陳，所以郭婉容事件只是劇情的某個角色，並不是真正因為她而股市大跌，這只是引爆點。主要是因為當年的天地相剋，產生股災的局面，天地定數趨勢本來就是要跌的。

舉例說明：

民國七十八年己巳年（土火）相生，這一年是多頭行情，加權指數漲到一萬兩千多點。

民國七十九年庚午年（金火）相剋，空頭行情，滑鐵盧跌到兩千多點。

依據陰陽學家的經驗，通常有金剋的時候，影響程度最為巨大，因為五行金與金融有關，包含紫微斗數裡的武曲星也屬金，若遇到壬年武曲星化忌的時候，影響都會比較大。

民國九十七年戊子年（土水）相剋，空頭行情，股市跌到四千五百多點。

民國九十八年己丑年（土土）比肩，股市預測中比肩與相生靈動相同，多頭行情，加權指數從四千五百多點漲到八千一百多點。

民國九十九年庚寅年（金木）相剋，盤整，八千多點盤至八千九百多點。

民國一百年辛卯年（金木）相剋，空頭行情，由八千九百多點跌至七千多點。

民國一〇一年壬辰年（水土）相剋，盤整，七千多點盤至七千七百多點。

大原則抓住了，就不會人云亦云，不知所措，充滿恐懼！

2007~2012年盤勢圖

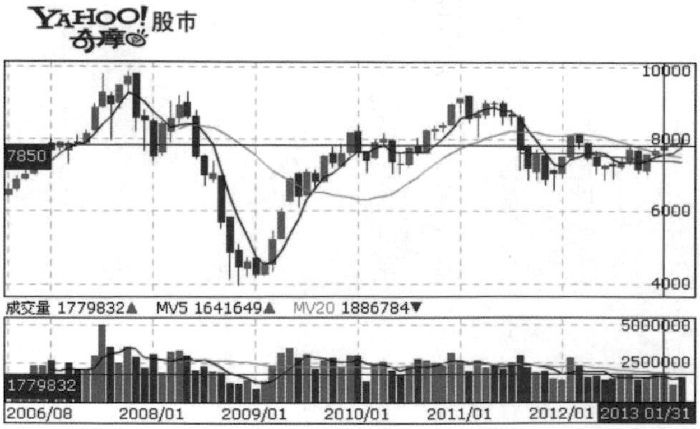

註：上圖引用 YAHOO! 奇摩股市的 2007 ～ 2012 年成交量圖

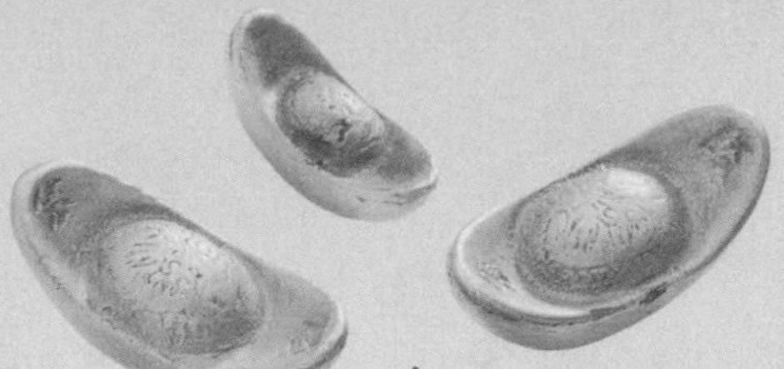

第三章

拼錢要訣二：了解適合自己的投資方式

想要致富，首先要知道自己財運好不好。當財運好的時候，可以開始著手投資；不好的時候，就不要強出頭。老祖宗的智慧告訴我們，強出頭不會有好結果。先做準備，看懂這本書，了解怎麼操作，建立觀念，第一桶金怎麼準備，才能事半功倍。

您適合什麼樣的投資方式呢？可從幾個方法來著手，就大家現在所認知的，過去所學到、聽到的，選擇一個適合自己的標的物。有些人適合賺死薪水，有些人很懂得投資、節稅等等。但是光是這樣想還不夠，範圍可以再擴大一點。命盤有十二宮，代表著財源可以來自十二個方向，很多吧！但是到底哪個來源才是適合您的呢？

當然，不見得每個方向都適合您，也不是什麼投資方式都能賺錢，但是哪個能讓您事半功倍？這就是我們今天要送給大家的禮物。您的進財來源到底在哪裡？要掌握一張藏寶圖，挖寶前也要有地圖來找方向，才能知道要往哪個方向去挖，如果大海撈針，沒有資訊，那麼無論找什麼都不好找。所以，要找到對的對象，再來取財，當然也要取財有道，不能用搶的。要知道財神爺是誰？誰是我的搖錢樹？如何運用財神爺發財？用什麼取財方式發揮？這些就是這段要討論的。

＊「我的財神爺是誰？」

千頭萬緒總要尋求源頭，也就是找到求財的對象，追本溯源、待人處世，才能事半功倍，一本萬利。找出財神爺後要誠心禮佛、好生供養，並惜福感恩、飲水思源，財富才能源源不絕，為您所用，並且回饋社會。

＊喜神助我發大財？

＊喜神是什麼？

＊喜神怎麼求？

有了對象、源頭，再則為處事的方法與使用的工具。無論是自己投資，還是與人合作，總要知道用什麼投資的方法，比如做生意、股票、房地產…。喜神就是幸運神，每個人的喜神不同，必須找出來，求財即可輕鬆自在。

＊選擇適合自己的投資方式

＊選擇適合自己的五行產業別

找到了幸運神，便可以透過喜神的五行別，尋求產業的種類。無論是做生意，還是投資股票，就必須挑選能讓自己進財的產業。本書運用得當，相信財富就在眼前！

＊五行生剋制化圖

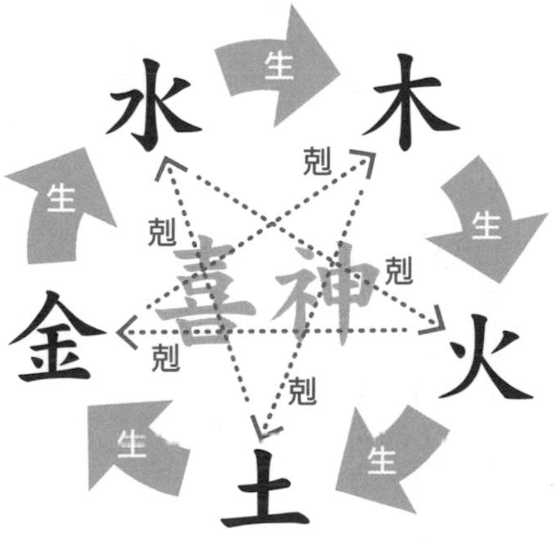

了解適合自己的投資方式，由以下兩個步驟著手進行！

一、「我的財神爺是誰？」

這些財神爺是上天賜給我們的禮物，要如何奉養我們的財神爺，才能讓我們進財、守財悠遊自在呢？請大家找到自己的財神爺後，仔細按照下列方法小心照料，祂必能讓我們財源廣進、源源不絕！

我的財神爺，靠什麼發財

【僕役宮】與人合夥或傳銷、仲介、選舉、大眾財	【遷移宮】遠方求才、經營或從事貿易業務工作	【疾厄宮】經營或從事健康相關產業	【財帛宮】理財事業、長期投資
【官祿宮】創業經商	財源因子	財力磁場	【子女宮】與子女或部屬同業或合夥投資
【田宅宮】以不動產致富，可從事不動產相關產業			【夫妻宮】與配偶同業或合夥投資
【福德宮】享福，經營或從事心靈相關產業	【父母宮】與父母或父執長輩同業或繼承家族事業	【命宮】投資樂透、股票等風險之投機財，橫財之積	【兄弟宮】與兄弟姐妹同業或合夥投資

在下一小節找到財神爺是哪一個星宿後，查詢此星宿在哪一宮位，便可得知自己的發財來源。

財神爺在「父母宮」：

財力來自父母、長輩或主管的磁場。得到長輩疼愛的人，大致是順理成章能獲得其助力，但是若跟長輩們關係不好，怎麼辦？這就是要克服的問題，要勇敢面對難關，並非是為了錢去巴結，而是心態要有所調整，這是一門功課，要您學著去克服，要懂得真正的孝順尊敬，讓父母、長輩或主管心甘情願的給予，您也取之有道。若是心機算計的人，相對的會守不住財富。一命、二運、三風水、四積陰德、五讀書，要怎麼樣守住財才是最重要的，感恩惜福、積陰德的人，自然財源不斷、積財致富。

我的財神爺是誰？

財力來源是父母

財力磁場來自於父母的因子：

◎此類型人受到父母或父執長輩的庇蔭，適合與父母或父執長輩同業或繼承家族事業。

◎受人庇蔭者，代表著飲人泉水當思圖報，切勿與長輩計較不悅而得不償失。除了知道自己運勢外，也需參酌同業的父母或父執長輩運勢，以免互相拖累。

財神爺在「命宮」：

財神爺就是自己，表示財源的磁場來自於自己的因子，也就是要靠自己。這類型的人天生喜好追求錢財，若能配合財運亨通時，可發橫財

致富，如投資、樂透、股票等風險之投機財，亦適合仲介業。本書不鼓勵大家投機，希望是理智投資、長期經營、智慧取財。此命格人如果願意從事長期投資，絕對比短期投機來得穩當，因為既然能夠自己求財，也代表這是您此生的人生目標，樂於努力求財，這也能是一種歡喜心。

人生可以做一個定義、規劃。視財如命的您，理財正是您的人生功課，必需知命掌運做好風險管理，研讀此書，好好經營您的錢財，否則人生空洞、渾渾噩噩，不知道為什麼而活？為什麼而來？當我知道我此生就是來求財，那就來求財，認知本我、認真求財，這就對了！您會發現錢賺得越多越開心，歡喜心滿、人生充實。

我的財神爺是誰？

財力來源是自己

財力磁場來自於自己的因子：

◎此類型人天生好於追求錢財，配合財運亨通時可發橫財，如投資樂透、股票等風險之投機財，亦適合從事仲介業。

◎嗜財如命者，代表著「理財」是他的人生功課，所以更需要知命掌運，做好風險管理，否則人生空洞。

財神爺在「兄弟宮」：

財力來自兄弟姐妹的磁場，表示這類型的人受到兄弟姊妹的庇蔭。通常是指第一個兄弟或姐妹，比方大哥、大姊，如果沒有哥哥姐姐的話，就是大弟、大妹，總之就是第一個。至於第二個、第三個有沒有助力？另有方法來判斷。

受人庇蔭，代表飲人泉水、當思圖報，切勿跟兄弟姐妹計較不悅，而得不償失。亦可選擇與助力的兄弟姐妹來同業或投資，但仍然需要知道自己的運勢，並且參酌該兄弟姊妹的運勢，適時投資，以免互相拖累或拖累其中一方。

我的財神爺是誰？

財力來源是兄弟姐妹

財力磁場來自於兄弟姐妹的因子：

◎此類型人受到兄弟姐妹的庇蔭，適合與兄弟姐妹同業或合夥投資。

◎受人庇蔭者，代表著飲人泉水當思圖報，切勿與兄弟姐妹計較不悅而得不償失。除了知道自己運勢外，也需參酌同業的兄弟姐妹運勢，以免拖累一方。

財神爺在「夫妻宮」：

財力來自配偶的磁場，這類型的人來自具有夫妻關係人的庇蔭，所以適合與配偶或是具夫妻關係的人同業或合夥投資。現代人不見得會結婚，只要有長期性行為者就構成夫妻的條件。

財力磁場來自配偶，代表配偶對您有財源助力，但未必與您來電，不來電通常也就不容易相處，甚至相敬如冰，更糟還有大打出手的。天地萬物皆有情，心態上要做一些調整，放寬心與配偶和睦相處，彼此自能財源廣進。除了理財外，更可以學習紫微斗數，開啟智慧，取得夫妻相處技巧，達到物質與精神的平衡。

財神爺在「子女宮」：

財力來自子女、晚輩或部屬的磁場，代表子女或晚輩適合繼承您的事業。是不是同業或與部屬合夥？要看時機點，選擇大家財運皆宜的時運，共謀財源！若是不適合創業的人，也可以一起投資理財。

我的財神爺是誰？

財力來源是配偶

財力磁場來自於夫妻關係的因子：

◎此類型人受到配偶或具夫妻關係人的庇蔭，適合與配偶或具夫妻關係人同業或合夥投資。

◎受人庇蔭者，代表著飲人泉水當思圖報，切勿與配偶或具夫妻關係人計較不悅而得不償失。除了知道自己運勢外，也需參酌配偶或具夫妻關係人運勢，以免互相拖累。

另一方面也代表適合教學，擔任老師，春風化雨。此種磁場的人通常會在生小孩後因子而貴，開始發達致富，代表孩子帶財而來，所以孩子再怎麼不乖，也要耐性教導，不要因為他有助就縱容他，孝順的孩子是教出來的，千萬不能寵！

還有一種狀況，是子女宮裡煞星擋眾，可是財源又來自子女，這種狀況可能是生了不健全的孩子。一般人遇到這種狀況，可能捨棄掉孩子，但是孩子卻帶財，權衡矛盾間，可以運用醫學技術取捨去留。有很多此類案例：孩子出生後，父母開始賺大錢，但是擔憂孩子無法獨立生活。其實父母有了錢，可以幫他存一筆基金，或是幫他規畫安養院，如此，他幫您帶了財，您也幫他安排好後盾，彼此相得益彰。

我的財神爺是誰？

財力來源是子女或部屬

財力磁場來自於子女或部屬的因子：

◎此類型人受到子女或部屬的庇蔭，適合教學；女命可母憑子貴。

◎受人庇蔭者，代表著飲人泉水當思圖報，切勿與子女或部屬計較不悅而得不償失。除了知道自己運勢外，也需參酌子女或部屬運勢，以免互相拖累。

財神爺在「財帛宮」：

財力來自錢財的磁場，代表您適合以錢滾錢、以財生財，具備財滾財的強力磁場，可以從事理財事業或長期投資，理財事業如券商、證券、金融業等。妥善運用天賦異秉，著眼於理財觀念，知命掌運，在最佳時機出手，長期規劃、勝券在握。這樣的人才不見得要工作，但一定要投資理財。當然，起起落落在所難免，因此需要好好學習掌握時機，進退自如。至於致富與否？僅在老祖宗的千金難買早知道。

> **我的財神爺是誰？**
>
> **財力來源是財滾財**
>
> 財力磁場來自於我的財帛因子：
>
> ◎此類型人具備財滾財的強力磁場，適合理財事業、長期投資。
>
> ◎妥善運用此項天賦異稟，多著眼理財觀念，知命掌運，在最佳時機投資理財，長期規劃、勝券在握，再運用投資所得，才會財源滾滾來。

財神爺在「疾厄宮」：

財力來自健康的磁場，這類型的人突破財多身弱之說，反而是越健康，財富越豐。適合從事經營健康、養生相關產業。

養生財可以靠健康相關事業獲利，若能尋求謀展此類產業，或依現有資源延伸跟健康有關的人事物，妥善規劃、設定目標，運用養生事業致富利人，也不失為功德一件！

> **我的財神爺是誰？**
>
> **財力來源是養生財**
>
> 財力磁場來自於疾厄因子：
>
> **◎此類型人可靠健康相關事業獲利，適合養生事業發展。**
>
> **◎尋求謀展相關產業，或於現有資源中延伸與健康有關的人事物，妥善規劃設定目標，運用養生事業致富利人。**

財神爺在「遷移宮」：

財力來自遠方的磁場，這類型的人求財來自於遠方，就是跑得越遠、賺得越多，越跑越有錢，可以靠貿易、業務等相關事業獲利。不管您喜不喜歡往外跑，只要往外跑就可以進財，所以請提起勇氣往外衝吧。有些人個性不喜歡遠行，可是錢財又來自遠方，那就要學習克服自己。人生致富絕非夢想，在每一個階段，趁年輕、時運到時賺一筆，老來好過日子，就要看您怎麼規劃您的階段性任務，來圓滿人生，不枉此行。

> **我的財神爺是誰？**
>
> **財力來源在遠方**
>
> 財力磁場來自於遷移因子：
>
> **◎此類型人財源來自遠方，跑得越遠、賺得越多；可靠貿易、業務相關事業獲利，總之趴趴走就對了。**
>
> **◎無論您喜不喜歡往外跑，只要肯跑，提出勇氣往外衝，人生致富絕非夢想。**

財神爺在「僕役宮」：

財力來自人際的磁場，這類型的人適合人際求財，如傳銷、仲介、選舉等大眾財。此類的財富來自於人際中，如傳銷需要人滾人、選舉需要募款、宗教需要樂捐，屬於人際大眾財。有道是，人脈就是錢脈，用人滾錢也是聰明的理財方法，但並非人人都能靠人際賺到錢，必須有此來源者，方可以大眾事業獲利。

舉凡受人庇蔭者，必須飲水思源，當思圖報。不可與人寡合，別與朋友斤斤計較，眼光放遠點，切忌貪圖小利與人爭執。只要人和，您的財富才能源源不絕。

我的財神爺是誰？

財力來源來自人脈

財力磁場來自於僕役因子：

◎此類型人財源來自人脈，有道是人脈就是錢脈，用人滾錢也算聰明，但並非人人都能靠人際賺錢。有此來源者可靠傳銷、直銷、仲介、選舉等大眾事業獲利。

◎受人庇蔭者，代表著飲人泉水當思圖報，切勿與朋友計較不悅而得不償失。除了知道自己運勢外，也需參酌同業的朋友運勢，以免拖累一方。

財神爺在「官祿宮」：

財力來自事業的磁場，這類型的人適合創業經商，從經營事業中取財。事業財代表財力磁場來自於官祿因子，這類型人具備運用事業致富的強力磁場。

並非人人都適合創業經商，但是這類型人卻適合，縱使沒有經營的天分，也能很自然地在事業上遊刃有餘，做中學、錯中改，他就是能在事業上得到錢財。妥善運用這股力量，著眼於產業發展，並提升自我敏銳度。所謂「生意子難生」（台語），因此若能知命掌運，抓準適合的時機點去創業，成功富貴並非難事！

我的財神爺是誰？

財力來源是事業財

財力磁場來自於我的官祿因子：

◎此類型人具備運用事業致富的強力磁場。並非人人都適合創業，有此財源者可以創業經商。

◎妥善運用此項天賦異稟，多著眼產業發展及自我敏銳度，所謂：生意子難生。知命掌運在最佳時機創業，長期規劃勝券在握，運用事業財源廣進。

財神爺在「田宅宮」：

財力來自不動產的磁場，這類型的人適合不動產致富，可從事房仲業、土地房屋買賣或是投資不動產等相關產業。妥善運用這個天賦，多著眼於不動產業發展及先天敏銳度，知命掌運在最佳時機經營或置產、長期規劃，以屋養屋、以地再養地，包租公（婆）、土財主就是您！

家和萬事興，這類型的人更是如此，只要他挑選了風水佳的好房子，除了家庭和樂，所投資的標的物也容易脫手，獲利高，財富自然源源不絕。

我的財神爺是誰？

財力來源是不動產

財力磁場來自於我的田宅因子：

◎此類型人具備運用不動產致富的強力磁場，有此財源者可以從事房仲業、房屋買賣或投資不動產。

◎妥善運用此項天賦異稟，多著眼不動產業發展及先天敏銳度，知命掌運在最佳時機經營或置產，長期規劃以屋（地）養屋（地），包租公（婆）、土財主就是你。

財神爺在「福德宮」：

財力來自福報祖蔭的磁場。福德宮代表精神心靈層次，這類型人今生是來享受財富的，財富可能來自祖蔭，或積福修德而來的，也就是善行越多，財富越豐。

我的財神爺是誰？

財力來源是精神心靈層次

財力磁場來自於我的福德因子：

◎此類型人今生是來享受財富，可以運用精神心靈層次事業發展。有此財源者可以從事娛樂業、心靈產業、追求哲學思考。

◎妥善運用此項天賦異稟，多著眼相關產業發展及先天敏銳度。按照運勢氣數經營得當，可以穩定享受金銀財寶。

可以運用心靈精神層次的事業發展，從事娛樂業、心靈產業，追求哲學思想。妥善運用此項天賦異秉，多著眼於相關產業發展及先天敏銳度，按照運勢氣數經營得當，可以穩定享受金銀財寶，積福積德、財福綿延！

二、尋找財神爺的方法

人生中早已安排了每個人的生財之道，也就是財神爺，這是無形的力量，它潛移默化影響我們的財源，若能找到我們的財神爺，才能準確抓住方向進財、守財。找到自己的財神爺之後，要惜福感恩，祂必能讓我們財源廣進、源源不絕！

★尋寶步驟：找到自己的財神爺

＊財神爺地圖順序：

1. 請先表列出我的命盤
2. 找到我民國出生年的尾數
3. 找到我命宮的位置
4. 連線到命宮看是什麼星宿
5. 找到我的財神爺

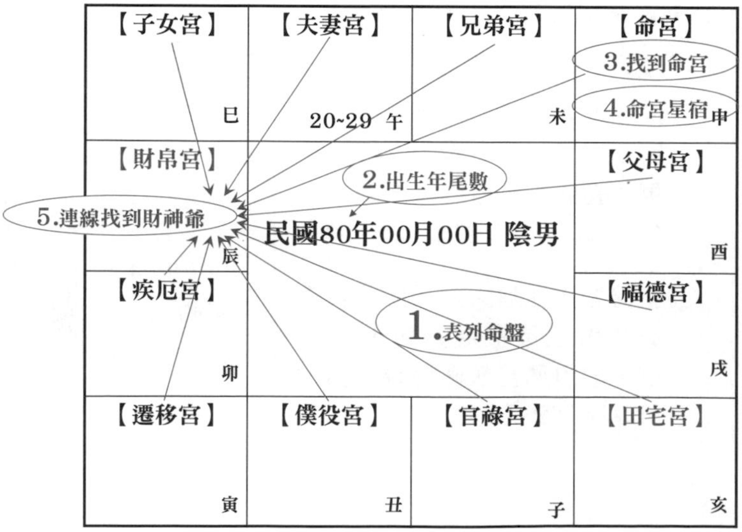

實例說明：

1. 請先表列出我的命盤
2. 自己的民國出生年尾數，比方民國60年次，尾數即為「0」。
3. 紫微斗數命表上，我的命宮位置在哪個位置上？

巳	午	未	申
辰			酉
卯			戌
寅	丑	命宮 子	亥

比方右圖，命宮就在「子」位。

4. 連線到命宮看是什麼星宿

觀命宮裡是哪一顆星？依據命宮星宿對應地圖，參照看星宿下方的說明，就可以知道財神爺是誰？

5. 找到了我的財神爺。

發現「我的財神爺」，讓我們依循尋寶地圖挖寶去吧！

尋找我的財神爺：民國出生年尾數與命宮位置（十二地支）的配對查詢

註：命宮星宿圖表中底色反白者為需要自立自強，靠自己努力打拼，無財神爺幫助。

民國出生年尾數為0的朋友，您的財神爺在這裡。

民國出生年尾數為「0」、紫微斗數命宮在「子」的朋友，您的財神爺在這裡。

命宮星宿

民國出生年次的尾數是：0

命宮位置在：子

命宮星宿	財神爺
紫微星	與父母或長輩同業或投資
天機星	創業經商或理財投資
太陽星	養生產業或子女晚輩同業
武曲星	遠方求財或貿易或業務
天同星	長輩或理財或心靈或房產
廉貞星	自立自強、穩定事業財
天府星	遠方求財或貿易或業務
太陰星	長輩或理財或心靈或房產
貪狼星	傳銷或仲介或選舉人際財
巨門星	創業經商或理財投資
天相星	自立自強、穩定事業財
天梁星	養生產業或子女晚輩同業
七殺星	與配偶或伴侶同業或投資
破軍星	自立自強、股票投資財

民國出生年尾數為「0」、紫微斗數命宮在「丑」的朋友，您的財神爺在這裡。

命宮星宿

民國出生年次的尾數是：0

命宮位置在：丑

命宮星宿	財神爺
紫微星	理財投資或配偶伴侶同業
天機星	從事或經營養生相關產業
太陽星	理財或遠方或業務或心靈
武曲星	創業經商或從事人際財
天同星	房產或與長輩或兄弟共業
廉貞星	與子女或晚輩同業或投資
天府星	與子女或晚輩同業或投資
太陰星	理財或遠方或業務或心靈
貪狼星	創業經商或從事人際財
巨門星	房產或與長輩或兄弟同業
天相星	自立自強、穩定積蓄守財
天梁星	從事理財事業或長期投資
七殺星	與子女晚輩同業或投資
破軍星	理財投資或配偶伴侶同業

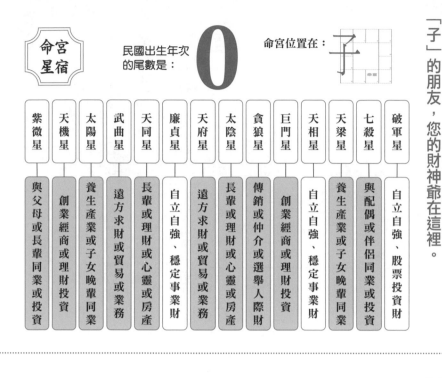

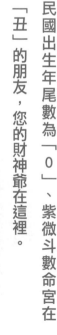

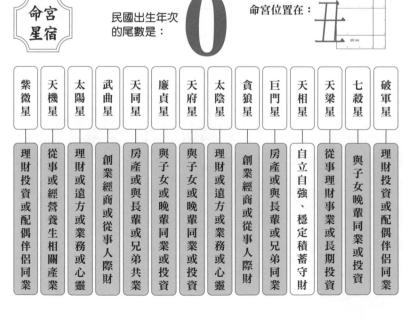

民國出生年尾數為「0」、紫微斗數命宮在「寅」的朋友，您的財神爺在這裡。

命宮星宿

民國出生年次的尾數是：0

命宮位置在：寅

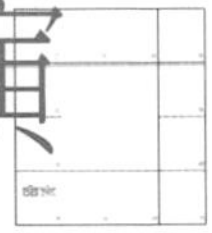

命宮星宿	財神爺
紫微星	與子女或晚輩同業或投資
天機星	遠方求財或貿易或業務
太陽星	人際進財或心靈相關產業
武曲星	創業經商
天同星	從事或經營養生相關產業
廉貞星	自立自強、穩定事業財
天府星	與子女或晚輩同業或投資
太陰星	遠方求財或貿易或業務
貪狼星	從事或投資不動產產業
巨門星	人際進財或心靈相關產業
天相星	創業經商
天梁星	從事或經營養生相關產業
七殺星	從事理財事業或長期投資
破軍星	自立自強、股票投資財

民國出生年尾數為「0」、紫微斗數命宮在「卯」的朋友，您的財神爺在這裡。

命宮星宿

民國出生年次的尾數是：0

命宮位置在：卯

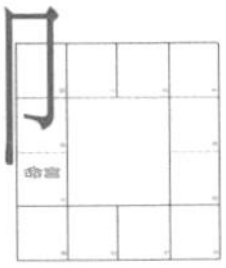

命宮星宿	財神爺
紫微星	從事理財事業或心靈產業
天機星	與長輩同業或從事人際財
太陽星	遠方求財或貿易或業務
武曲星	從事不動產或從事養生業
天同星	從事理財或配偶伴侶同業
廉貞星	自立自強、事業股票財
天府星	從事不動產或從事養生業
太陰星	與兄弟或晚輩同業或投資
貪狼星	從事理財事業或心靈產業
巨門星	與長輩同業或從事人際財
天相星	自立自強、穩定積蓄守財
天梁星	遠方求財或貿易或業務
七殺星	從事理財或配偶伴侶同業
破軍星	自立自強、事業股票財

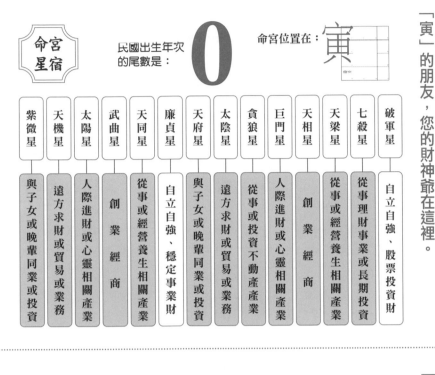

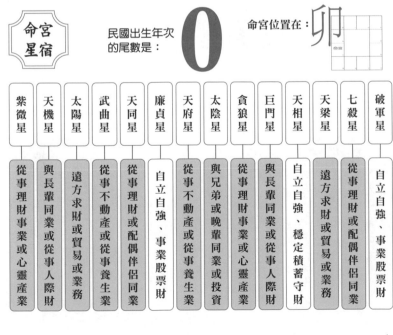

民國出生年尾數為「0」、紫微斗數命宮在「辰」的朋友，您的財神爺在這裡。

命宮星宿

民國出生年次的尾數是：0

命宮位置在：辰

命宮星宿	財神爺
紫微星	從事或經營養生相關產業
天機星	創業經商或從事人際進財
太陽星	與兄弟姐妹同業或投資
武曲星	從事或經營心靈相關產業
天同星	從事理財事業或長期投資
廉貞星	自立自強、穩定事業財
天府星	自立自強、穩定事業財
太陰星	從事不動產相關產業
貪狼星	與父母或長輩同業或投資
巨門星	理財投資或配偶伴侶同業
天相星	從事或經營養生相關產業
天梁星	創業經商或從事人際進財
七殺星	遠方求財或貿易或業務
破軍星	自立自強、股票投資財

民國出生年尾數為「0」、紫微斗數命宮在「巳」的朋友，您的財神爺在這裡。

命宮星宿

民國出生年次的尾數是：0

命宮位置在：巳

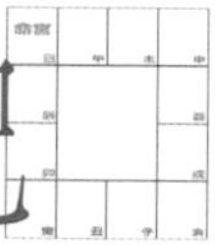

命宮星宿	財神爺
紫微星	遠方求財或業務或人際財
天機星	投資或不動產或配偶同業
太陽星	與兄弟姐妹同業或投資
武曲星	與父母或長輩同業或投資
天同星	創業或養生或與晚輩同業
廉貞星	從事理財事業或長期投資
天府星	遠方求財或業務或人際財
太陰星	投資或不動產或配偶同業
貪狼星	從事理財事業或長期投資
巨門星	從事或經營心靈相關產業
天相星	自立自強、穩定積蓄守財
天梁星	創業或養生或與晚輩同業
七殺星	遠方求財或業務或人際財
破軍星	與父母或長輩同業或投資

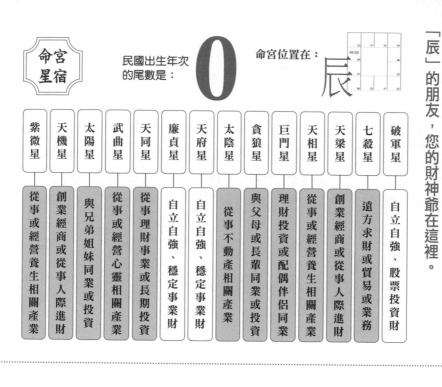

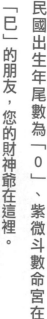

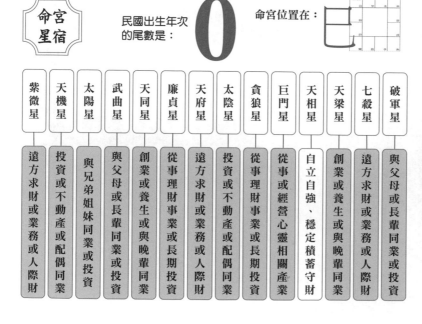

民國出生年尾數為「0」、紫微斗數命宮在「午」的朋友，您的財神爺在這裡。

命宮星宿

民國出生年次的尾數是：0

命宮位置在：午

命宮星宿	財神爺
破軍星	自立自強、股票投資財
七殺星	創業經商
天梁星	從事不動產或與長輩同業
天相星	自立自強、事業儲蓄財
巨門星	從事養生業或與配偶同業
貪狼星	與兄弟姐妹同業或投資
太陰星	投資或遠方或養生或晚輩
天府星	從事理財事業或長期投資
廉貞星	自立自強、事業儲蓄財
天同星	投資或遠方或養生或晚輩
武曲星	從事理財事業或長期投資
太陽星	從事不動產或與長輩同業
天機星	從事養生業或與配偶同業
紫微星	傳銷或仲介或選舉人際財

民國出生年尾數為「0」、紫微斗數命宮在「未」的朋友，您的財神爺在這裡。

命宮星宿

民國出生年次的尾數是：0

命宮位置在：未

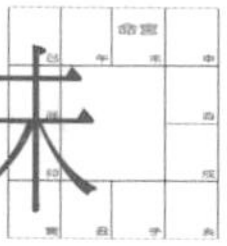

命宮星宿	財神爺
破軍星	創業經商
七殺星	從事投資不動產相關產業
天梁星	從事或經營心靈相關產業
天相星	自立自強、穩定積蓄守財
巨門星	人際財或養生或晚輩同業
貪狼星	理財或與兄弟或配偶同業
太陰星	從事理財投資或遠方求財
天府星	從事投資不動產相關產業
廉貞星	從事投資不動產相關產業
天同星	人際財或養生或晚輩同業
武曲星	與兄弟或配偶同業或投資
太陽星	從事理財投資或遠方求財
天機星	從事養生產業或人際取財
紫微星	創業經商

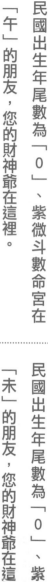

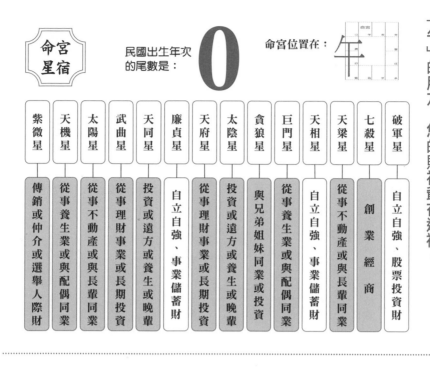

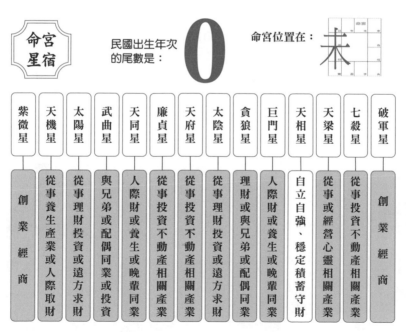

民國出生年尾數為「0」、紫微斗數命宮在「申」的朋友，您的財神爺在這裡。

命宮星宿

民國出生年次的尾數是：0

命宮位置在：申

破軍星	自立自強、股票投資財
七殺星	從事或經營心靈相關產業
天梁星	與父母或長輩同業或投資
天相星	與配偶伴侶同業或投資
巨門星	理財投資或兄弟姐妹同業
貪狼星	與子女或晚輩同業或投資
太陰星	理財投資或人際或養生財
天府星	從事投資不動產相關產業
廉貞星	自立自強、穩定事業財
天同星	與父母或長輩同業或投資
武曲星	與配偶伴侶同業或投資
太陽星	理財投資或兄弟姐妹同業
天機星	理財投資或人際或養生財
紫微星	從事投資不動產相關產業

民國出生年尾數為「0」、紫微斗數命宮在「酉」的朋友，您的財神爺在這裡。

命宮星宿

民國出生年次的尾數是：0

命宮位置在：酉

破軍星	自立自強、事業股票財
七殺星	與長輩或晚輩同業或投資
天梁星	與配偶伴侶同業或投資
天相星	自立自強、穩定積蓄守財
巨門星	與兄弟姐妹同業或投資
貪狼星	理財投資或從事心靈產業
太陰星	人際財或從事不動產產業
天府星	與長輩或晚輩同業或投資
廉貞星	自立自強、事業股票財
天同星	創業經商或遠方財或業務
武曲星	與長輩或晚輩同業或投資
太陽星	與配偶伴侶同業或投資
天機星	與兄弟姐妹同業或投資
紫微星	理財投資或從事心靈產業

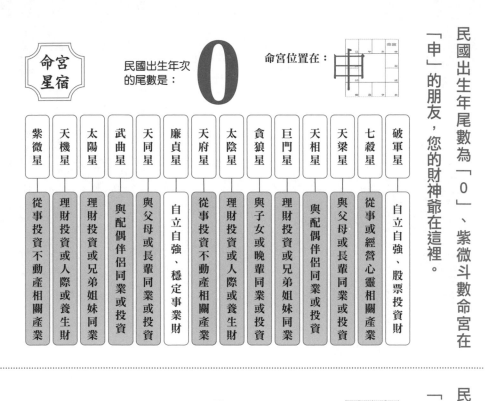

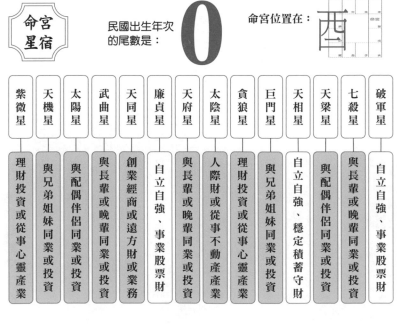

民國出生年尾數為「0」、紫微斗數命宮在「戌」的朋友，您的財神爺在這裡。

命宮星宿

民國出生年次的尾數是：0

命宮位置在：戌

命宮星宿	財神
紫微星	與父母或長輩同業或投資
天機星	與兄弟或配偶同業或投資
太陽星	人際財或從事不動產產業
武曲星	從事理財事業或長期投資
天同星	遠方求財或貿易或業務
廉貞星	自立自強、穩定事業財
天府星	自立自強、穩定事業財
太陰星	與子女或晚輩同業或投資
貪狼星	從事或經營養生相關產業
巨門星	創業經商或從事心靈產業
天相星	與父母或長輩同業或投資
天梁星	與兄弟或配偶同業或投資
七殺星	從事理財事業或長期投資
破軍星	自立自強、股票投資財

民國出生年尾數為「0」、紫微斗數命宮在「亥」的朋友，您的財神爺在這裡。

命宮星宿

民國出生年次的尾數是：0

命宮位置在：亥

命宮星宿	財神
紫微星	理財投資或兄弟姐妹同業
天機星	創業或心靈或與晚輩同業
太陽星	傳銷或仲介或選舉人際財
武曲星	從事或經營養生相關產業
天同星	心靈或與晚輩或配偶同業
廉貞星	遠方求財或貿易或業務
天府星	理財投資或兄弟姐妹同業
太陰星	創業或心靈或與晚輩同業
貪狼星	遠方求財或貿易或業務
巨門星	從事理財事業或長期投資
天相星	自立自強、穩定積蓄守財
天梁星	心靈或與晚輩、配偶同業
七殺星	理財投資或兄弟姐妹同業
破軍星	從事或經營養生相關產業

民國出生年尾數為1的朋友，您的財神爺在這裡。

民國出生年尾數為「1」、紫微斗數命宮在「子」的朋友，您的財神爺在這裡。

命宮星宿

民國出生年次的尾數是：1

命宮位置在：子

命宮星宿	財神爺
紫微星	與子女或晚輩同業或投資
天機星	理財投資或遠方財或心靈
太陽星	人際進財或從事養生產業
武曲星	創業經商
天同星	與兄弟或配偶同業或投資
廉貞星	自立自強、事業儲蓄財
天府星	創業經商
太陰星	與兄弟或配偶同業或投資
貪狼星	創業或心靈或與長輩同業
巨門星	理財投資或遠方財或心靈
天相星	自立自強、事業儲蓄財
天梁星	人際進財或從事養生產業
七殺星	從事理財事業或長期投資
破軍星	自立自強、股票投資財

民國出生年尾數為「1」、紫微斗數命宮在「丑」的朋友，您的財神爺在這裡。

命宮星宿

民國出生年次的尾數是：1

命宮位置在：丑

命宮星宿	財神爺
紫微星	從事理財事業或長期投資
天機星	傳銷或仲介或選舉人際財
太陽星	創業經商或配偶伴侶同業
武曲星	理財或不動產或從事心靈
天同星	與兄弟或長輩或晚輩同業
廉貞星	從事或經營養生相關產業
天府星	從事或經營養生相關產業
太陰星	創業經商或配偶伴侶同業
貪狼星	理財或不動產或從事心靈
巨門星	與兄弟或長輩或晚輩同業
天相星	自立自強、穩定積蓄守財
天梁星	遠方求財或貿易或業務
七殺星	從事或經營養生相關產業
破軍星	從事理財事業或長期投資

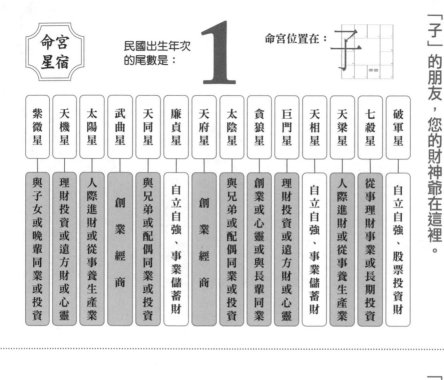

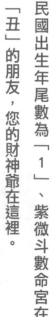

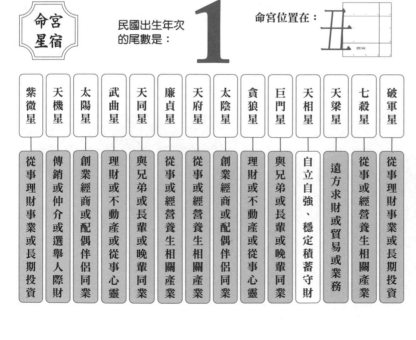

民國出生年尾數為「1」、紫微斗數命宮在「寅」的朋友，您的財神爺在這裡。

命宮星宿

民國出生年次的尾數是：1

命宮位置在：寅

命宮星宿	財神爺
紫微星	從事或經營養生相關產業
天機星	創業經商或子女晚輩同業
太陽星	理財或不動產或配偶同業
武曲星	從事或經營心靈相關產業
天同星	從事理財投資或人際進財
廉貞星	自立自強、穩定事業財
天府星	從事或經營養生相關產業
太陰星	創業經商或子女晚輩同業
貪狼星	與兄弟或長輩同業或投資
巨門星	理財或不動產或配偶同業
天相星	從事或經營心靈相關產業
天梁星	從事理財投資或人際進財
七殺星	遠方求財或貿易或業務
破軍星	自立自強、股票投資財

民國出生年尾數為「1」、紫微斗數命宮在「卯」的朋友，您的財神爺在這裡。

命宮星宿

民國出生年次的尾數是：1

命宮位置在：卯

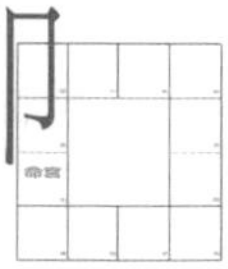

命宮星宿	財神爺
紫微星	理財或遠方財或配偶同業
天機星	不動產或兄弟或晚輩同業
太陽星	創業經商或心靈相關產業
武曲星	人際財或與父母長輩同業
天同星	從事理財事業或長期投資
廉貞星	自立自強、事業股票財
天府星	理財或遠方財或配偶同業
太陰星	從事或經營養生相關產業
貪狼星	理財或遠方財或配偶同業
巨門星	不動產或兄弟或晚輩同業
天相星	自立自強、穩定積蓄守財
天梁星	創業經商或心靈相關產業
七殺星	人際財或與父母長輩同業
破軍星	自立自強、事業股票財

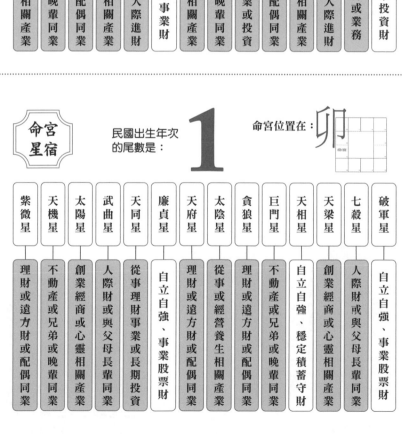

民國出生年尾數為「1」、紫微斗數命宮在「辰」的朋友，您的財神爺在這裡。

命宮星宿

民國出生年次的尾數是：**1**

命宮位置在：**辰**

命宮星宿	財神爺
紫微星	傳銷或仲介或選舉人際財
天機星	從事房產或心靈相關產業
太陽星	從事或經營養生相關產業
武曲星	從事理財事業或長期投資
天同星	理財投資或配偶伴侶同業
廉貞星	自立自強、穩定事業財
天府星	自立自強、穩定事業財
太陰星	與父母或長輩同業或投資
貪狼星	與兄弟或晚輩同業或投資
巨門星	遠方求財或貿易或業務
天相星	傳銷或仲介或選舉人際財
天梁星	從事房產或心靈相關產業
七殺星	創業經營
破軍星	自立自強、股票投資財

民國出生年尾數為「1」、紫微斗數命宮在「巳」的朋友，您的財神爺在這裡。

命宮星宿

民國出生年次的尾數是：**1**

命宮位置在：**巳**

命宮星宿	財神爺
紫微星	創業經營或不動產相關產業
天機星	遠方求財或父母長輩同業
太陽星	養生事業或子女晚輩同業
武曲星	與兄弟姐妹同業或投資
天同星	人際財或與養生相關產業
廉貞星	理財投資或配偶伴侶同業
天府星	創業經營或不動產相關產業
太陰星	遠方求財或父母長輩同業
貪狼星	理財投資或配偶伴侶同業
巨門星	從事理財事業或長期投資
天相星	自立自強、穩定積蓄守財
天梁星	人際財或與養生相關產業
七殺星	創業經營或房產相關產業
破軍星	與兄弟姐妹同業或投資

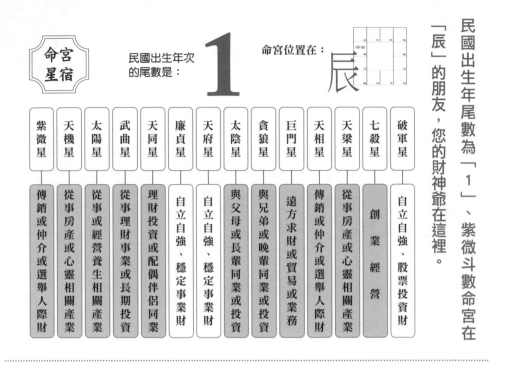

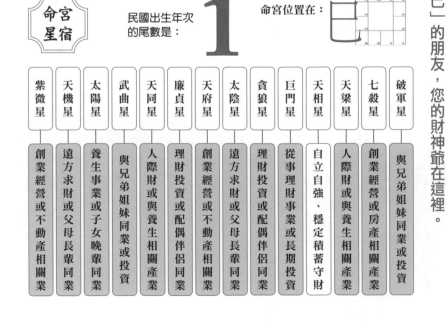

民國出生年尾數為「1」、紫微斗數命宮在「午」的朋友，您的財神爺在這裡。

命宮星宿

民國出生年次的尾數是：1

命宮位置在：午

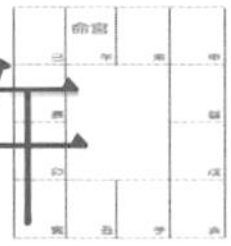

命宮星宿	財神爺
破軍星	自立自強、股票投資財
七殺星	從事或經營心靈相關產業
天梁星	與兄弟或長輩同業或投資
天相星	自立自強、事業儲蓄財
巨門星	從事理財投資或遠方求財
貪狼星	從事或經營養生相關產業
太陰星	創業經營或人際進財
天府星	與配偶伴侶同業或投資
廉貞星	自立自強、事業儲蓄財
天同星	創業經營或人際進財
武曲星	與配偶伴侶同業或投資
太陽星	與兄弟或長輩同業或投資
天機星	從事理財投資或遠方求財
紫微星	從事經營不動產相關產業

民國出生年尾數為「1」、紫微斗數命宮在「未」的朋友，您的財神爺在這裡。

命宮星宿

民國出生年次的尾數是：1

命宮位置在：未

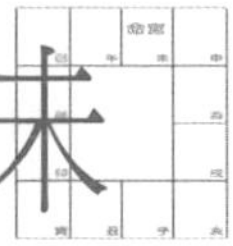

命宮星宿	財神爺
破軍星	從事或經營心靈相關產業
七殺星	與父母或長輩同業或投資
天梁星	從事理財事業或長期投資
天相星	自立自強、穩定積蓄守財
巨門星	人際財或不動產或養生業
貪狼星	理財投資或子女晚輩同業
太陰星	創業經營或配偶伴侶同業
天府星	與父母或長輩同業或投資
廉貞星	與父母或長輩同業或投資
天同星	人際財或不動產或養生業
武曲星	理財投資或子女晚輩同業
太陽星	創業經營或配偶伴侶同業
天機星	與兄弟姐妹同業或投資
紫微星	從事或經營心靈相關產業

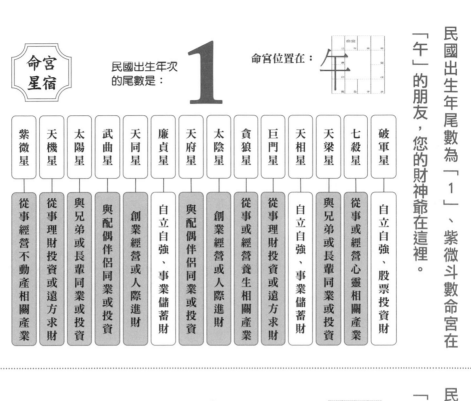

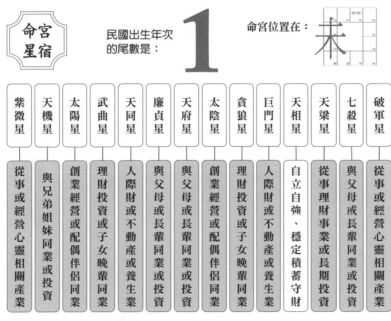

民國出生年尾數為「1」、紫微斗數命宮在「申」的朋友，您的財神爺在這裡。

命宮星宿

民國出生年次的尾數是：**1**

命宮位置在：**申**

命宮星宿	
紫微星	與父母或長輩同業或投資
天機星	不動產業或配偶伴侶同業
太陽星	創業經營或子女晚輩同業
武曲星	從事理財事業或長期投資
天同星	從事養生事業或兄弟同業
廉貞星	自立自強、穩定事業財
天府星	與父母或長輩同業或投資
太陰星	不動產業或配偶伴侶同業
貪狼星	從事或經營養生相關產業
巨門星	創業經營或子女晚輩同業
天相星	從事理財事業或長期投資
天梁星	從事養生事業或兄弟同業
七殺星	從事理財事業或長期投資
破軍星	自立自強、股票投資財

民國出生年尾數為「1」、紫微斗數命宮在「酉」的朋友，您的財神爺在這裡。

命宮星宿

民國出生年次的尾數是：**1**

命宮位置在：**酉**

命宮星宿	
紫微星	理財投資或創業或遠方財
天機星	與子女或晚輩同業或投資
太陽星	理財投資或配偶伴侶同業
武曲星	從事養生事業或兄弟同業
天同星	從事或經營心靈相關產業
廉貞星	自立自強、事業股票財
天府星	從事養生事業或兄弟同業
太陰星	與父母或長輩同業或投資
貪狼星	理財投資或創業或遠方財
巨門星	與子女或晚輩同業或投資
天相星	自立自強、穩定積蓄守財
天梁星	理財投資或配偶伴侶同業
七殺星	從事養生事業或兄弟同業
破軍星	自立自強、事業股票財

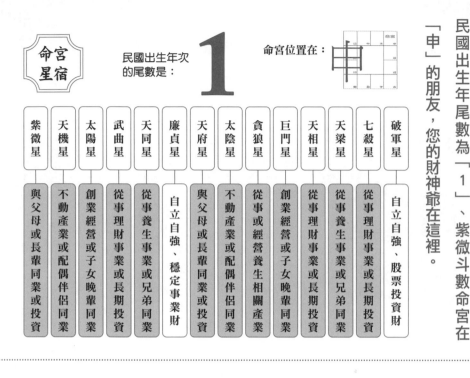

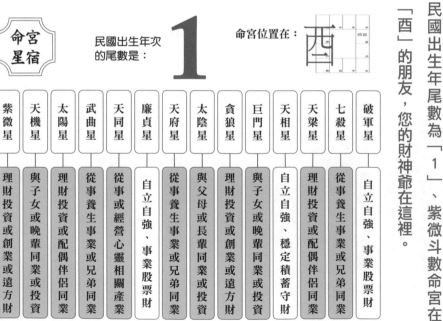

民國出生年尾數為「1」、紫微斗數命宮在「戌」的朋友，您的財神爺在這裡。

命宮星宿

民國出生年次的尾數是：1

命宮位置在：戌

命宮星宿	財神爺
紫微星	與兄弟姐妹同業或投資
天機星	理財投資或子女晚輩同業
太陽星	與父母或長輩同業或投資
武曲星	遠方求財或貿易或業務
天同星	從事或經營心靈相關產業
廉貞星	自立自強、穩定事業財
天府星	自立自強、穩定事業財
太陰星	從事或經營養生相關產業
貪狼星	從事不動產業或人際進財
巨門星	從事理財事業或長期投資
天相星	與兄弟姐妹同業或投資
天梁星	理財投資或子女晚輩同業
七殺星	與配偶伴侶同業或投資
破軍星	自立自強、股票投資財

民國出生年尾數為「1」、紫微斗數命宮在「亥」的朋友，您的財神爺在這裡。

命宮星宿

民國出生年次的尾數是：1

命宮位置在：亥

命宮星宿	財神爺
紫微星	與配偶或晚輩同業或投資
天機星	從事理財投資或養生事業
太陽星	養生事業或父母長輩同業
武曲星	傳銷或仲介或選舉人際財
天同星	理財投資或與兄弟同業
廉貞星	創業經營或從事養生事業
天府星	創業經營或從事養生事業
太陰星	從事理財投資或養生事業
貪狼星	創業經營或從事養生事業
巨門星	遠方求財或貿易或業務
天相星	自立自強、穩定積蓄守財
天梁星	理財投資或與兄弟同業
七殺星	與配偶或晚輩同業或投資
破軍星	傳銷或仲介或選舉人際財

民國出生年尾數為2的朋友，您的財神爺在這裡。

民國出生年尾數為「2」、紫微斗數命宮在「子」的朋友，您的財神爺在這裡。

命宮星宿

民國出生年次的尾數是：2

命宮位置在：子

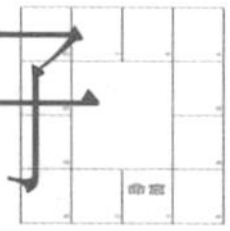

紫微星	天機星	太陽星	武曲星	天同星	廉貞星	天府星	太陰星	貪狼星	巨門星	天相星	天梁星	七殺星	破軍星
從事或經營養生相關產業	創業經營或配偶伴侶同業	房產或人際財或長輩同業	理財投資或從事心靈產業	理財投資或子女晚輩同業	自立自強、事業儲蓄財	理財投資或從事心靈產業	理財投資或子女晚輩同業	與兄弟姐妹同業或投資	創業經營或配偶伴侶同業	自立自強、事業儲蓄財	房產或人際財或長輩同業	遠方求財或貿易或業務	自立自強、股票投資財

民國出生年尾數為「2」、紫微斗數命宮在「丑」的朋友，您的財神爺在這裡。

命宮星宿

民國出生年次的尾數是：2

命宮位置在：丑

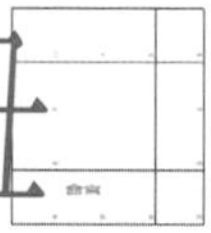

紫微星	天機星	太陽星	武曲星	天同星	廉貞星	天府星	太陰星	貪狼星	巨門星	天相星	天梁星	七殺星	破軍星
遠方求財或貿易或業務	從事或經營不動產產業	理財投資或從事心靈產業	與長輩或配偶或兄弟同業	養生事業或子女晚輩同業	傳銷或仲介或選舉人際財	傳銷或仲介或選舉人際財	理財投資或從事心靈產業	與長輩或配偶或兄弟同業	養生事業或子女晚輩同業	自立自強、事業儲蓄財	創業經營	傳銷或仲介或選舉人際財	遠方求財或貿易或業務

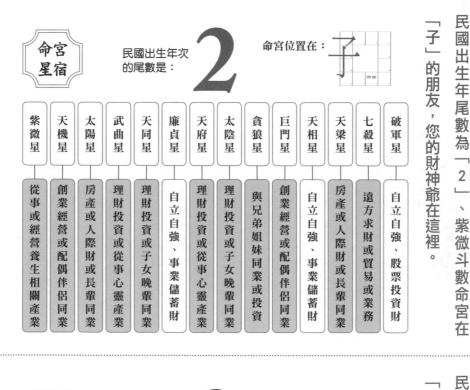

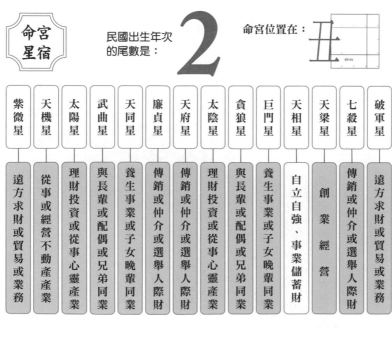

民國出生年尾數為「2」、紫微斗數命宮在「寅」的朋友，您的財神爺在這裡。

命宮星宿

民國出生年次的尾數是：2

命宮位置在：寅

命宮星宿	財神爺
紫微星	傳銷或仲介或選舉人際財
天機星	從事或經營心靈養生事業
太陽星	理財投資或長輩兄弟同業
武曲星	理財投資或配偶伴侶同業
天同星	從事不動產業或遠方求財
廉貞星	自立自強、穩定事業財
天府星	傳銷或仲介或選舉人際財
太陰星	從事或經營心靈養生事業
貪狼星	與子女或晚輩同業或投資
巨門星	理財投資或長輩兄弟同業
天相星	理財投資或配偶伴侶同業
天梁星	從事不動產業或遠方求財
七殺星	創業經營
破軍星	自立自強、股票投資財

民國出生年尾數為「2」、紫微斗數命宮在「卯」的朋友，您的財神爺在這裡。

命宮星宿

民國出生年次的尾數是：2

命宮位置在：卯

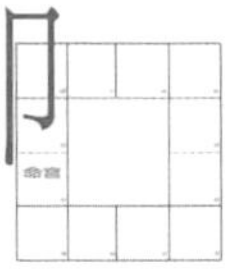

命宮星宿	財神爺
紫微星	創業經營或從事理財投資
天機星	養生事業或父母長輩同業
太陽星	理財或心靈業或配偶同業
武曲星	房產或與兄弟或晚輩同業
天同星	遠方求財或貿易或業務
廉貞星	自立自強、事業股票財
天府星	房產或與兄弟或晚輩同業
太陰星	傳銷或仲介或選舉人際財
貪狼星	創業經營或從事理財投資
巨門星	養生事業或父母長輩同業
天相星	自立自強、穩定積蓄守財
天梁星	理財或心靈業或配偶同業
七殺星	房產或與兄弟或晚輩同業
破軍星	自立自強、事業股票財

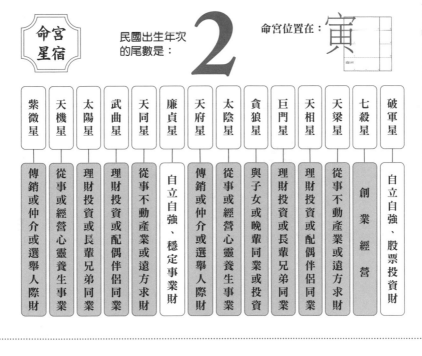

民國出生年尾數為「2」、紫微斗數命宮在「辰」的朋友，您的財神爺在這裡。

命宮星宿

民國出生年次的尾數是：2

命宮位置在：辰

紫微星	天機星	太陽星	武曲星	天同星	廉貞星	天府星	太陰星	貪狼星	巨門星	天相星	天梁星	七殺星	破軍星
從事或經營不動產產業	理財投資或父母長輩同業	傳銷或仲介或選舉人際財	理財投資或配偶伴侶同業	遠方求財或貿易或業務	自立自強、穩定事業財	自立自強、穩定事業財	與兄弟或晚輩同業或投資	從事或經營養生相關產業	創業經營	從事或經營不動產產業	理財投資或父母長輩同業	從事或經營心靈相關產業	自立自強、股票投資財

民國出生年尾數為「2」、紫微斗數命宮在「巳」的朋友，您的財神爺在這裡。

命宮星宿

民國出生年次的尾數是：2

命宮位置在：巳

紫微星	天機星	太陽星	武曲星	天同星	廉貞星	天府星	太陰星	貪狼星	巨門星	天相星	天梁星	七殺星	破軍星
心靈事業或父母長輩同業	創業經營或兄弟姐妹同業	傳銷或仲介或選舉人際財	養生事業或子女晚輩同業	理財投資或從事不動產業	遠方求財或貿易或業務	心靈事業或父母長輩同業	創業經營或兄弟姐妹同業	遠方求財或貿易或業務	理財投資或配偶伴侶同業	自立自強、穩定積蓄守財	理財投資或從事不動產業	心靈事業或父母長輩同業	養生事業或子女晚輩同業

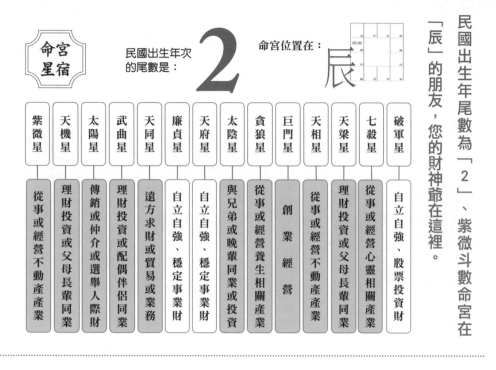

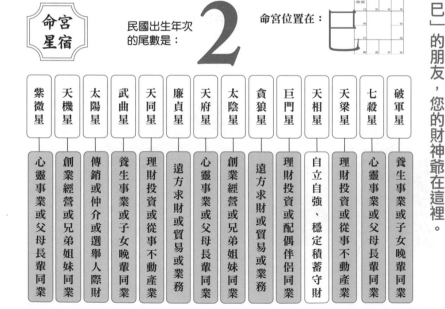

民國出生年尾數為「2」、紫微斗數命宮在「午」的朋友，您的財神爺在這裡。

命宮星宿

民國出生年次的尾數是：2

命宮位置在：午

命宮星宿	財神爺
紫微星	與父母或長輩同業或投資
天機星	創業經營或配偶伴侶同業
太陽星	養生或與兄弟或晚輩同業
武曲星	理財投資或遠方財或業務
天同星	從事心靈事業或不動產業
廉貞星	自立自強、事業積蓄守財
天府星	理財投資或遠方財或業務
太陰星	從事心靈事業或不動產業
貪狼星	傳銷或仲介或選舉人際財
巨門星	創業經營或配偶伴侶同業
天相星	自立自強、事業積蓄守財
天梁星	養生或與兄弟或晚輩同業
七殺星	從事理財事業或長期投資
破軍星	自立自強、股票投資財

民國出生年尾數為「2」、紫微斗數命宮在「未」的朋友，您的財神爺在這裡。

命宮星宿

民國出生年次的尾數是：2

命宮位置在：未

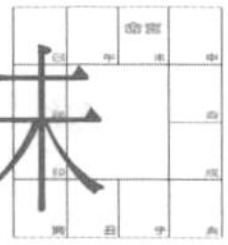

命宮星宿	財神爺
紫微星	從事理財事業或長期投資
天機星	與子女或晚輩同業或投資
太陽星	心靈或理財投資或遠方財
武曲星	創業經營或養生或人際財
天同星	不動產業或父母長輩同業
廉貞星	與兄弟姐妹同業或投資
天府星	與兄弟姐妹同業或投資
太陰星	心靈產業或理財或遠方財
貪狼星	創業經營或養生或人際財
巨門星	不動產業或父母長輩同業
天相星	自立自強、穩定積蓄守財
天梁星	心靈或理財投資或遠方財
七殺星	與兄弟姐妹同業或投資
破軍星	從事理財事業或長期投資

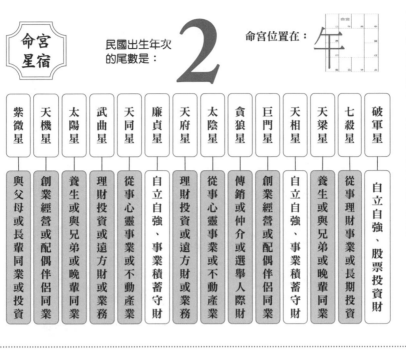

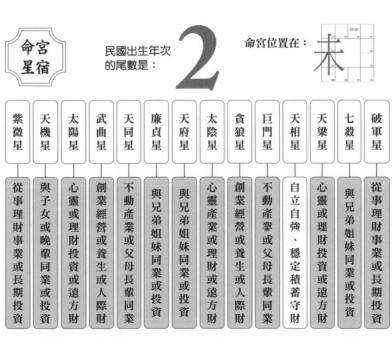

民國出生年尾數為「2」、紫微斗數命宮在「申」的朋友，您的財神爺在這裡。

命宮星宿

民國出生年次的尾數是：2

命宮位置在：申

命宮星宿	財神爺
紫微星	與兄弟姐妹同業或投資
天機星	從事理財事業或長期投資
太陽星	心靈養生事業或人際進財
武曲星	創業經營或遠方財或業務
天同星	與子女或晚輩同業或投資
廉貞星	自立自強、穩定事業財
天府星	與兄弟姐妹同業或投資
太陰星	從事理財事業或長期投資
貪狼星	從事或經營不動產產業
巨門星	心靈養生事業或人際進財
天相星	創業經營或遠方財或業務
天梁星	與子女或晚輩同業或投資
七殺星	與配偶伴侶同業或投資
破軍星	自立自強、股票投資財

民國出生年尾數為「2」、紫微斗數命宮在「酉」的朋友，您的財神爺在這裡。

命宮星宿

民國出生年次的尾數是：2

命宮位置在：酉

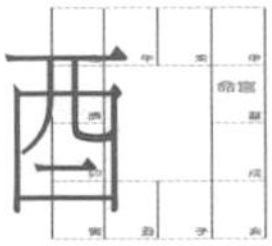

命宮星宿	財神爺
紫微星	心靈事業或配偶伴侶同業
天機星	從事或經營養生相關產業
太陽星	從事理財事業或長期投資
武曲星	不動產或人際財或與晚輩
天同星	從事理財事業或長期投資
廉貞星	自立自強、事業股票財
天府星	不動產或人際財或與晚輩
太陰星	與兄弟姐妹同業或投資
貪狼星	心靈事業或配偶伴侶同業
巨門星	從事或經營養生相關產業
天相星	自立自強、穩定積蓄守財
天梁星	從事理財事業或長期投資
七殺星	不動產或人際財或與晚輩
破軍星	自立自強、事業股票財

民國出生年尾數為「2」、紫微斗數命宮在「戌」的朋友，您的財神爺在這裡。

命宮星宿

民國出生年次的尾數是：2

命宮位置在：戌

命宮星宿	
破軍星	自立自強、股票投資財
七殺星	從事理財事業或長期投資
天梁星	從事養生事業或遠方求財
天相星	與子女或晚輩同業或投資
巨門星	與配偶伴侶同業或投資
貪狼星	與父母或長輩同業或投資
太陰星	從事不動產業或人際進財
天府星	自立自強、穩定事業財
廉貞星	自立自強、穩定事業財
天同星	從事理財事業或長期投資
武曲星	創業經營或從事養生事業
太陽星	與兄弟姐妹同業或投資
天機星	從事養生事業或遠方求財
紫微星	與子女或晚輩同業或投資

民國出生年尾數為「2」、紫微斗數命宮在「亥」的朋友，您的財神爺在這裡。

命宮星宿

民國出生年次的尾數是：2

命宮位置在：亥

命宮星宿	
破軍星	心靈事業或父母長輩同業
七殺星	從事養生事業或理財投資
天梁星	遠方求財或子女晚輩同業
天相星	自立自強、穩定積蓄守財
巨門星	創業經營或從事心靈事業
貪狼星	從事理財事業或長期投資
太陰星	人際進財與配偶伴侶同業
天府星	從事養生事業或理財投資
廉貞星	從事理財事業或長期投資
天同星	遠方求財或子女晚輩同業
武曲星	心靈事業或父母長輩同業
太陽星	與兄弟姐妹同業或投資
天機星	人際求財與配偶伴侶同業
紫微星	從事養生事業或理財投資

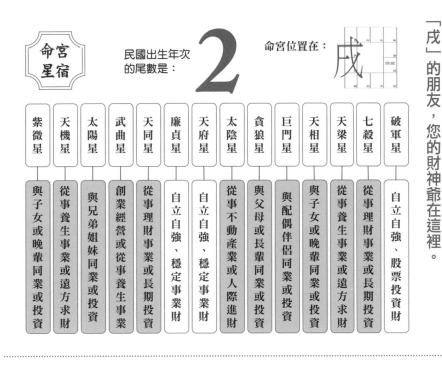

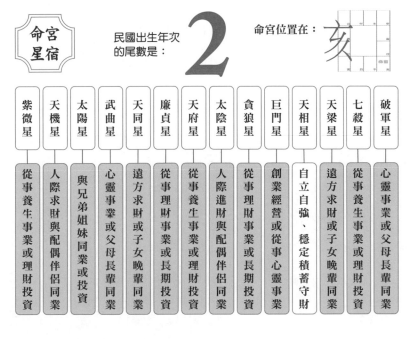

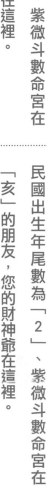

民國出生年尾數為3的朋友，您的財神爺在這裡。

民國出生年尾數為「3」、紫微斗數命宮在「子」的朋友，您的財神爺在這裡。

命宮星宿

民國出生年次的尾數是：3

命宮位置在：子

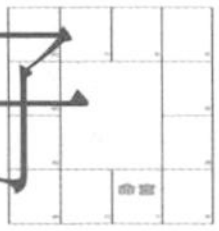

命宮星宿	
紫微星	傳銷或仲介或選舉人際財
天機星	從事心靈產業或理財投資
太陽星	房產或與長輩或兄弟同業
武曲星	與配偶伴侶同業或投資
天同星	從事養生事業或遠方求財
廉貞星	自立自強、事業積蓄守財
天府星	與配偶伴侶同業或投資
太陰星	從事養生事業或遠方求財
貪狼星	與子女或晚輩同業或投資
巨門星	從事心靈產業或理財投資
天相星	自立自強、事業積蓄守財
天梁星	房產或與長輩或兄弟同業
七殺星	創業經營
破軍星	自立自強、股票投資財

民國出生年尾數為「3」、紫微斗數命宮在「丑」的朋友，您的財神爺在這裡。

命宮星宿

民國出生年次的尾數是：3

命宮位置在：丑

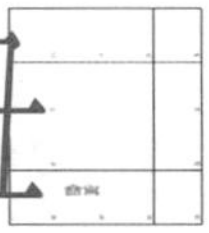

命宮星宿	
紫微星	創業經營
天機星	與長輩或兄弟同業或投資
太陽星	遠方求財與配偶伴侶同業
武曲星	理財投資或子女晚輩同業
天同星	從事養生事業或人際進財
廉貞星	從事或經營不動產產業
天府星	從事或經營不動產產業
太陰星	遠方求財與配偶伴侶同業
貪狼星	理財投資或子女晚輩同業
巨門星	從事養生事業或人際進財
天相星	從事或經營不動產產業
天梁星	從事心靈產業或理財投資
七殺星	從事或經營不動產產業
破軍星	創業經營

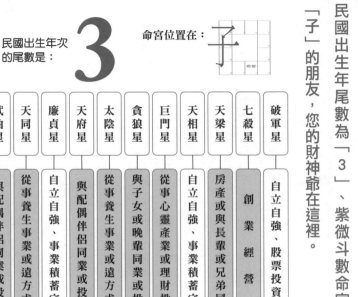

民國出生年尾數為「3」、紫微斗數命宮在「寅」的朋友，您的財神爺在這裡。

命宮星宿

民國出生年次的尾數是：3

命宮位置在：寅

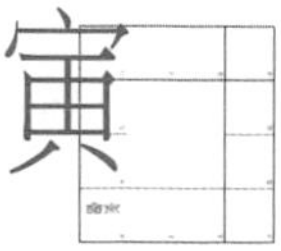

紫微星	天機星	太陽星	武曲星	天同星	廉貞星	天府星	太陰星	貪狼星	巨門星	天相星	天梁星	七殺星	破軍星
從事或經營不動產產業	理財投資或配偶伴侶同業	遠方求財與子女晚輩同業	從事理財事業或長期投資	理財或與長輩或兄弟同業	自立自強、穩定事業財	從事或經營不動產產業	理財投資或配偶伴侶同業	從事或經營養生相關產業	遠方求財與子女晚輩同業	從事理財事業或長期投資	理財或與長輩或兄弟同業	從事或經營心靈相關產業	自立自強、股票投資財

民國出生年尾數為「3」、紫微斗數命宮在「卯」的朋友，您的財神爺在這裡。

命宮星宿

民國出生年次的尾數是：3

命宮位置在：卯

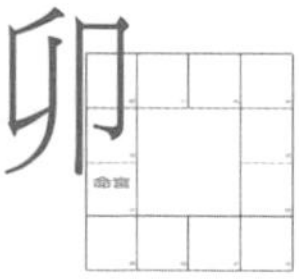

紫微星	天機星	太陽星	武曲星	天同星	廉貞星	天府星	太陰星	貪狼星	巨門星	天相星	天梁星	七殺星	破軍星
從事心靈產業或遠方求財	與兄弟或晚輩同業或投資	理財投資或配偶伴侶同業	養生事業或父母長輩同業	創業經營	自立自強、事業股票財	養生事業或父母長輩同業	從事或經營不動產產業	從事心靈產業或遠方求財	與兄弟或晚輩同業或投資	自立自強、穩定積蓄守財	理財投資或配偶伴侶同業	養生事業或父母長輩同業	自立自強、事業股票財

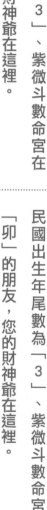

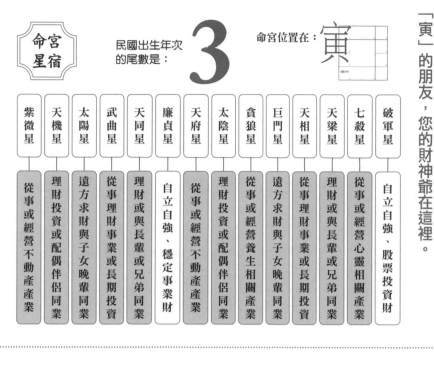

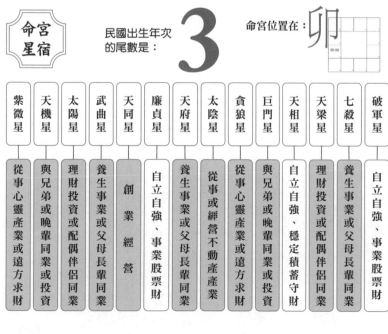

民國出生年尾數為「3」、紫微斗數命宮在「辰」的朋友，您的財神爺在這裡。

命宮星宿

民國出生年次的尾數是：3

命宮位置在：辰

命宮星宿	財神爺
紫微星	與父母或長輩同業或投資
天機星	理財或配偶兄弟晚輩同業
太陽星	從事或經營不動產產業
武曲星	遠方求財或貿易或業務
天同星	創業經營
廉貞星	自立自強、穩定事業財
天府星	自立自強、穩定事業財
太陰星	從事或經營養生相關產業
貪狼星	傳銷或仲介或選舉人際財
巨門星	從事或經營心靈相關產業
天相星	與父母或長輩同業或投資
天梁星	理財或配偶兄弟晚輩同業
七殺星	從事理財事業或長期投資
破軍星	自立自強、股票投資財

民國出生年尾數為「3」、紫微斗數命宮在「巳」的朋友，您的財神爺在這裡。

命宮星宿

民國出生年次的尾數是：3

命宮位置在：巳

命宮星宿	財神爺
紫微星	理財投資或兄弟姐妹同業
天機星	心靈、養生業或晚輩同業
太陽星	從事或經營不動產產業
武曲星	傳銷或仲介或選舉人際財
天同星	理財或與長輩或配偶同業
廉貞星	創業經營
天府星	理財投資或兄弟姐妹同業
太陰星	心靈、養生業或晚輩同業
貪狼星	創業經營
巨門星	遠方求財或貿易或業務
天相星	自立自強、穩定積蓄守財
天梁星	理財或與長輩或配偶同業
七殺星	理財投資或兄弟姐妹同業
破軍星	傳銷或仲介或選舉人際財

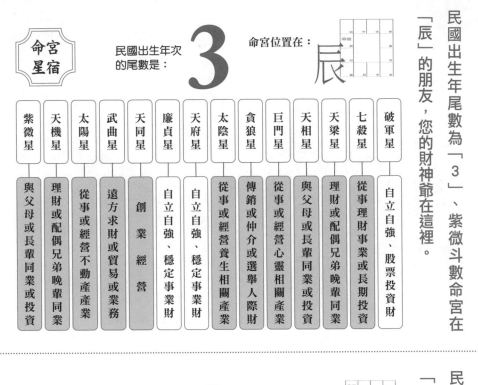

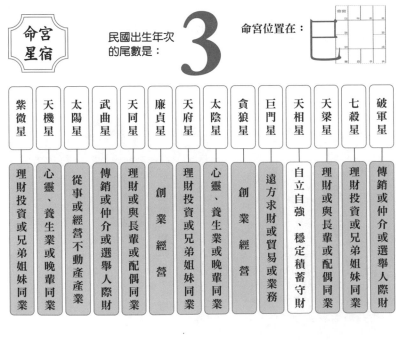

民國出生年尾數為「3」、紫微斗數命宮在「午」的朋友，您的財神爺在這裡。

命宮星宿

民國出生年次的尾數是：**3**

命宮位置在：**午**

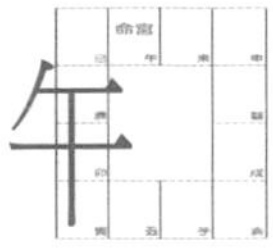

紫微星	與兄弟姐妹同業或投資
天機星	理財或心靈產業或遠方財
太陽星	養生或人際財或晚輩同業
武曲星	創業經營
天同星	理財投資或父母長輩同業
廉貞星	自立自強、事業積蓄守財
天府星	創業經營
太陰星	理財投資或父母長輩同業
貪狼星	從事或經營不動產產業
巨門星	理財或心靈產業或遠方財
天相星	自立自強、事業積蓄守財
天梁星	養生或人際財或晚輩同業
七殺星	與配偶伴侶同業或投資
破軍星	自立自強、股票投資財

民國出生年尾數為「3」、紫微斗數命宮在「未」的朋友，您的財神爺在這裡。

命宮星宿

民國出生年次的尾數是：**3**

命宮位置在：**未**

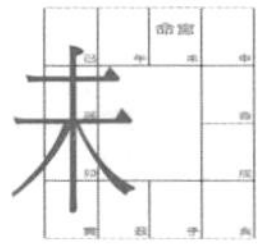

紫微星	與配偶伴侶同業或投資
天機星	從事養生產業或人際進財
太陽星	從事理財投資或創業經營
武曲星	從事不動產業或心靈產業
天同星	與長輩或兄弟同業或投資
廉貞星	與子女或晚輩同業或投資
天府星	與子女或晚輩同業或投資
太陰星	從事理財投資或創業經營
貪狼星	從事不動產業或心靈產業
巨門星	與長輩或兄弟同業或投資
天相星	自立自強、穩定積蓄守財
天梁星	從事理財投資或遠方求財
七殺星	與子女或晚輩同業或投資
破軍星	與配偶伴侶同業或投資

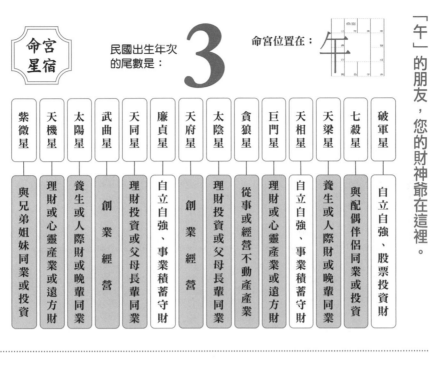

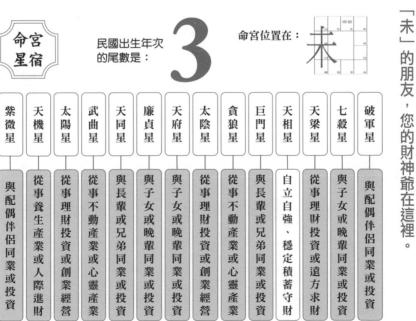

民國出生年尾數為「3」、紫微斗數命宮在「申」的朋友，您的財神爺在這裡。

命宮星宿

民國出生年次的尾數是：3

命宮位置在：申

命宮星宿	財神爺
紫微星	與子女或晚輩同業或投資
天機星	創業經營或遠方財或業務
太陽星	從事不動產業或理財投資
武曲星	從事或經營心靈相關產業
天同星	從事養生產業或人際進財
廉貞星	自立自強、穩定事業財
天府星	與子女或晚輩同業或投資
太陰星	創業經營或遠方財或業務
貪狼星	與父母或長輩同業或投資
巨門星	從事不動產業或理財投資
天相星	從事或經營心靈相關產業
天梁星	從事養生產業或人際進財
七殺星	從事理財事業或長期投資
破軍星	自立自強、股票投資財

民國出生年尾數為「3」、紫微斗數命宮在「酉」的朋友，您的財神爺在這裡。

命宮星宿

民國出生年次的尾數是：3

命宮位置在：酉

命宮星宿	財神爺
紫微星	從事理財事業或長期投資
天機星	從事不動產業或人際進財
太陽星	創業經營或遠方財或業務
武曲星	從事養生業或與長輩同業
天同星	與配偶伴侶同業或投資
廉貞星	自立自強、事業股票財
天府星	從事養生業或與長輩同業
太陰星	與子女或晚輩同業或投資
貪狼星	從事理財事業或長期投資
巨門星	從事不動產業或人際進財
天相星	自立自強、穩定積蓄守財
天梁星	創業經營或遠方財或業務
七殺星	從事養生業或與長輩同業
破軍星	自立自強、事業股票財

民國出生年尾數為「3」、紫微斗數命宮在「戌」的朋友，您的財神爺在這裡。

命宮星宿

民國出生年次的尾數是：**3**

命宮位置在：戌

命宮星宿	
破軍星	自立自強、股票投資財
七殺星	遠方求財或貿易或業務
天梁星	創業或房產或人際或心靈
天相星	從事或經營養生相關產業
巨門星	從事理財事業或長期投資
貪狼星	與兄弟姐妹同業或投資
太陰星	與父母或長輩同業或投資
天府星	自立自強、穩定事業財
廉貞星	自立自強、穩定事業財
天同星	與配偶伴侶同業或投資
武曲星	從事理財事業或長期投資
太陽星	與子女或晚輩同業或投資
天機星	創業或房產或人際或心靈
紫微星	從事或經營養生相關產業

民國出生年尾數為「3」、紫微斗數命宮在「亥」的朋友，您的財神爺在這裡。

命宮星宿

民國出生年次的尾數是：**3**

命宮位置在：亥

命宮星宿	
破軍星	與兄弟姐妹同業或投資
七殺星	遠方求財或人際財或業務
天梁星	心靈或養生業或創業經營
天相星	自立自強、穩定積蓄守財
巨門星	從事理財事業或長期投資
貪狼星	與配偶伴侶同業或投資
太陰星	從事理財心靈或長輩同業
天府星	遠方求財或人際財或業務
廉貞星	與配偶伴侶同業或投資
天同星	心靈或養生業或創業經營
武曲星	與兄弟姐妹同業或投資
太陽星	與子女或晚輩同業或投資
天機星	從事理財心靈或長輩同業
紫微星	遠方求財或人際財或業務

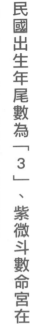

民國出生年尾數為4的朋友，您的財神爺在這裡。

民國出生年尾數為「4」、紫微斗數命宮在「子」的朋友，您的財神爺在這裡。

命宮星宿

民國出生年次的尾數是：4

命宮位置在：子

命宮星宿	財神爺
紫微星	從事心靈產業或長輩同業
天機星	遠方求財或配偶伴侶同業
太陽星	與兄弟姐妹或晚輩同業
武曲星	與兄弟姐妹或晚輩同業
天同星	創業經營或人際財或業務
廉貞星	自立自強、事業積蓄守財
天府星	與兄弟姐妹或晚輩同業
太陰星	創業經營或人際財或業務
貪狼星	從事或經營養生相關產業
巨門星	遠方求財或配偶伴侶同業
天相星	自立自強、事業積蓄守財
天梁星	與兄弟姐妹或晚輩同業
七殺星	從事心靈產業或理財投資
破軍星	自立自強、股票投資財

民國出生年尾數為「4」、紫微斗數命宮在「丑」的朋友，您的財神爺在這裡。

命宮星宿

民國出生年次的尾數是：4

命宮位置在：丑

命宮星宿	財神爺
紫微星	從事心靈產業或理財投資
天機星	與子女或晚輩同業或投資
太陽星	從事理財投資或創業經營
武曲星	從事養生產業或遠方求財
天同星	從事不動產業或人際進財
廉貞星	與長輩或兄弟同業或投資
天府星	與長輩或兄弟同業或投資
太陰星	從事理財投資或創業經營
貪狼星	從事養生產業或遠方求財
巨門星	從事不動產業或人際進財
天相星	自立自強、穩定積蓄守財
天梁星	與配偶伴侶同業或投資
七殺星	與長輩或兄弟同業或投資
破軍星	從事心靈產業或理財投資

民國出生年尾數為「4」、紫微斗數命宮在「寅」的朋友，您的財神爺在這裡。

命宮星宿

民國出生年次的尾數是：4

命宮位置在：寅

命宮星宿	
紫微星	與長輩或兄弟同業或投資
天機星	從事理財事業或長期投資
太陽星	從事養生產業或創業經營
武曲星	遠方求財或貿易或業務
天同星	與子女或晚輩同業或投資
廉貞星	自立自強、穩定事業財
天府星	與長輩或兄弟同業或投資
太陰星	從事理財事業或長期投資
貪狼星	傳銷或仲介或選舉人際財
巨門星	從事養生產業或創業經營
天相星	遠方求財或貿易或業務
天梁星	與子女或晚輩同業或投資
七殺星	理財投資或配偶伴侶同業
破軍星	自立自強、股票投資財

民國出生年尾數為「4」、紫微斗數命宮在「卯」的朋友，您的財神爺在這裡。

命宮星宿

民國出生年次的尾數是：4

命宮位置在：卯

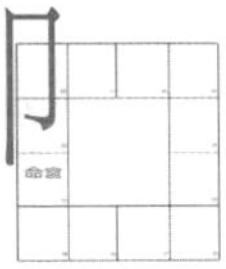

命宮星宿	
紫微星	理財或創業或與配偶同業
天機星	從事或經營養生相關產業
太陽星	從事理財事業或長期投資
武曲星	人際財或兄弟或晚輩同業
天同星	從事或經營心靈相關產業
廉貞星	自立自強、事業股票財
天府星	人際財或兄弟或晚輩同業
太陰星	與父母或長輩同業或投資
貪狼星	理財或創業或與配偶同業
巨門星	從事或經營養生相關產業
天相星	自立自強、穩定積蓄守財
天梁星	從事理財事業或長期投資
七殺星	人際財或兄弟或晚輩同業
破軍星	自立自強、事業股票財

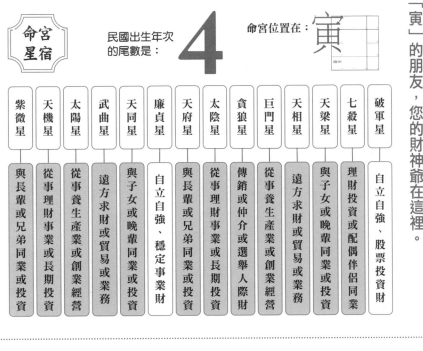

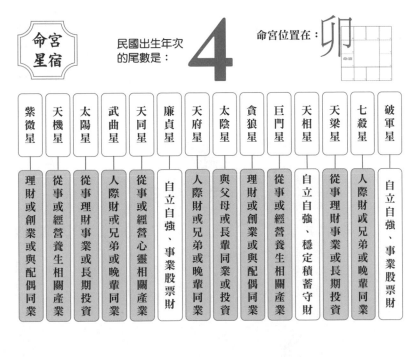

民國出生年尾數為「4」、紫微斗數命宮在「辰」的朋友，您的財神爺在這裡。

命宮星宿

民國出生年次的尾數是：**4**

命宮位置在：辰

星宿	財神爺
紫微星	與兄弟姐妹或晚輩同業
天機星	從事養生產業或遠方求財
太陽星	與父母或長輩同業或投資
武曲星	創業經營
天同星	從事或經營心靈相關產業
廉貞星	自立自強、穩定事業財
天府星	自立自強、穩定事業財
太陰星	傳銷或仲介或選舉人際財
貪狼星	從事或經營不動產產業
巨門星	從事理財事業或長期投資
天相星	與兄弟姐妹或晚輩同業
天梁星	從事養生產業或遠方求財
七殺星	從事理財投資或配偶同業
破軍星	自立自強、股票投資財

民國出生年尾數為「4」、紫微斗數命宮在「巳」的朋友，您的財神爺在這裡。

命宮星宿

民國出生年次的尾數是：**4**

命宮位置在：巳

星宿	財神爺
紫微星	理財或養生或與配偶晚輩
天機星	從事理財投資或人際進財
太陽星	與父母或長輩同業或投資
武曲星	從事或經營不動產產業
天同星	遠方求財或兄弟姐妹同業
廉貞星	從事或經營心靈相關產業
天府星	理財或養生或與配偶晚輩
太陰星	從事理財投資或人際進財
貪狼星	從事或經營心靈相關產業
巨門星	創業經營
天相星	自立自強、穩定積蓄守財
天梁星	遠方求財或兄弟姐妹同業
七殺星	理財或養生或與配偶晚輩
破軍星	從事或經營不動產產業

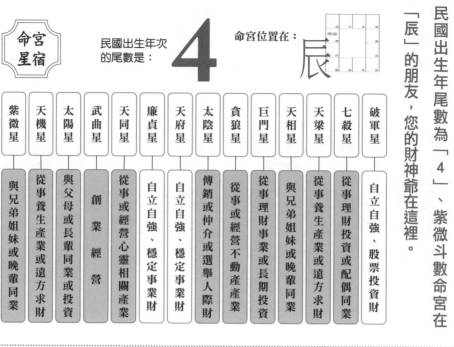

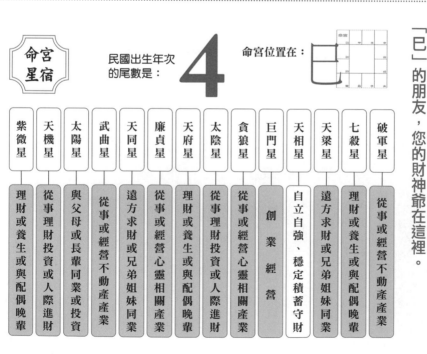

民國出生年尾數為「4」、紫微斗數命宮在「午」的朋友，您的財神爺在這裡。

命宮星宿

民國出生年次的尾數是：4

命宮位置在：午

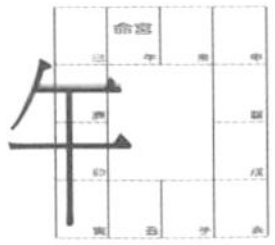

紫微星	與子女或晚輩同業或投資
天機星	從事理財投資或創業經營
太陽星	從事不動產業或人際進財
武曲星	從事或經營心靈相關產業
天同星	與兄弟姐妹或配偶同業
廉貞星	自立自強、事業積蓄守財
天府星	從事或經營心靈相關產業
太陰星	與兄弟姐妹或配偶同業
貪狼星	與父母或長輩同業或投資
巨門星	從事理財投資或創業經營
天相星	自立自強、事業積蓄守財
天梁星	從事不動產業或人際進財
七殺星	從事理財事業或長期投資
破軍星	自立自強、股票投資財

民國出生年尾數為「4」、紫微斗數命宮在「未」的朋友，您的財神爺在這裡。

命宮星宿

民國出生年次的尾數是：4

命宮位置在：未

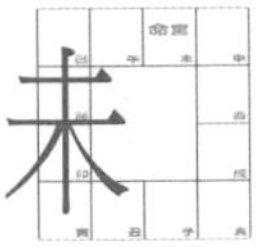

紫微星	從事理財事業或長期投資
天機星	從事或經營不動產產業
太陽星	從事心靈產業或配偶同業
武曲星	從事理財投資或長輩同業
天同星	與兄弟姐妹或晚輩同業
廉貞星	從事養生產業或人際進財
天府星	從事養生產業或人際進財
太陰星	從事心靈產業或配偶同業
貪狼星	從事理財投資或長輩同業
巨門星	與兄弟姐妹或晚輩同業
天相星	自立自強、穩定積蓄守財
天梁星	創業經營
七殺星	從事養生產業或人際進財
破軍星	從事理財事業或長期投資

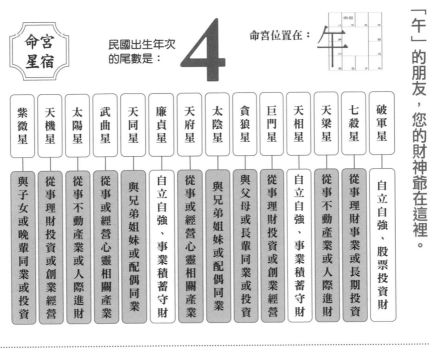

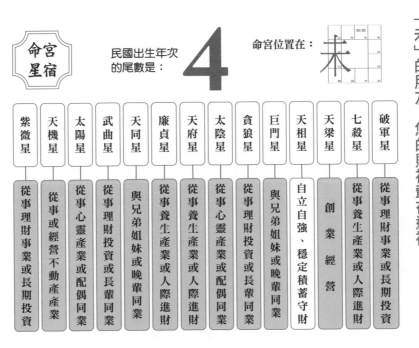

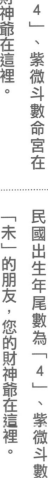

民國出生年尾數為「4」、紫微斗數命宮在「申」的朋友，您的財神爺在這裡。

命宮星宿

民國出生年次的尾數是：4

命宮位置在：申

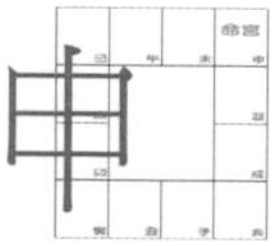

命宮星宿	財神爺
紫微星	從事養生產業或人際進財
天機星	從事或經營心靈相關產業
太陽星	與長輩或配偶同業或投資
武曲星	從事理財事業或長期投資
天同星	從事或經營不動產產業
廉貞星	自立自強、穩定事業財
天府星	從事養生產業或人際進財
太陰星	從事或經營心靈相關產業
貪狼星	理財投資或兄弟姐妹同業
巨門星	與長輩或配偶同業或投資
天相星	從事理財事業或長期投資
天梁星	從事或經營不動產產業
七殺星	創業經營或遠方財或業務
破軍星	自立自強、股票投資財

民國出生年尾數為「4」、紫微斗數命宮在「酉」的朋友，您的財神爺在這裡。

命宮星宿

民國出生年次的尾數是：4

命宮位置在：酉

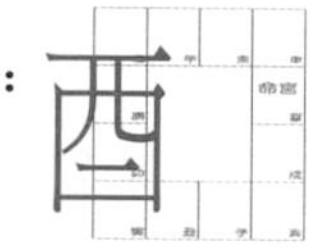

命宮星宿	財神爺
紫微星	遠方財或創業或配偶同業
天機星	與父母或長輩同業或投資
太陽星	從事或經營心靈相關產業
武曲星	房產或人際財或兄弟同業
天同星	從事理財事業或長期投資
廉貞星	自立自強、事業股票財
天府星	房產或人際財或兄弟同業
太陰星	從事或經營養生相關產業
貪狼星	遠方財或創業或配偶同業
巨門星	與父母或長輩同業或投資
天相星	自立自強、穩定積蓄守財
天梁星	從事或經營心靈相關產業
七殺星	房產或人際財或兄弟同業
破軍星	自立自強、事業股票財

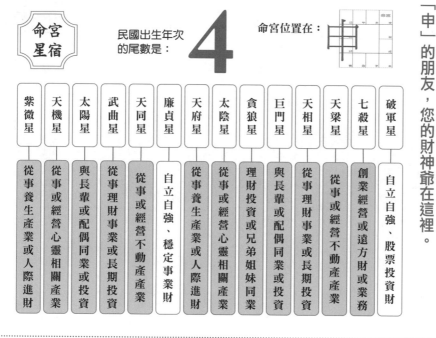

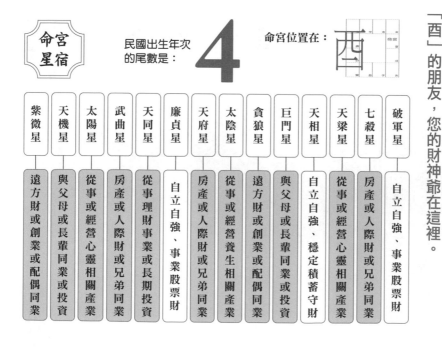

民國出生年尾數為「4」、紫微斗數命宮在「戌」的朋友，您的財神爺在這裡。

命宮星宿

民國出生年次的尾數是：**4**

命宮位置在：戌

命宮星宿	財神爺
紫微星	傳銷或仲介或選舉人際財
天機星	從事理財投資或長輩同業
太陽星	從事或經營養生相關產業
武曲星	與配偶伴侶同業或投資
天同星	從事理財事業或長期投資
廉貞星	自立自強、穩定事業財
天府星	自立自強、穩定事業財
太陰星	與兄弟姐妹同業或投資
貪狼星	與子女或晚輩同業或投資
巨門星	遠方求財或貿易或業務
天相星	傳銷或仲介或選舉人際財
天梁星	從事理財投資或長輩同業
七殺星	從事心靈產業或創業經營
破軍星	自立自強、股票投資財

民國出生年尾數為「4」、紫微斗數命宮在「亥」的朋友，您的財神爺在這裡。

命宮星宿

民國出生年次的尾數是：**4**

命宮位置在：亥

命宮星宿	財神爺
紫微星	房產或心靈或創業或長輩
天機星	遠方財或業務或兄弟同業
太陽星	從事或經營養生相關產業
武曲星	與子女或晚輩同業或投資
天同星	從事理財投資或人際進財
廉貞星	從事理財事業或長期投資
天府星	房產或心靈或創業或長輩
太陰星	遠方財或業務或兄弟同業
貪狼星	從事理財事業或長期投資
巨門星	與配偶伴侶同業或投資
天相星	自立自強、穩定積蓄守財
天梁星	從事理財投資或人際進財
七殺星	房產或心靈或創業或長輩
破軍星	與子女或晚輩同業或投資

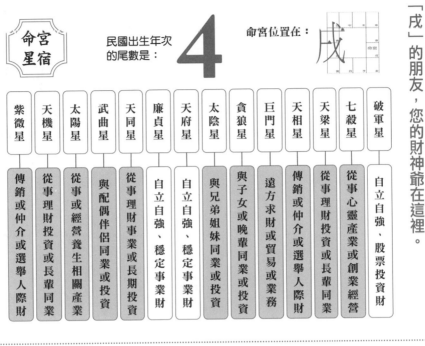

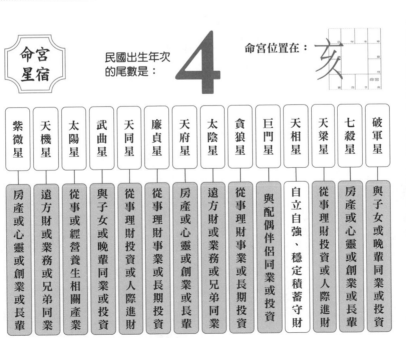

民國出生年尾數為5的朋友，您的財神爺在這裡。

民國出生年尾數為「5」、紫微斗數命宮在「子」的朋友，您的財神爺在這裡。

命宮星宿

民國出生年次的尾數是：5

命宮位置在：子

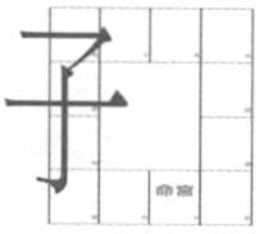

命宮星宿	財神爺
紫微星	與父母或長輩同業或投資
天機星	創業經商或理財投資
太陽星	養生產業或子女晚輩同業
武曲星	遠方求財或貿易或業務
天同星	長輩或理財或心靈或房產
廉貞星	自立自強、穩定事業財
天府星	遠方求財或貿易或業務
太陰星	長輩或理財或心靈或房產
貪狼星	傳銷或仲介或選舉人際財
巨門星	創業經商或理財投資
天相星	自立自強、穩定事業財
天梁星	養生產業或子女晚輩同業
七殺星	理財投資或配偶伴侶同業
破軍星	自立自強、股票投資財

民國出生年尾數為「5」、紫微斗數命宮在「丑」的朋友，您的財神爺在這裡。

命宮星宿

民國出生年次的尾數是：5

命宮位置在：丑

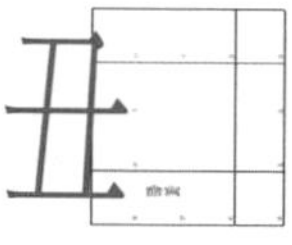

命宮星宿	財神爺
紫微星	理財投資或配偶伴侶同業
天機星	從事或經營養生相關產業
太陽星	理財或遠方或業務或心靈
武曲星	創業經商或從事人際財
天同星	房產或與長輩或兄弟同業
廉貞星	與子女或晚輩同業或投資
天府星	與子女或晚輩同業或投資
太陰星	理財或遠方或業務或心靈
貪狼星	創業經商或從事人際財
巨門星	房產或與長輩或兄弟同業
天相星	自立自強、穩定積蓄守財
天梁星	從事理財事業或長期投資
七殺星	與子女晚輩同業或投資
破軍星	理財投資或配偶伴侶同業

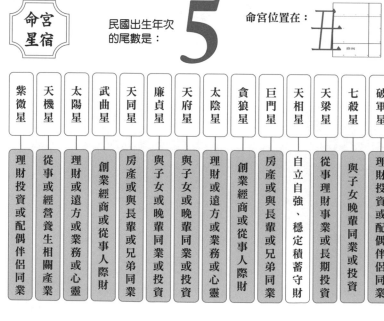

民國出生年尾數為「5」、紫微斗數命宮在「寅」的朋友，您的財神爺在這裡。

命宮星宿

民國出生年次的尾數是：5

命宮位置在：寅

命宮星宿	財神爺
紫微星	與子女或晚輩同業或投資
天機星	遠方求財或貿易或業務
太陽星	人際進財或心靈相關產業
武曲星	創業經商
天同星	從事或經營養生相關產業
廉貞星	自立自強、穩定事業財
天府星	與子女或晚輩同業或投資
太陰星	遠方求財或貿易或業務
貪狼星	從事或投資不動產產業
巨門星	人際進財或心靈相關產業
天相星	創業經商
天梁星	從事或經營養生相關產業
七殺星	從事理財事業或長期投資
破軍星	自立自強、股票投資財

民國出生年尾數為「5」、紫微斗數命宮在「卯」的朋友，您的財神爺在這裡。

命宮星宿

民國出生年次的尾數是：5

命宮位置在：卯

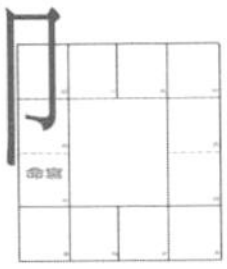

命宮星宿	財神爺
紫微星	從事理財事業或心靈產業
天機星	與長輩同業或從事人際財
太陽星	遠方求財或貿易或業務
武曲星	從事不動產或從事養生業
天同星	從事理財或配偶伴侶同業
廉貞星	自立自強、事業股票財
天府星	從事不動產或養生業
太陰星	與兄弟或晚輩同業或投資
貪狼星	從事理財事業或心靈產業
巨門星	與長輩同業或從事人際財
天相星	自立自強、穩定積蓄守財
天梁星	遠方求財或貿易或業務
七殺星	從事理財或配偶伴侶同業
破軍星	自立自強、事業股票財

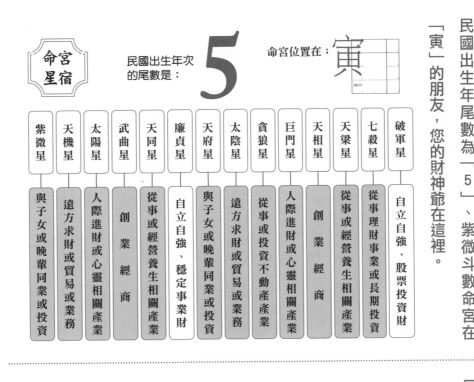

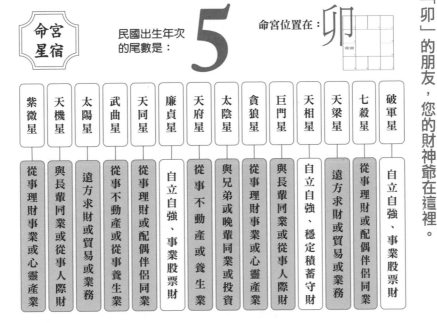

民國出生年尾數為「5」、紫微斗數命宮在「辰」的朋友，您的財神爺在這裡。

命宮星宿

民國出生年次的尾數是：**5**

命宮位置在：**辰**

命宮星宿	財神爺
紫微星	從事或經營養生相關產業
天機星	創業經商或從事人際進財
太陽星	與兄弟姐妹同業或投資
武曲星	從事或經營心靈相關產業
天同星	從事理財事業或長期投資
廉貞星	自立自強、穩定事業財
天府星	自立自強、穩定事業財
太陰星	從事不動產相關產業
貪狼星	與父母或長輩同業或投資
巨門星	理財投資或配偶伴侶同業
天相星	從事或經營養生相關產業
天梁星	創業經商或從事人際進財
七殺星	遠方求財或貿易或業務
破軍星	自立自強、股票投資財

民國出生年尾數為「5」、紫微斗數命宮在「巳」的朋友，您的財神爺在這裡。

命宮星宿

民國出生年次的尾數是：**5**

命宮位置在：**巳**

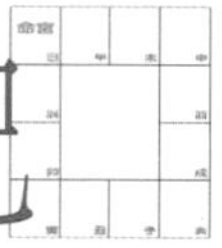

命宮星宿	財神爺
紫微星	遠方求財或業務或人際財
天機星	投資或不動產或配偶同業
太陽星	與兄弟姐妹同業或投資
武曲星	與父母或長輩同業或投資
天同星	創業或養生或與晚輩同業
廉貞星	從事理財事業或長期投資
天府星	遠方求財或業務或人際財
太陰星	投資或不動產或配偶同業
貪狼星	從事理財事業或長期投資
巨門星	從事或經營心靈相關產業
天相星	自立自強、穩定積蓄守財
天梁星	創業或養生或與晚輩同業
七殺星	遠方求財或業務或人際財
破軍星	與父母或長輩同業或投資

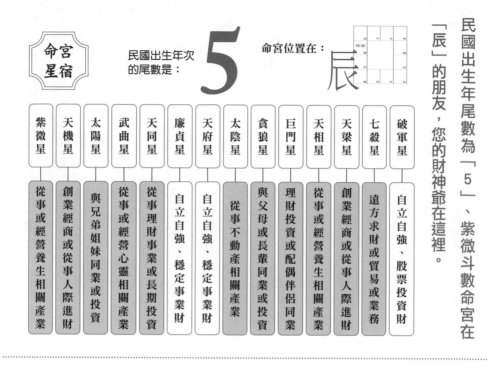

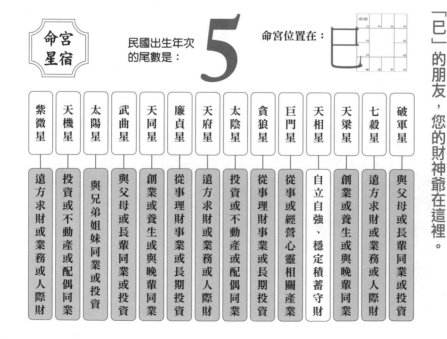

民國出生年尾數為「5」、紫微斗數命宮在「午」的朋友，您的財神爺在這裡。

命宮星宿

民國出生年次的尾數是：5

命宮位置在：午

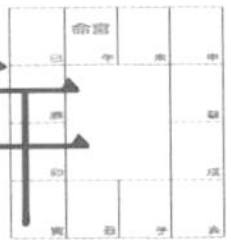

命宮星宿	財神爺
破軍星	自立自強、股票投資財
七殺星	創業經商
天梁星	從事不動產或與長輩同業
天相星	自立自強、事業儲蓄財
巨門星	從事養生業或與配偶同業
貪狼星	與兄弟姐妹同業或投資
太陰星	投資或遠方或養生或晚輩
天府星	從事理財事業或長期投資
廉貞星	自立自強、事業儲蓄財
天同星	投資或遠方或養生或晚輩
武曲星	從事理財事業或長期投資
太陽星	從事不動產或與長輩同業
天機星	從事養生業或與配偶同業
紫微星	傳銷或仲介或選舉人際財

民國出生年尾數為「5」、紫微斗數命宮在「未」的朋友，您的財神爺在這裡。

命宮星宿

民國出生年次的尾數是：5

命宮位置在：未

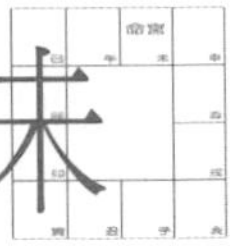

命宮星宿	財神爺
破軍星	創業經商
七殺星	從事投資不動產相關產業
天梁星	從事或經營心靈相關產業
天相星	自立自強、穩定積蓄守財
巨門星	人際財或養生或晚輩同業
貪狼星	理財或與兄弟或配偶同業
太陰星	從事理財投資或遠方求財
天府星	從事投資不動產相關產業
廉貞星	從事投資不動產相關產業
天同星	人際財或養生或晚輩同業
武曲星	與兄弟或配偶同業或投資
太陽星	從事理財投資或遠方求財
天機星	從事養生產業或人際取財
紫微星	創業經商

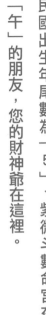

民國出生年尾數為「5」、紫微斗數命宮在「申」的朋友，您的財神爺在這裡。

命宮星宿

民國出生年次的尾數是：5

命宮位置在：申

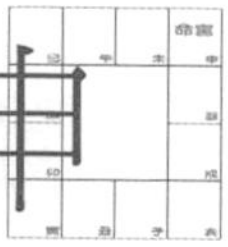

命宮星宿	財神爺
紫微星	從事投資不動產相關產業
天機星	理財投資或人際或養生財
太陽星	理財投資或兄弟姐妹同業
武曲星	與配偶伴侶同業或投資
天同星	與父母或長輩同業或投資
廉貞星	自立自強、穩定事業財
天府星	從事投資不動產相關產業
太陰星	理財投資或人際或養生財
貪狼星	與子女或晚輩同業或投資
巨門星	理財投資或兄弟姐妹同業
天相星	與配偶伴侶同業或投資
天梁星	與父母或長輩同業或投資
七殺星	從事或經營心靈相關產業
破軍星	自立自強、股票投資財

民國出生年尾數為「5」、紫微斗數命宮在「酉」的朋友，您的財神爺在這裡。

命宮星宿

民國出生年次的尾數是：5

命宮位置在：酉

命宮星宿	財神爺
紫微星	理財投資或從事心靈產業
天機星	與兄弟姐妹同業或投資
太陽星	與配偶伴侶同業或投資
武曲星	與長輩或晚輩同業或投資
天同星	創業經商或遠方財或業務
廉貞星	自立自強、事業股票財
天府星	與長輩或晚輩同業或投資
太陰星	人際財或從事不動產產業
貪狼星	理財投資或從事心靈產業
巨門星	與兄弟姐妹同業或投資
天相星	自立自強、穩定積蓄守財
天梁星	與配偶伴侶同業或投資
七殺星	與長輩或晚輩同業或投資
破軍星	自立自強、事業股票財

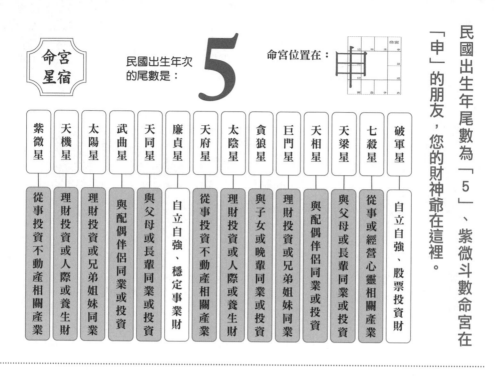

民國出生年尾數為「5」、紫微斗數命宮在「戌」的朋友，您的財神爺在這裡。

命宮星宿

民國出生年次的尾數是：5

命宮位置在：戌

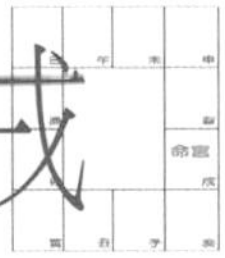

命宮星宿	財神
破軍星	自立自強、股票投資財
七殺星	從事理財事業或長期投資
天梁星	與兄弟或配偶同業或投資
天相星	與父母或長輩同業或投資
巨門星	創業經商或從事心靈產業
貪狼星	從事或經營養生相關產業
太陰星	與子女或晚輩同業或投資
天府星	自立自強、穩定事業財
廉貞星	自立自強、穩定事業財
天同星	遠方求財或貿易或業務
武曲星	從事理財事業或長期投資
太陽星	人際財或從事不動產產業
天機星	與兄弟或配偶同業或投資
紫微星	與父母或長輩同業或投資

民國出生年尾數為「5」、紫微斗數命宮在「亥」的朋友，您的財神爺在這裡。

命宮星宿

民國出生年次的尾數是：5

命宮位置在：亥

命宮星宿	財神
破軍星	從事或經營養生相關產業
七殺星	理財投資或兄弟姐妹同業
天梁星	心靈或與晚輩或配偶同業
天相星	自立自強、穩定積蓄守財
巨門星	從事理財事業或長期投資
貪狼星	遠方求財或貿易或業務
太陰星	創業或心靈或與晚輩同業
天府星	理財投資或兄弟姐妹同業
廉貞星	遠方求財或貿易或業務
天同星	心靈或與晚輩或配偶同業
武曲星	從事或經營養生相關產業
太陽星	傳銷或仲介或選舉人際財
天機星	創業或心靈或與晚輩同業
紫微星	理財投資或兄弟姐妹同業

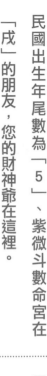

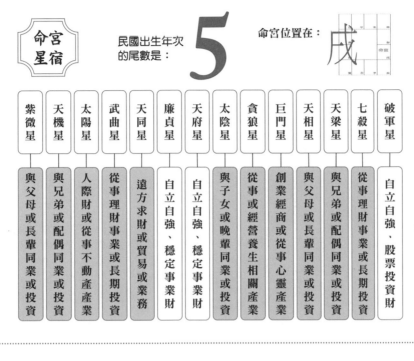

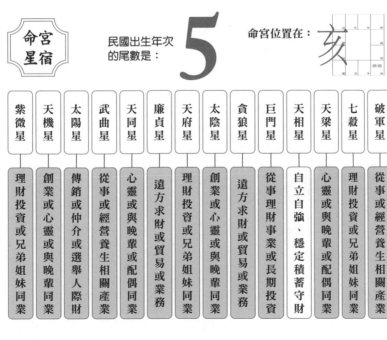

民國出生年尾數為6的朋友，您的財神爺在這裡。

民國出生年尾數為「6」、紫微斗數命宮在「子」的朋友，您的財神爺在這裡。

命宮星宿

民國出生年次的尾數是：6

命宮位置在：子

命宮星宿	財神爺
紫微星	與子女或晚輩同業或投資
天機星	理財投資或遠方財或心靈
太陽星	人際進財或從事養生產業
武曲星	創業經商
天同星	與兄弟或配偶同業或投資
廉貞星	自立自強、事業儲蓄財
天府星	創業經商
太陰星	與兄弟或配偶同業或投資
貪狼星	創業或心靈或與長輩同業
巨門星	理財投資或遠方財或心靈
天相星	自立自強、事業儲蓄財
天梁星	人際進財或從事養生產業
七殺星	從事理財事業或長期投資
破軍星	自立自強、股票投資財

民國出生年尾數為「6」、紫微斗數命宮在「丑」的朋友，您的財神爺在這裡。

命宮星宿

民國出生年次的尾數是：6

命宮位置在：丑

命宮星宿	財神爺
紫微星	從事理財事業或長期投資
天機星	傳銷或仲介或選舉人際財
太陽星	創業經商或配偶伴侶同業
武曲星	理財或不動產或從事心靈
天同星	與兄弟或長輩或晚輩同業
廉貞星	從事或經營養生相關產業
天府星	從事或經營養生相關產業
太陰星	創業經商或配偶伴侶同業
貪狼星	理財或不動產或從事心靈
巨門星	與兄弟或長輩或晚輩同業
天相星	自立自強、穩定積蓄守財
天梁星	遠方求財或貿易或業務
七殺星	從事或經營養生相關產業
破軍星	從事理財事業或長期投資

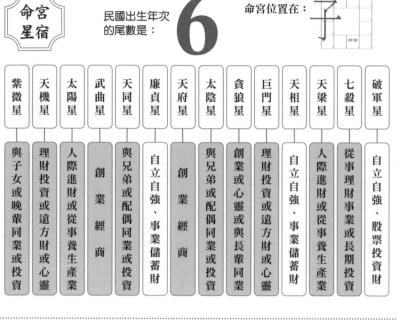

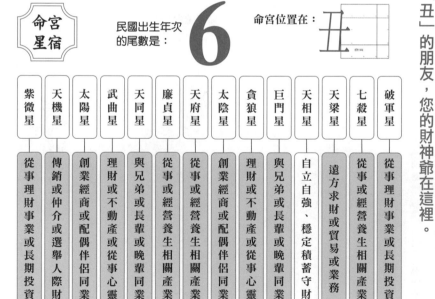

民國出生年尾數為「6」、紫微斗數命宮在「寅」的朋友，您的財神爺在這裡。

命宮星宿

民國出生年次的尾數是：6

命宮位置在：寅

命宮星宿	
破軍星	自立自強、股票投資財
七殺星	遠方求財或貿易或業務
天梁星	從事理財投資或人際進財
天相星	從事或經營心靈相關產業
巨門星	理財或不動產或配偶同業
貪狼星	與兄弟或長輩同業或投資
太陰星	創業經商或子女晚輩同業
天府星	從事或經營養生相關產業
廉貞星	自立自強、穩定事業財
天同星	從事理財投資或人際進財
武曲星	從事或經營心靈相關產業
太陽星	理財或不動產或配偶同業
天機星	創業經商或子女晚輩同業
紫微星	從事或經營養生相關產業

民國出生年尾數為「6」、紫微斗數命宮在「卯」的朋友，您的財神爺在這裡。

命宮星宿

民國出生年次的尾數是：6

命宮位置在：卯

命宮星宿	
破軍星	自立自強、事業股票財
七殺星	人際財或與父母長輩同業
天梁星	創業經商或心靈相關產業
天相星	自立自強、穩定積蓄守財
巨門星	不動產或兄弟或晚輩同業
貪狼星	理財或遠方財或配偶同業
太陰星	從事或經營養生相關產業
天府星	理財或遠方財或配偶同業
廉貞星	自立自強、事業股票財
天同星	從事理財事業或長期投資
武曲星	人際財或與父母長輩同業
太陽星	創業經商或心靈相關產業
天機星	不動產或兄弟或晚輩同業
紫微星	理財或遠方財或配偶同業

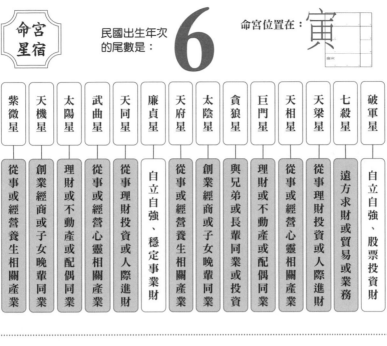

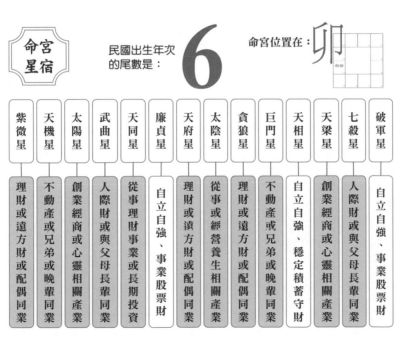

民國出生年尾數為「6」、紫微斗數命宮在「辰」的朋友，您的財神爺在這裡。

命宮星宿

民國出生年次的尾數是：**6**

命宮位置在：辰

命宮星宿	財神爺
紫微星	傳銷或仲介或選舉人際財
天機星	從事房產或心靈相關產業
太陽星	從事或經營養生相關產業
武曲星	從事理財事業或長期投資
天同星	理財投資或配偶伴侶同業
廉貞星	自立自強、穩定事業財
天府星	自立自強、穩定事業財
太陰星	與父母或長輩同業或投資
貪狼星	與兄弟或晚輩同業或投資
巨門星	遠方求財或貿易或業務
天相星	傳銷或仲介或選舉人際財
天梁星	從事房產或心靈相關產業
七殺星	創業經營
破軍星	自立自強、股票投資財

民國出生年尾數為「6」、紫微斗數命宮在「巳」的朋友，您的財神爺在這裡。

命宮星宿

民國出生年次的尾數是：**6**

命宮位置在：巳

命宮星宿	財神爺
紫微星	創業經營或不動產相關業
天機星	遠方求財或父母長輩同業
太陽星	養生事業或子女晚輩同業
武曲星	與兄弟姐妹同業或投資
天同星	人際財或與養生相關產業
廉貞星	理財投資或配偶伴侶同業
天府星	創業經營或不動產相關業
太陰星	遠方求財或父母長輩同業
貪狼星	理財投資或配偶伴侶同業
巨門星	從事理財事業或長期投資
天相星	自立自強、穩定積蓄守財
天梁星	人際財或與養生相關產業
七殺星	創業經營或房產相關產業
破軍星	與兄弟姐妹同業或投資

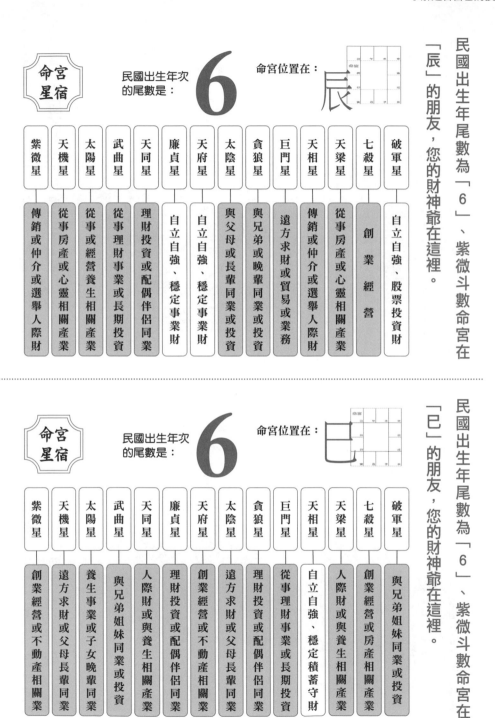

民國出生年尾數為「6」、紫微斗數命宮在「午」的朋友，您的財神爺在這裡。

命宮星宿

民國出生年次的尾數是：6

命宮位置在：午

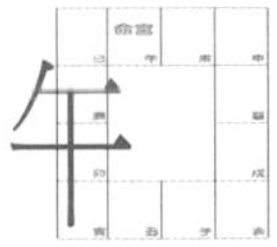

命宮星宿	財神爺
紫微星	從事經營不動產相關產業
天機星	從事理財投資或遠方求財
太陽星	與兄弟或長輩同業或投資
武曲星	與配偶伴侶同業或投資
天同星	創業經營或人際進財
廉貞星	自立自強、事業儲蓄財
天府星	與配偶伴侶同業或投資
太陰星	創業經營或人際進財
貪狼星	從事或經營養生相關產業
巨門星	從事理財投資或遠方求財
天相星	自立自強、事業儲蓄財
天梁星	與兄弟或長輩同業或投資
七殺星	從事或經營心靈相關產業
破軍星	自立自強、股票投資財

民國出生年尾數為「6」、紫微斗數命宮在「未」的朋友，您的財神爺在這裡。

命宮星宿

民國出生年次的尾數是：6

命宮位置在：未

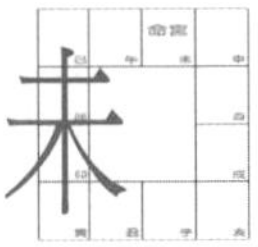

命宮星宿	財神爺
紫微星	從事或經營心靈相關產業
天機星	與兄弟姐妹同業或投資
太陽星	創業經營或配偶伴侶同業
武曲星	理財投資或子女晚輩同業
天同星	人際財或不動產或養生業
廉貞星	與父母或長輩同業或投資
天府星	與父母或長輩同業或投資
太陰星	創業經營或配偶伴侶同業
貪狼星	理財投資或子女晚輩同業
巨門星	人際財或不動產或養生業
天相星	自立自強、穩定積蓄守財
天梁星	從事理財事業或長期投資
七殺星	與父母或長輩同業或投資
破軍星	從事或經營心靈相關產業

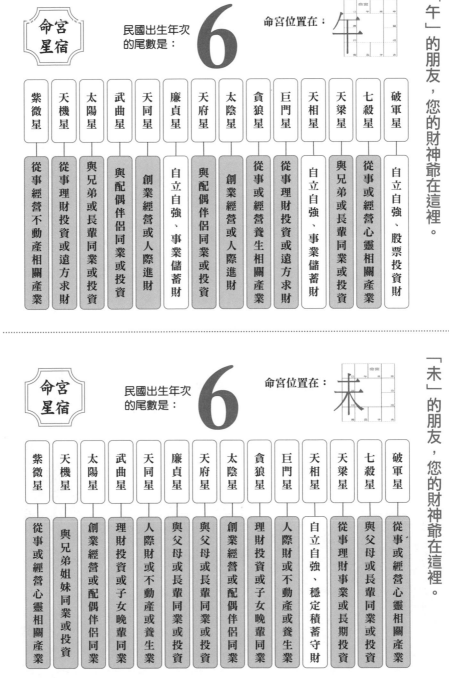

民國出生年尾數為「6」、紫微斗數命宮在「申」的朋友，您的財神爺在這裡。

命宮星宿

民國出生年次的尾數是：**6**

命宮位置在：**申**

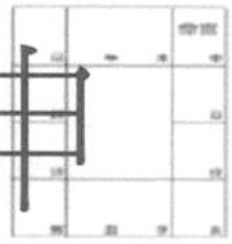

星宿	財神爺
紫微星	與父母或長輩同業或投資
天機星	不動產業或配偶伴侶同業
太陽星	創業經營或子女晚輩同業
武曲星	從事理財事業或長期投資
天同星	從事養生事業或兄弟同業
廉貞星	自立自強、穩定事業財
天府星	與父母或長輩同業或投資
太陰星	不動產業或配偶伴侶同業
貪狼星	從事或經營養生相關產業
巨門星	創業經營或子女晚輩同業
天相星	從事理財事業或長期投資
天梁星	從事養生事業或兄弟同業
七殺星	從事理財事業或長期投資
破軍星	自立自強、股票投資財

民國出生年尾數為「6」、紫微斗數命宮在「酉」的朋友，您的財神爺在這裡。

命宮星宿

民國出生年次的尾數是：**6**

命宮位置在：**酉**

星宿	財神爺
紫微星	理財投資或創業或遠方財
天機星	與子女或晚輩同業或投資
太陽星	理財投資或配偶伴侶同業
武曲星	從事養生事業或兄弟同業
天同星	從事或經營心靈相關產業
廉貞星	自立自強、事業股票財
天府星	從事養生事業或兄弟同業
太陰星	與父母或長輩同業或投資
貪狼星	理財投資或創業或遠方財
巨門星	與子女或晚輩同業或投資
天相星	自立自強、穩定積蓄守財
天梁星	理財投資或配偶伴侶同業
七殺星	從事養生事業或兄弟同業
破軍星	自立自強、事業股票財

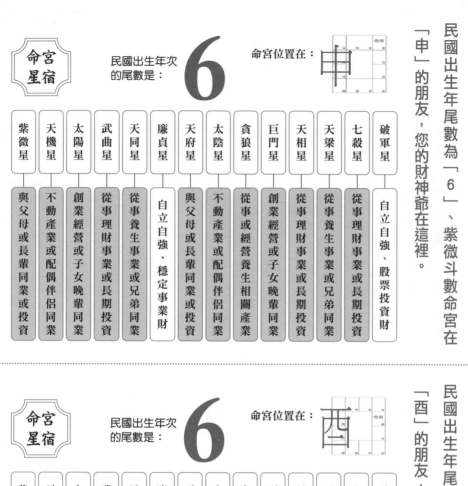

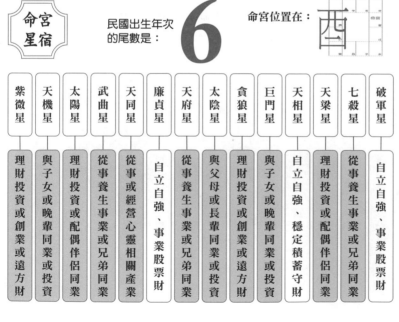

民國出生年尾數為「6」、紫微斗數命宮在「戌」的朋友，您的財神爺在這裡。

命宮星宿

民國出生年次的尾數是：**6**

命宮位置在：戌

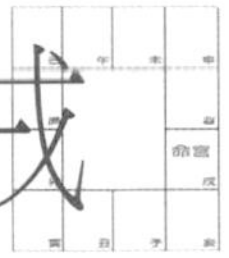

星宿	財神爺
紫微星	與兄弟姐妹同業或投資
天機星	理財投資或子女晚輩同業
太陽星	與父母或長輩同業或投資
武曲星	遠方求財或貿易或業務
天同星	從事或經營心靈相關產業
廉貞星	自立自強、穩定事業財
天府星	自立自強、穩定事業財
太陰星	從事或經營養生相關產業
貪狼星	從事不動產業或人際進財
巨門星	從事理財事業或長期投資
天相星	與兄弟姐妹同業或投資
天梁星	理財投資或子女晚輩同業
七殺星	與配偶伴侶同業或投資
破軍星	自立自強、股票投資財

民國出生年尾數為「6」、紫微斗數命宮在「亥」的朋友，您的財神爺在這裡。

命宮星宿

民國出生年次的尾數是：**6**

命宮位置在：亥

星宿	財神爺
紫微星	與配偶或晚輩同業或投資
天機星	從事理財投資或養生事業
太陽星	養生事業或父母長輩同業
武曲星	傳銷或仲介或選舉人際財
天同星	理財投資或與兄弟同業
廉貞星	創業經營或從事養生事業
天府星	創業經營或從事養生事業
太陰星	從事理財投資或養生事業
貪狼星	創業經營或從事養生事業
巨門星	遠方求財或貿易或業務
天相星	自立自強、穩定積蓄守財
天梁星	理財投資或與兄弟同業
七殺星	與配偶或晚輩同業或投資
破軍星	傳銷或仲介或選舉人際財

民國出生年尾數為7的朋友，您的財神爺在這裡。

民國出生年尾數為「7」、紫微斗數命宮在「子」的朋友，您的財神爺在這裡。

命宮星宿

民國出生年次的尾數是：7

命宮位置在：子

命宮星宿	財神爺
紫微星	從事或經營養生相關產業
天機星	創業經營或配偶伴侶同業
太陽星	房產或人際財或長輩同業
武曲星	理財投資或從事心靈產業
天同星	理財投資或子女晚輩同業
廉貞星	自立自強、事業儲蓄財
天府星	理財投資或從事心靈產業
太陰星	理財投資或子女晚輩同業
貪狼星	與兄弟姐妹同業或投資
巨門星	創業經營或配偶伴侶同業
天相星	自立自強、事業儲蓄財
天梁星	房產或人際財或長輩同業
七殺星	遠方求財或貿易或業務
破軍星	自立自強、股票投資財

民國出生年尾數為「7」、紫微斗數命宮在「丑」的朋友，您的財神爺在這裡。

命宮星宿

民國出生年次的尾數是：7

命宮位置在：丑

命宮星宿	財神爺
紫微星	遠方求財或貿易或業務
天機星	從事或經營不動產產業
太陽星	理財投資或從事心靈產業
武曲星	與長輩或配偶或兄弟同業
天同星	養生事業或子女晚輩同業
廉貞星	傳銷或仲介或選舉人際財
天府星	傳銷或仲介或選舉人際財
太陰星	理財投資或從事心靈產業
貪狼星	與長輩或配偶或兄弟同業
巨門星	養生事業或子女晚輩同業
天相星	自立自強、事業儲蓄財
天梁星	創業經營
七殺星	傳銷或仲介或選舉人際財
破軍星	遠方求財或貿易或業務

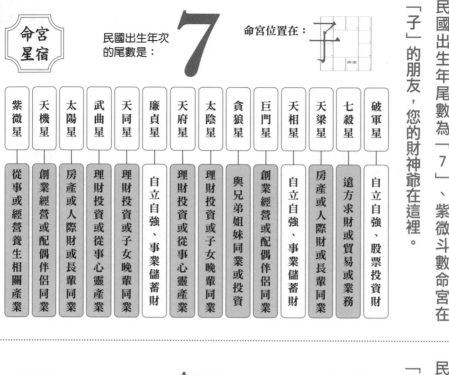

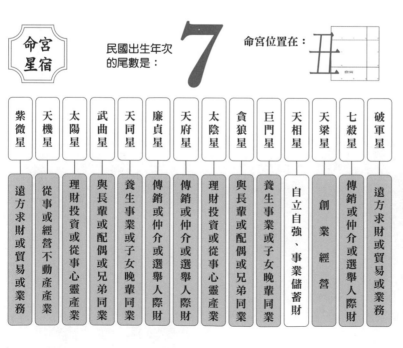

民國出生年尾數為「7」、紫微斗數命宮在「寅」的朋友，您的財神爺在這裡。

命宮星宿

民國出生年次的尾數是：7

命宮位置在：寅

命宮星宿	財神爺
紫微星	傳銷或仲介或選舉人際財
天機星	從事或經營心靈養生事業
太陽星	理財投資或長輩兄弟同業
武曲星	理財投資或配偶伴侶同業
天同星	從事不動產業或遠方求財
廉貞星	自立自強、穩定事業財
天府星	傳銷或仲介或選舉人際財
太陰星	從事或經營心靈養生事業
貪狼星	與子女或晚輩同業或投資
巨門星	理財投資或長輩兄弟同業
天相星	理財投資或配偶伴侶同業
天梁星	從事不動產業或遠方求財
七殺星	創業經營
破軍星	自立自強、股票投資財

民國出生年尾數為「7」、紫微斗數命宮在「卯」的朋友，您的財神爺在這裡。

命宮星宿

民國出生年次的尾數是：7

命宮位置在：卯

命宮星宿	財神爺
紫微星	創業經營或從事理財投資
天機星	養生事業或父母長輩同業
太陽星	理財或心靈業或配偶同業
武曲星	房產或與兄弟或晚輩同業
天同星	遠方求財或貿易或業務
廉貞星	自立自強、事業股票財
天府星	房產或與兄弟或晚輩同業
太陰星	傳銷或仲介或選舉人際財
貪狼星	創業經營或從事理財投資
巨門星	養生事業或父母長輩同業
天相星	自立自強、穩定積蓄守財
天梁星	理財或心靈業或配偶同業
七殺星	房產或與兄弟或晚輩同業
破軍星	自立自強、事業股票財

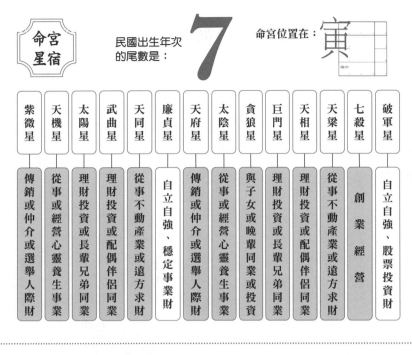

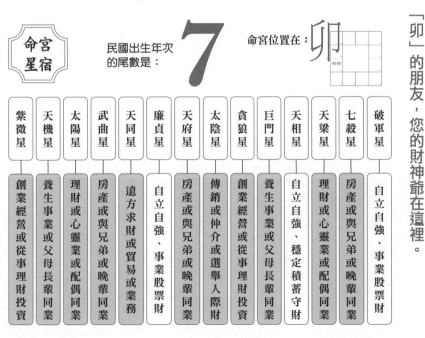

民國出生年尾數為「7」、紫微斗數命宮在「辰」的朋友，您的財神爺在這裡。

命宮星宿

民國出生年次的尾數是：7

命宮位置在：辰

命宮星宿	財神爺
紫微星	從事或經營不動產產業
天機星	理財投資或父母長輩同業
太陽星	傳銷或仲介或選舉人際財
武曲星	理財投資或配偶伴侶同業
天同星	遠方求財或貿易或業務
廉貞星	自立自強、穩定事業財
天府星	自立自強、穩定事業財
太陰星	與兄弟或晚輩同業或投資
貪狼星	從事或經營養生相關產業
巨門星	創業經營
天相星	從事或經營不動產產業
天梁星	理財投資或父母長輩同業
七殺星	從事或經營心靈相關產業
破軍星	自立自強、股票投資財

民國出生年尾數為「7」、紫微斗數命宮在「巳」的朋友，您的財神爺在這裡。

命宮星宿

民國出生年次的尾數是：7

命宮位置在：巳

命宮星宿	財神爺
紫微星	心靈事業或父母長輩同業
天機星	創業經營或兄弟姐妹同業
太陽星	傳銷或仲介或選舉人際財
武曲星	養生事業或子女晚輩同業
天同星	理財投資或從事不動產業
廉貞星	遠方求財或貿易或業務
天府星	心靈事業或父母長輩同業
太陰星	創業經營或兄弟姐妹同業
貪狼星	遠方求財或貿易或業務
巨門星	理財投資或配偶伴侶同業
天相星	自立自強、穩定積蓄守財
天梁星	理財投資或從事不動產業
七殺星	心靈事業或父母長輩同業
破軍星	養生事業或子女晚輩同業

民國出生年尾數為「7」、紫微斗數命宮在「午」的朋友，您的財神爺在這裡。

命宮星宿

民國出生年次的尾數是：7

命宮位置在：午

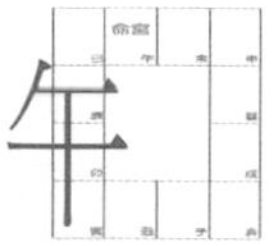

命宮星宿	財神
破軍星	自立自強、股票投資財
七殺星	從事理財事業或長期投資
天梁星	養生或與兄弟或晚輩同業
天相星	自立自強、事業積蓄守財
巨門星	創業經營或配偶伴侶同業
貪狼星	傳銷或仲介或選舉人際財
太陰星	從事心靈事業或不動產業
天府星	理財投資或遠方財或業務
廉貞星	自立自強、事業積蓄守財
天同星	從事心靈事業或不動產業
武曲星	理財投資或遠方財或業務
太陽星	養生或與兄弟或晚輩同業
天機星	創業經營或配偶伴侶同業
紫微星	與父母或長輩同業或投資

民國出生年尾數為「7」、紫微斗數命宮在「未」的朋友，您的財神爺在這裡。

命宮星宿

民國出生年次的尾數是：7

命宮位置在：未

命宮星宿	財神
破軍星	從事理財事業或長期投資
七殺星	與兄弟姐妹同業或投資
天梁星	心靈或理財投資或遠方財
天相星	自立自強、穩定積蓄守財
巨門星	不動產業或父母長輩同業
貪狼星	創業經營或養生或人際財
太陰星	心靈產業或理財或遠方財
天府星	與兄弟姐妹同業或投資
廉貞星	與兄弟姐妹同業或投資
天同星	不動產業或父母長輩同業
武曲星	創業經營或養生或人際財
太陽星	心靈或理財投資或遠方財
天機星	與子女或晚輩同業或投資
紫微星	從事理財事業或長期投資

民國出生年尾數為「7」、紫微斗數命宮在「申」的朋友，您的財神爺在這裡。

命宮星宿

民國出生年次的尾數是：**7**

命宮位置在：申

星宿	財神爺
破軍星	自立自強、股票投資財
七殺星	與配偶伴侶同業或投資
天梁星	與子女或晚輩同業或投資
天相星	創業經營或遠方財或業務
巨門星	心靈養生事業或人際進財
貪狼星	從事或經營不動產產業
太陰星	從事理財事業或長期投資
天府星	與兄弟姐妹同業或投資
廉貞星	自立自強、穩定事業財
天同星	與子女或晚輩同業或投資
武曲星	創業經營或遠方財或業務
太陽星	心靈養生事業或人際進財
天機星	從事理財事業或長期投資
紫微星	與兄弟姐妹同業或投資

民國出生年尾數為「7」、紫微斗數命宮在「酉」的朋友，您的財神爺在這裡。

命宮星宿

民國出生年次的尾數是：**7**

命宮位置在：酉

星宿	財神爺
破軍星	自立自強、事業股票財
七殺星	不動產或人際財或與晚輩
天梁星	從事理財事業或長期投資
天相星	自立自強、穩定積蓄守財
巨門星	從事或經營養生相關產業
貪狼星	心靈事業或配偶伴侶同業
太陰星	與兄弟姐妹同業或投資
天府星	不動產或人際財或與晚輩
廉貞星	自立自強、事業股票財
天同星	從事理財事業或長期投資
武曲星	不動產或人際財或與晚輩
太陽星	從事理財事業或長期投資
天機星	從事或經營養生相關產業
紫微星	心靈事業或配偶伴侶同業

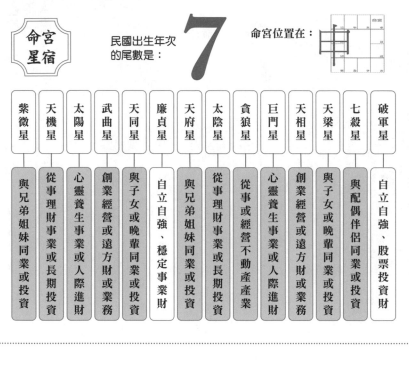

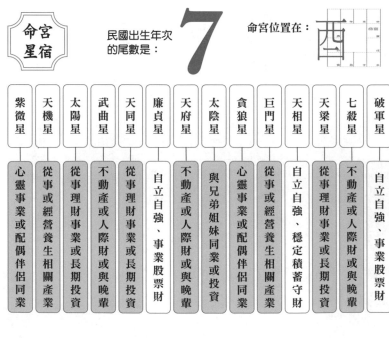

民國出生年尾數為「7」、紫微斗數命宮在「戌」的朋友，您的財神爺在這裡。

命宮星宿

民國出生年次的尾數是：7

命宮位置在：戌

命宮星宿	財神爺
紫微星	與子女或晚輩同業或投資
天機星	從事養生事業或遠方求財
太陽星	與兄弟姐妹同業或投資
武曲星	創業經營或從事養生事業
天同星	從事理財事業或長期投資
廉貞星	自立自強、穩定事業財
天府星	自立自強、穩定事業財
太陰星	從事不動產業或人際進財
貪狼星	與父母或長輩同業或投資
巨門星	與配偶伴侶同業或投資
天相星	與子女或晚輩同業或投資
天梁星	從事養生事業或遠方求財
七殺星	從事理財事業或長期投資
破軍星	自立自強、股票投資財

民國出生年尾數為「7」、紫微斗數命宮在「亥」的朋友，您的財神爺在這裡。

命宮星宿

民國出生年次的尾數是：7

命宮位置在：亥

命宮星宿	財神爺
紫微星	從事養生事業或理財投資
天機星	人際求財與配偶伴侶同業
太陽星	與兄弟姐妹同業或投資
武曲星	心靈事業或父母長輩同業
天同星	遠方求財或子女晚輩同業
廉貞星	從事理財事業或長期投資
天府星	從事養生事業或理財投資
太陰星	人際進財與配偶伴侶同業
貪狼星	從事理財事業或長期投資
巨門星	創業經營或從事心靈事業
天相星	自立自強、穩定積蓄守財
天梁星	遠方求財或子女晚輩同業
七殺星	從事養生事業或理財投資
破軍星	心靈事業或父母長輩同業

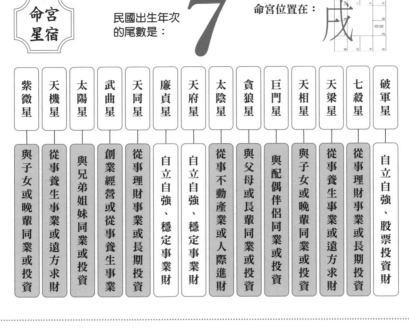

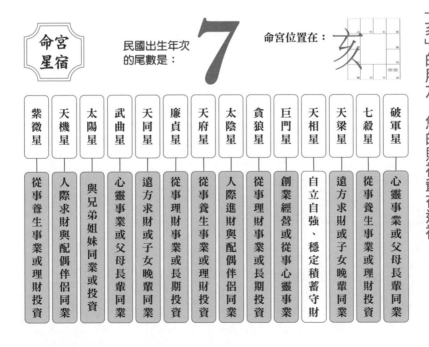

民國出生年尾數為8的朋友，您的財神爺在這裡。

民國出生年尾數為「8」、紫微斗數命宮在「子」的朋友，您的財神爺在這裡。

命宮星宿

民國出生年次的尾數是：8

命宮位置在：子

命宮星宿	財神爺
紫微星	傳銷或仲介或選舉人際財
天機星	從事心靈產業或理財投資
太陽星	房產或與長輩或兄弟同業
武曲星	與配偶伴侶同業或投資
天同星	從事養生事業或遠方求財
廉貞星	自立自強、事業積蓄守財
天府星	與配偶伴侶同業或投資
太陰星	從事養生事業或遠方求財
貪狼星	與子女或晚輩同業或投資
巨門星	從事心靈產業或理財投資
天相星	自立自強、事業積蓄守財
天梁星	房產或與長輩或兄弟同業
七殺星	創業經營
破軍星	自立自強、股票投資財

民國出生年尾數為「8」、紫微斗數命宮在「丑」的朋友，您的財神爺在這裡。

命宮星宿

民國出生年次的尾數是：8

命宮位置在：丑

命宮星宿	財神爺
紫微星	創業經營
天機星	與長輩或兄弟同業或投資
太陽星	遠方求財與配偶伴侶同業
武曲星	理財投資或子女晚輩同業
天同星	從事養生事業或人際進財
廉貞星	從事或經營不動產產業
天府星	從事或經營不動產產業
太陰星	遠方求財與配偶伴侶同業
貪狼星	理財投資或子女晚輩同業
巨門星	從事養生事業或人際進財
天相星	從事或經營不動產產業
天梁星	從事心靈產業或理財投資
七殺星	從事或經營不動產產業
破軍星	創業經營

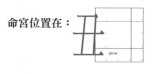

民國出生年尾數為「8」、紫微斗數命宮在「寅」的朋友，您的財神爺在這裡。

命宮星宿

民國出生年次的尾數是：**8**

命宮位置在：寅

星宿	財神爺
紫微星	從事或經營不動產產業
天機星	理財投資或配偶伴侶同業
太陽星	遠方求財與子女晚輩同業
武曲星	從事理財事業或長期投資
天同星	理財或與長輩或兄弟同業
廉貞星	自立自強、穩定事業財
天府星	從事或經營不動產產業
太陰星	理財投資或配偶伴侶同業
貪狼星	從事或經營養生相關產業
巨門星	遠方求財與子女晚輩同業
天相星	從事理財事業或長期投資
天梁星	理財或與長輩或兄弟同業
七殺星	從事或經營心靈相關產業
破軍星	自立自強、股票投資財

民國出生年尾數為「8」、紫微斗數命宮在「卯」的朋友，您的財神爺在這裡。

命宮星宿

民國出生年次的尾數是：**8**

命宮位置在：卯

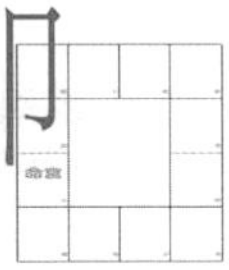

星宿	財神爺
紫微星	從事心靈產業或遠方求財
天機星	與兄弟或晚輩同業或投資
太陽星	理財投資或配偶伴侶同業
武曲星	養生事業或父母長輩同業
天同星	創業經營
廉貞星	自立自強、事業股票財
天府星	養生事業或父母長輩同業
太陰星	從事或經營不動產產業
貪狼星	從事心靈產業或遠方求財
巨門星	與兄弟或晚輩同業或投資
天相星	自立自強、穩定積蓄守財
天梁星	理財投資或配偶伴侶同業
七殺星	養生事業或父母長輩同業
破軍星	自立自強、事業股票財

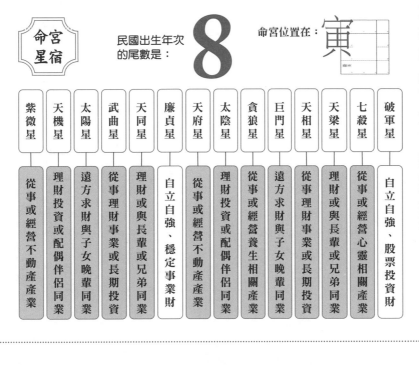

民國出生年尾數為「8」、紫微斗數命宮在「辰」的朋友，您的財神爺在這裡。

命宮星宿

民國出生年次的尾數是：**8**

命宮位置在：**辰**

命宮星宿	財神爺
紫微星	與父母或長輩同業或投資
天機星	理財或配偶兄弟晚輩同業
太陽星	從事或經營不動產產業
武曲星	遠方求財或貿易或業務
天同星	創業經營
廉貞星	自立自強、穩定事業財
天府星	自立自強、穩定事業財
太陰星	從事或經營養生相關產業
貪狼星	傳銷或仲介或選舉人際財
巨門星	從事或經營心靈相關產業
天相星	與父母或長輩同業或投資
天梁星	理財或配偶兄弟晚輩同業
七殺星	從事理財事業或長期投資
破軍星	自立自強、股票投資財

民國出生年尾數為「8」、紫微斗數命宮在「巳」的朋友，您的財神爺在這裡。

命宮星宿

民國出生年次的尾數是：**8**

命宮位置在：**巳**

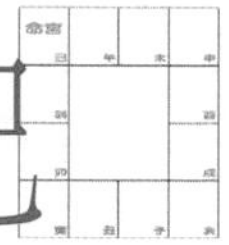

命宮星宿	財神爺
紫微星	理財投資或兄弟姐妹同業
天機星	心靈、養生業或晚輩同業
太陽星	從事或經營不動產產業
武曲星	傳銷或仲介或選舉人際財
天同星	理財或與長輩或配偶同業
廉貞星	創業經營
天府星	理財投資或兄弟姐妹同業
太陰星	心靈、養生業或晚輩同業
貪狼星	創業經營
巨門星	遠方求財或貿易或業務
天相星	自立自強、穩定積蓄守財
天梁星	理財或與長輩或配偶同業
七殺星	理財投資或兄弟姐妹同業
破軍星	傳銷或仲介或選舉人際財

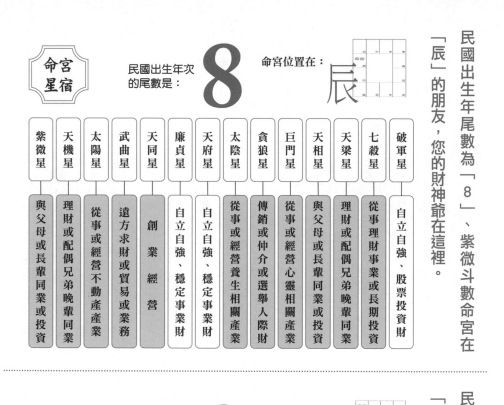

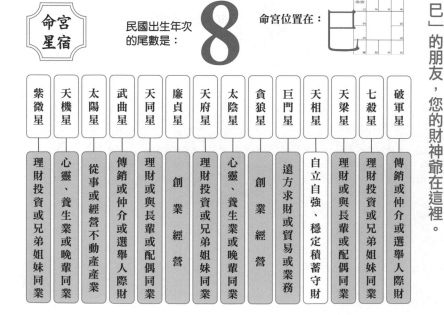

民國出生年尾數為「8」、紫微斗數命宮在「午」的朋友，您的財神爺在這裡。

命宮星宿

民國出生年次的尾數是：**8**

命宮位置在：

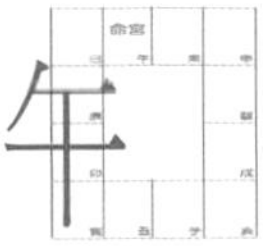

星宿	財神爺
紫微星	與兄弟姐妹同業或投資
天機星	理財或心靈產業或遠方財
太陽星	養生或人際財或晚輩同業
武曲星	創業經營
天同星	理財投資或父母長輩同業
廉貞星	自立自強、事業積蓄守財
天府星	創業經營
太陰星	理財投資或父母長輩同業
貪狼星	從事或經營不動產產業
巨門星	理財或心靈產業或遠方財
天相星	自立自強、事業積蓄守財
天梁星	養生或人際財或晚輩同業
七殺星	與配偶伴侶同業或投資
破軍星	自立自強、股票投資財

民國出生年尾數為「8」、紫微斗數命宮在「未」的朋友，您的財神爺在這裡。

命宮星宿

民國出生年次的尾數是：**8**

命宮位置在：

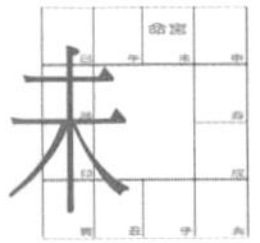

星宿	財神爺
紫微星	與配偶伴侶同業或投資
天機星	從事養生產業或人際進財
太陽星	從事理財投資或創業經營
武曲星	從事不動產業或心靈產業
天同星	與長輩或兄弟同業或投資
廉貞星	與子女或晚輩同業或投資
天府星	與子女或晚輩同業或投資
太陰星	從事理財投資或創業經營
貪狼星	從事不動產業或心靈產業
巨門星	與長輩或兄弟同業或投資
天相星	自立自強、穩定積蓄守財
天梁星	從事理財投資或遠方求財
七殺星	與子女或晚輩同業或投資
破軍星	與配偶伴侶同業或投資

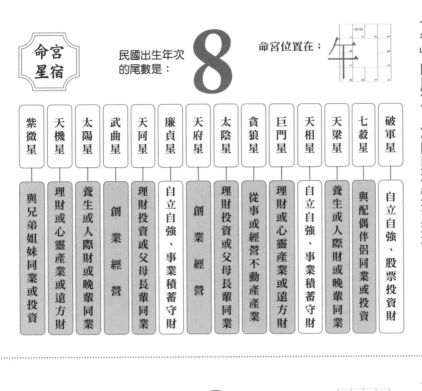

民國出生年尾數為「8」、紫微斗數命宮在「申」的朋友，您的財神爺在這裡。

命宮星宿

民國出生年次的尾數是：8

命宮位置在：申

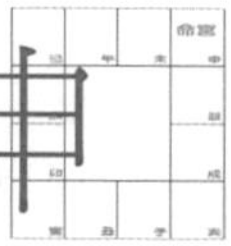

命宮星宿	財神爺
紫微星	與子女或晚輩同業或投資
天機星	創業經營或遠方財或業務
太陽星	從事不動產業或理財投資
武曲星	從事或經營心靈相關產業
天同星	從事養生產業或人際進財
廉貞星	自立自強、穩定事業財
天府星	與子女或晚輩同業或投資
太陰星	創業經營或遠方財或業務
貪狼星	與父母或長輩同業或投資
巨門星	從事不動產業或理財投資
天相星	從事或經營心靈相關產業
天梁星	從事養生產業或人際進財
七殺星	從事理財事業或長期投資
破軍星	自立自強、股票投資財

民國出生年尾數為「8」、紫微斗數命宮在「酉」的朋友，您的財神爺在這裡。

命宮星宿

民國出生年次的尾數是：8

命宮位置在：酉

命宮星宿	財神爺
紫微星	從事理財事業或長期投資
天機星	從事不動產業或人際進財
太陽星	創業經營或遠方財或業務
武曲星	從事養生業或與長輩同業
天同星	與配偶伴侶同業或投資
廉貞星	自立自強、事業股票財
天府星	從事養生業或與長輩同業
太陰星	與子女或晚輩同業或投資
貪狼星	從事理財事業或長期投資
巨門星	從事不動產業或人際進財
天相星	自立自強、穩定積蓄守財
天梁星	創業經營或遠方財或業務
七殺星	從事養生業或與長輩同業
破軍星	自立自強、事業股票財

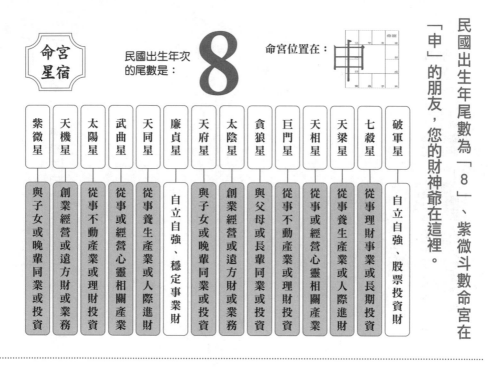

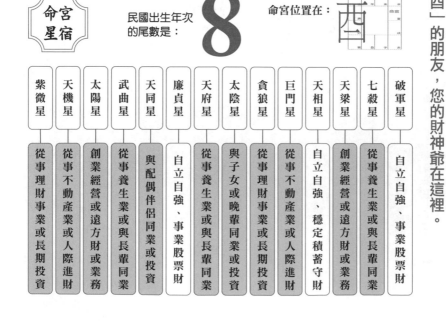

民國出生年尾數為「8」、紫微斗數命宮在「戌」的朋友，您的財神爺在這裡。

命宮星宿

民國出生年次的尾數是：**8**

命宮位置在：戌

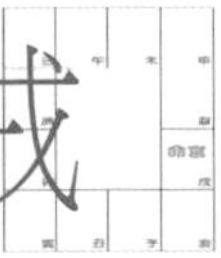

命宮星宿	財神爺
紫微星	從事或經營養生相關產業
天機星	創業或房產或人際或心靈
太陽星	與子女或晚輩同業或投資
武曲星	從事理財事業或長期投資
天同星	與配偶伴侶同業或投資
廉貞星	自立自強、穩定事業財
天府星	自立自強、穩定事業財
太陰星	與父母或長輩同業或投資
貪狼星	與兄弟姐妹同業或投資
巨門星	從事理財事業或長期投資
天相星	從事或經營養生相關產業
天梁星	創業或房產或人際或心靈
七殺星	遠方求財或貿易或業務
破軍星	自立自強、股票投資財

民國出生年尾數為「8」、紫微斗數命宮在「亥」的朋友，您的財神爺在這裡。

命宮星宿

民國出生年次的尾數是：**8**

命宮位置在：亥

命宮星宿	財神爺
紫微星	遠方求財或人際財或業務
天機星	從事理財心靈或長輩同業
太陽星	與子女或晚輩同業或投資
武曲星	與兄弟姐妹同業或投資
天同星	心靈或養生業或創業經營
廉貞星	與配偶伴侶同業或投資
天府星	遠方求財或人際財或業務
太陰星	從事理財心靈或長輩同業
貪狼星	與配偶伴侶同業或投資
巨門星	從事理財事業或長期投資
天相星	自立自強、穩定積蓄守財
天梁星	心靈或養生業或創業經營
七殺星	遠方求財或人際財或業務
破軍星	與兄弟姐妹同業或投資

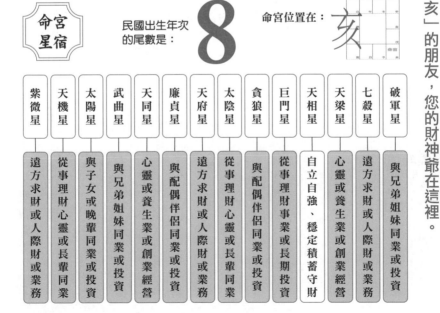

民國出生年尾數為9的朋友，您的財神爺在這裡。

民國出生年尾數為「9」、紫微斗數命宮在「子」的朋友，您的財神爺在這裡。

命宮星宿

民國出生年次的尾數是：9

命宮位置在：子

命宮星宿	
紫微星	從事心靈產業或長輩同業
天機星	遠方求財或配偶伴侶同業
太陽星	與兄弟姐妹或晚輩同業
武曲星	與兄弟姐妹或晚輩同業
天同星	創業經營或人際財或業務
廉貞星	自立自強、事業積蓄守財
天府星	與兄弟姐妹或晚輩同業
太陰星	創業經營或人際財或業務
貪狼星	從事或經營養生相關產業
巨門星	遠方求財或配偶伴侶同業
天相星	自立自強、事業積蓄守財
天梁星	與兄弟姐妹或晚輩同業
七殺星	從事心靈產業或理財投資
破軍星	自立自強、股票投資財

民國出生年尾數為「9」、紫微斗數命宮在「丑」的朋友，您的財神爺在這裡。

命宮星宿

民國出生年次的尾數是：9

命宮位置在：丑

命宮星宿	
紫微星	從事心靈產業或理財投資
天機星	與子女或晚輩同業或投資
太陽星	從事理財投資或創業經營
武曲星	從事養生產業或遠方求財
天同星	從事不動產業或人際進財
廉貞星	與長輩或兄弟同業或投資
天府星	與長輩或兄弟同業或投資
太陰星	從事理財投資或創業經營
貪狼星	從事養生產業或遠方求財
巨門星	從事不動產業或人際進財
天相星	自立自強、穩定積蓄守財
天梁星	與配偶伴侶同業或投資
七殺星	與長輩或兄弟同業或投資
破軍星	從事心靈產業或理財投資

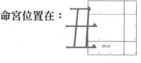

民國出生年尾數為「9」、紫微斗數命宮在「寅」的朋友，您的財神爺在這裡。

命宮星宿

民國出生年次的尾數是：**9**

命宮位置在：**寅**

命宮星宿	財神爺
破軍星	自立自強、股票投資財
七殺星	理財投資或配偶伴侶同業
天梁星	與子女或晚輩同業或投資
天相星	遠方求財或貿易或業務
巨門星	從事養生產業或創業經營
貪狼星	傳銷或仲介或選舉人際財
太陰星	從事理財事業或長期投資
天府星	與長輩或兄弟同業或投資
廉貞星	自立自強、穩定事業財
天同星	與子女或晚輩同業或投資
武曲星	遠方求財或貿易或業務
太陽星	從事養生產業或創業經營
天機星	從事理財事業或長期投資
紫微星	與長輩或兄弟同業或投資

民國出生年尾數為「9」、紫微斗數命宮在「卯」的朋友，您的財神爺在這裡。

命宮星宿

民國出生年次的尾數是：**9**

命宮位置在：**卯**

命宮星宿	財神爺
破軍星	自立白強、事業股票財
七殺星	人際財或兄弟或晚輩同業
天梁星	從事理財事業或長期投資
天相星	自立自強、穩定積蓄守財
巨門星	從事或經營養生相關產業
貪狼星	理財或創業或與配偶同業
太陰星	與父母或長輩同業或投資
天府星	人際財或兄弟或晚輩同業
廉貞星	自立自強、事業股票財
天同星	從事或經營心靈相關產業
武曲星	人際財或兄弟或晚輩同業
太陽星	從事理財事業或長期投資
天機星	從事或經營養生相關產業
紫微星	理財或創業或與配偶同業

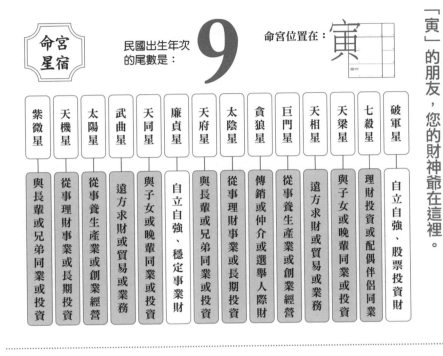

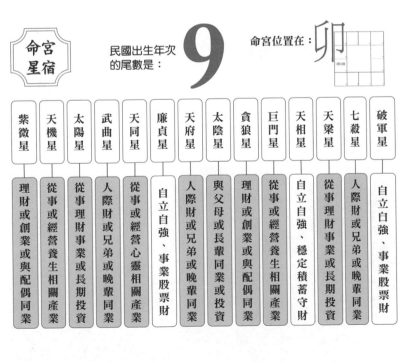

民國出生年尾數為「9」、紫微斗數命宮在「辰」的朋友，您的財神爺在這裡。

命宮星宿

民國出生年次的尾數是：9

命宮位置在：辰

星宿	適合的投資方式
紫微星	與兄弟姐妹或晚輩同業
天機星	從事養生產業或遠方求財
太陽星	與父母或長輩同業或投資
武曲星	創業經營
天同星	從事或經營心靈相關產業
廉貞星	自立自強、穩定事業財
天府星	自立自強、穩定事業財
太陰星	傳銷或仲介或選舉人際財
貪狼星	從事或經營不動產產業
巨門星	從事理財事業或長期投資
天相星	與兄弟姐妹或晚輩同業
天梁星	從事養生產業或遠方求財
七殺星	從事理財投資或配偶同業
破軍星	自立自強、股票投資財

民國出生年尾數為「9」、紫微斗數命宮在「巳」的朋友，您的財神爺在這裡。

命宮星宿

民國出生年次的尾數是：9

命宮位置在：巳

星宿	適合的投資方式
紫微星	理財或養生或與配偶晚輩
天機星	從事理財投資或人際進財
太陽星	與父母或長輩同業或投資
武曲星	從事或經營不動產產業
天同星	遠方求財或兄弟姐妹同業
廉貞星	從事或經營心靈相關產業
天府星	理財或養生或與配偶晚輩
太陰星	從事理財投資或人際進財
貪狼星	從事或經營心靈相關產業
巨門星	創業經營
天相星	自立自強、穩定積蓄守財
天梁星	遠方求財或兄弟姐妹同業
七殺星	理財或養生或與配偶晚輩
破軍星	從事或經營不動產產業

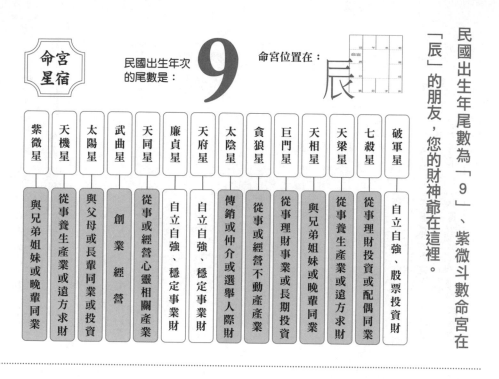

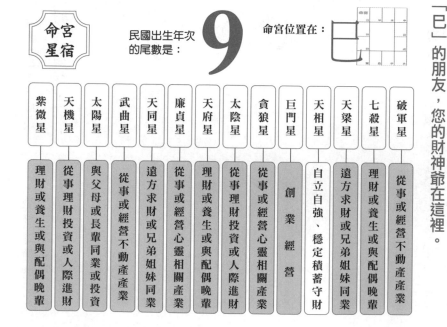

民國出生年尾數為「9」、紫微斗數命宮在「午」的朋友，您的財神爺在這裡。

命宮星宿

民國出生年次的尾數是：9

命宮位置在：午

命宮星宿	財神爺
紫微星	與子女或晚輩同業或投資
天機星	從事理財投資或創業經營
太陽星	從事不動產業或人際進財
武曲星	從事或經營心靈相關產業
天同星	與兄弟姐妹或配偶同業
廉貞星	自立自強、事業積蓄守財
天府星	從事或經營心靈相關產業
太陰星	與兄弟姐妹或配偶同業
貪狼星	與父母或長輩同業或投資
巨門星	從事理財投資或創業經營
天相星	自立自強、事業積蓄守財
天梁星	從事不動產業或人際進財
七殺星	從事理財事業或長期投資
破軍星	自立自強、股票投資財

民國出生年尾數為「9」、紫微斗數命宮在「未」的朋友，您的財神爺在這裡。

命宮星宿

民國出生年次的尾數是：9

命宮位置在：未

命宮星宿	財神爺
紫微星	從事理財事業或長期投資
天機星	從事或經營不動產產業
太陽星	從事心靈產業或配偶同業
武曲星	從事理財投資或長輩同業
天同星	與兄弟姐妹或晚輩同業
廉貞星	從事養生產業或人際進財
天府星	從事養生產業或人際進財
太陰星	從事心靈產業或配偶同業
貪狼星	從事理財投資或長輩同業
巨門星	與兄弟姐妹或晚輩同業
天相星	自立自強、穩定積蓄守財
天梁星	創業經營
七殺星	從事養生產業或人際進財
破軍星	從事理財事業或長期投資

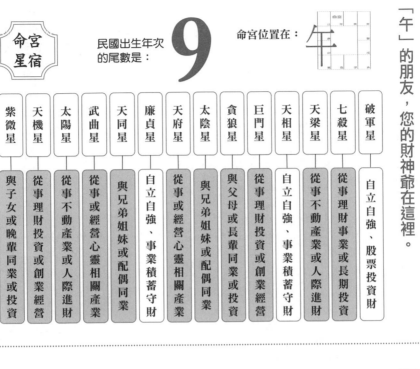

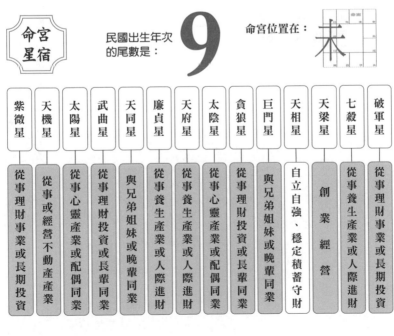

民國出生年尾數為「9」、紫微斗數命宮在「申」的朋友，您的財神爺在這裡。

命宮星宿

民國出生年次的尾數是：9

命宮位置在：申

命宮星宿	財神爺
紫微星	從事養生產業或人際進財
天機星	從事或經營心靈相關產業
太陽星	與長輩或配偶同業或投資
武曲星	從事理財事業或長期投資
天同星	從事或經營不動產產業
廉貞星	自立自強、穩定事業財
天府星	從事養生產業或人際進財
太陰星	從事或經營心靈相關產業
貪狼星	理財投資或兄弟姐妹同業
巨門星	與長輩或配偶同業或投資
天相星	從事理財事業或長期投資
天梁星	從事或經營不動產產業
七殺星	創業經營或遠方財或業務
破軍星	自立自強、股票投資財

民國出生年尾數為「9」、紫微斗數命宮在「酉」的朋友，您的財神爺在這裡。

命宮星宿

民國出生年次的尾數是：9

命宮位置在：酉

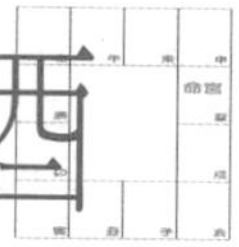

命宮星宿	財神爺
紫微星	遠方財或創業或配偶同業
天機星	與父母或長輩同業或投資
太陽星	從事或經營心靈相關產業
武曲星	房產或人際財或兄弟同業
天同星	從事理財事業或長期投資
廉貞星	自立自強、事業股票財
天府星	房產或人際財或兄弟同業
太陰星	從事或經營養生相關產業
貪狼星	遠方財或創業或配偶同業
巨門星	與父母或長輩同業或投資
天相星	自立自強、穩定積蓄守財
天梁星	從事或經營心靈相關產業
七殺星	房產或人際財或兄弟同業
破軍星	自立自強、事業股票財

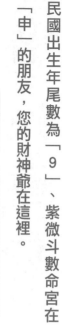

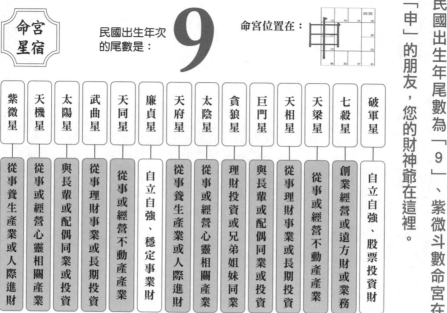

民國出生年尾數為「9」、紫微斗數命宮在「戌」的朋友，您的財神爺在這裡。

命宮星宿

民國出生年次的尾數是：9

命宮位置在：戌

命宮星宿	財神爺
紫微星	傳銷或仲介或選舉人際財
天機星	從事理財投資或長輩同業
太陽星	從事或經營養生相關產業
武曲星	與配偶伴侶同業或投資
天同星	從事理財事業或長期投資
廉貞星	自立自強、穩定事業財
天府星	自立自強、穩定事業財
太陰星	與兄弟姐妹同業或投資
貪狼星	與子女或晚輩同業或投資
巨門星	遠方求財或貿易或業務
天相星	傳銷或仲介或選舉人際財
天梁星	從事理財投資或長輩同業
七殺星	從事心靈產業或創業經營
破軍星	自立自強、股票投資財

民國出生年尾數為「9」、紫微斗數命宮在「亥」的朋友，您的財神爺在這裡。

命宮星宿

民國出生年次的尾數是：9

命宮位置在：亥

命宮星宿	財神爺
紫微星	房產或心靈或創業或長輩
天機星	遠方財或業務或兄弟同業
太陽星	從事或經營養生相關產業
武曲星	與子女或晚輩同業或投資
天同星	從事理財投資或人際進財
廉貞星	從事理財事業或長期投資
天府星	房產或心靈或創業或長輩
太陰星	遠方財或業務或兄弟同業
貪狼星	從事理財事業或長期投資
巨門星	與配偶伴侶同業或投資
天相星	自立自強、穩定積蓄守財
天梁星	從事理財投資或人際進財
七殺星	房產或心靈或創業或長輩
破軍星	與子女或晚輩同業或投資

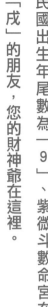

三、用喜神找出適合自己的五行產業

喜神是什麼？

找到財神爺之後，接著第二個步驟是要抓住您的喜神，喜神可以幫助您找到賺大錢的標的物。

喜神要做什麼？先看一下左圖，觀想自己就是一個小宇宙，同時存在著陰跟陽；從很小的東西，到很大的東西、甚至是大宇宙，其實都存在著陰陽的關係，所以稱為陰陽學。

小宇宙

陰陽學主張孤陰不生、獨陽不長。無極生太極、太極生兩儀、兩儀生四象、四象化生萬物。無極就是當初整個宇宙什麼都沒有，太極開始孕育萬物，化生兩儀陰跟陽，兩儀生四象木火金水，四象交媾時會有雜氣，綜稱為土，這就是五行的概念。

所以請想想：自己就是一個無極、一個太極、一對兩儀、一組四象、有五行，五行必須要相生，才會源源不絕。所以要知道五行有沒有順暢，才能知曉自己生財的元素是否順暢。不過，大多數的狀況都是不會順暢的，老天爺總是如此，將您的脊椎骨取掉一段，讓您不完整，強迫您去學習圓滿，才能不枉此生！那麼要怎麼知道到底缺什麼呢？找到欠缺的，把它補起來，您的人生就可以近乎圓滿。

宇宙之中「我」這個個體有一個元神，元神會告訴您：您具備什麼樣的五行。比方說：木、火、土、金、水中，您的元神屬木，這個人看起來就比較木訥、瘦瘦高高的；又比如那個人是屬火，個性很熱情、脾氣不好，以此類推。

所以，知道元神之後，了解您的元神屬於什麼樣的五行，然後從五行的生剋制化當中，去找出喜神，也就是我們所欠缺的元素。

喜神如同是我們的幸運神、幸運色、幸運物，可以用在很多地方，食衣住行皆可運用。欠缺什麼元素，用喜神補起來，我們的循環就會源源不絕了！穿的衣服可以用這個顏色、開的車子可以用這個顏色、家裡的布置都可以用這個顏色；火就是紅色、木就是綠色等等。

經驗理論裡，大部分人喜歡穿自己的忌神，所以看起來有氣無力、毫無光采，那就是因為您穿到了忌神的顏色，也就是您不適合穿這個顏色，卻又偏偏愛穿這個顏色。可是當您換穿您的喜神時，會發現他人稱讚您特別有精神、神采奕奕，覺得您今天特別不一樣喔！沒有人知道為什麼，其實是因為您的五行當中所欠缺的那一環加進去了，就開始相生，您的氣就比較順，氣順時，氣色自然就比較好。

喜神的用處很多，追本溯源，喜神就是我們每個人的五行元素當中，所缺乏的那個元素，因為五行的元素必須齊備，才能循環相生，缺一不可，一旦缺了就無法正常運行，跟我們的五臟六腑循環是一樣的。所以我們必須找到我們的喜神，補齊之後就會很順暢，賺錢也事半功倍，這就是喜神！

每個人本身就是一個小宇宙，宇宙存在著五行生剋制化之循環。由我為本體，找到我的元神，透過五行運作，產生我的喜神，妥善運用喜神來規劃理財，金銀財寶致富就在您眼前！這也是老祖宗教我們的吃飯工具。

選擇適合自己的投資方式，要配合喜神產業，就要知道我的喜神是什麼五行，配合這個五行是什麼樣的標的？職業？或是什麼類股？

紫微斗數命盤的十二宮表，不只代表著紫微斗數十二命表，還蘊含著方位、四季、顏色、月令、五行、干支。十二宮表中地支的位置是固定的。

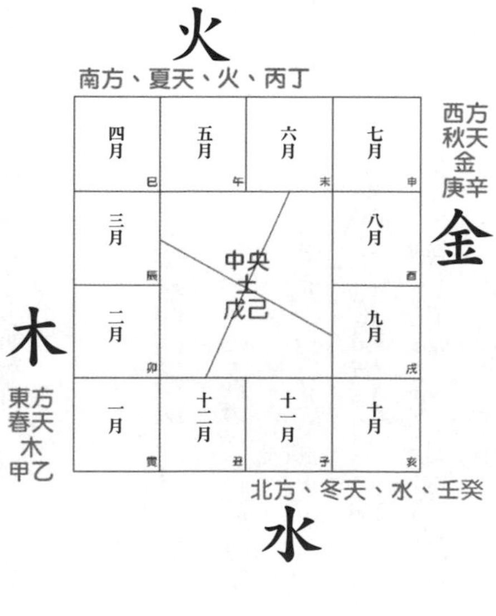

萬物化生於春天，欣欣向榮、發芽生長，所以春天就是東方，寅月就是一月。春天屬木，天干是甲乙，地支是寅卯，東方也屬木，他們的五行都在木的方向。

命盤上方為南方，比較熱，所以是夏天，屬火，天干是丙丁，地支是巳午。

命盤右方為西方，有點涼意，就是秋天，屬金，天干是庚辛，地支是申酉。

命盤下方為北方，比較寒冷，就像台北比高雄冷，冬天，屬水，天干是壬癸，地支是亥子。

十二宮表剛好也代表了十二個月。各位有沒有發現少了一個土？一、二到三月接近四月，三月交接時含有雜氣，本兼帶火謂之雜氣，雜氣屬土；四、五、六月，六月換季雜氣火兼帶金謂之屬土；七、八、九月，九月換季雜氣金兼帶水謂之屬土；十、十一、十二月，十二月換季雜氣水兼帶土屬土。所以辰、戌、丑、未四個宮位屬土，叫四土宮；天干的部分，戊、己屬土，為中央土。

干支的五行生剋怎麼看？建議大家養成習慣從木開始，木生火、火生土、土生金、金生水、水生木。相剋呢？木剋土、土剋水、水剋火、火剋金、金剋木、它會形成一個五星圖。生是正面的循環、剋則是負面的循環。

制化：制是若A剋給您，就找另一個人B剋A去制他，以物剋一物；而化乃是採用圓融的方式，找一個人A生C的C去化，這就是雙贏，用好的循環來幫助好的互動。

五行生剋制化圖

「相生循環」木生火↓火生土↓土生金↓金生水↓水生木

「相剋循環」木剋土↓土剋水↓水剋火↓火剋金↓金剋木

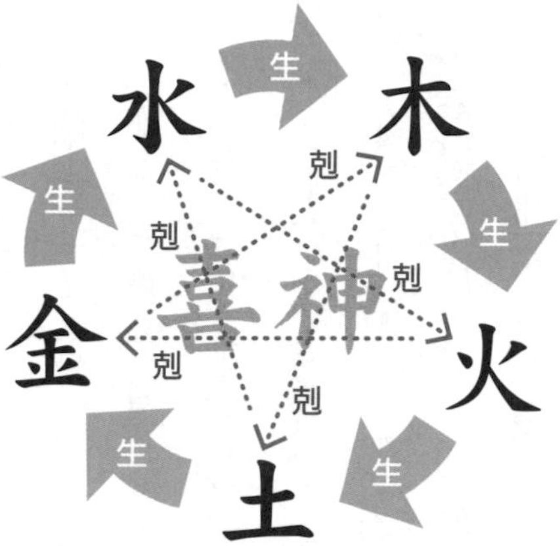

喜神的助力事半功倍，助您輕鬆取得財富。當然，您可以鐵齒不用這個方法，但是若知道了輕鬆的方法，就不用那麼辛苦了。例如：民國一〇一年農曆六月三號，就是壬辰年丁未月癸未日。元神就是出生日的天干即日元：癸；五行屬水，六月是夏季，所以四季＋元神就是夏水。夏水的喜神是什麼？思考一下！夏天的水缺乏什麼？當然還是水！因為雖然日元屬水，但是夏天的水很快會蒸發，所以喜神就是水！

當然這是有公式跟邏輯的，我們建議大家要學習理解，理解夏天會需要什麼，此時不用水要用什麼？用火嗎？把他燒乾嗎？那這人的個性就會很急躁，對身體很不好。因為沒有水的滋潤，所以絕對不能再用火，因此火就是他的忌神。這樣的人通常喜歡穿紅色的、粉紅色，然後脾氣就越發暴躁。除了用水外還能用什麼？水不夠時，又無法直接取得水，那也可以用金來生水！此類型人的喜神就是金跟水。再來推看金跟水適合的產業別是什麼？也就是適合的投資標的跟產業別。金是金融業、五金行，舉凡跟金有關的都可以；水就是水產業、美容、西藥，這些都屬水。

喜神詳細求法

1. 首先要知道您的元神，出生日天干的五行。

（參考書：萬年曆）

求「元神」：出生日天干的五行。例，民國一〇一年農曆六月三號＝壬辰年丁未月癸未日。當天日天干為「癸」，五行屬水，故「元神」為「水」。

2. 元神搭配四季，出生的月份是什麼時候？農曆一、二、三月是春天，四、五、六月是夏天，七、八、九月是秋天，十、十一、十二月是冬天。

「元神」搭配四季：出生月的季節。

春天：農曆一月、二月、三月

夏天：農曆四月、五月、六月

秋天：農曆七月、八月、九月

冬天：農曆十月、十一月、十二月

3. 「四季」＋「元神」運用五行生剋制化求出「喜神」

四季加上元神，就可以搭配五行生剋制化求出喜神，配合喜神的五行，去選擇您的職業、投資標的。

4. 配合喜神的五行，選擇職業、投資標的，由於喜神的助力，事半功倍，輕鬆取得財富。

實例：

曉明民國一〇一年農曆六月三日出生，萬年曆查出是壬辰年丁未月癸未日，曉明的元神是六

喜神怎麼求？

◎求「元神」：出生日天干的五行（參考書：萬年曆）。
例：民國 101 年農曆 6 月 3 日壬辰年丁未月癸未日。
當天日天干為「癸」，五行屬水，故「元神」為「水」。

◎「元神」搭配四季：出生月的季節。
春天：農曆 1、2、3 月；夏天：農曆 4、5、6 月
秋天：農曆 7、8、9 月；冬天：農曆 10、11、12 月

◎「四季」＋「元神」
運用五行生剋制化求出「喜神」

◎配合喜神的五行，選擇職業、投資標的，由於喜神的助力，事半功倍，輕鬆取得財富。

月的癸，所以是夏水。夏天的水較為乾枯，所以可以再加水或金；而四柱八字中，曉明已經有水的元素了，故曉明的喜神就用「金」。

用喜神找出適合自己的五行產業

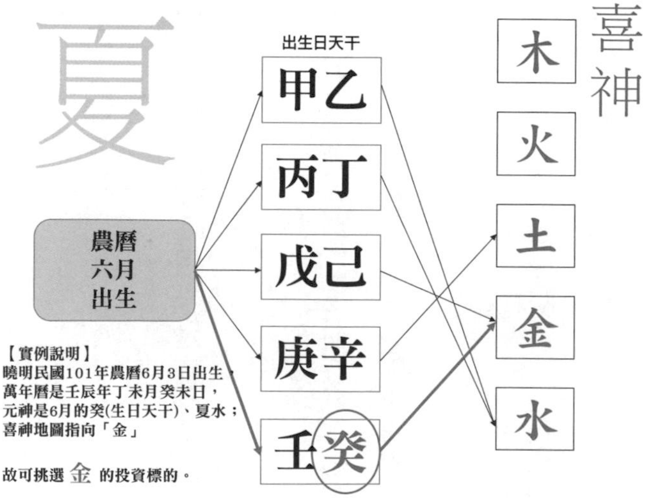
夏
出生日天干
甲乙
丙丁
戊己
庚辛
壬癸
喜神
木
火
土
金
水
農曆
六月
出生
【實例說明】
曉明民國101年農曆6月3日出生，
萬年曆是壬辰年丁未月癸未日，
元神是6月的癸(生日天干)、夏水；
喜神地圖指向「金」
故可挑選 金 的投資標的。

知命、掌運，可使人生旅程走得更順暢，更光彩。投資理財方面亦能降低風險，增加獲利之機會。換句話說，也就是假若您能預先知道您個人氣數（運氣），什麼時候走強勢、什麼時候是弱勢，再配合後天人為的努力、專業知識，如此定能增加您的財富，減少人生旅程之不順。尤其是在風險性極大的股市操作上想獲利的話，更必須先瞭解您命理先天的五行喜神是什麼？瞭解了五行喜神之後，在職業上或股票類別之選擇，將不會偏差太多，如此獲利的機會將大大提升，且可多賺少賠。例如：您命理的喜神是金，那麼您就應該投資屬金的行業或股票之類別股，如所忌的五行是木，那麼在投資理財上，儘量少與木之類別股或行業接觸，其他可依此類推。

陰陽五行化生萬物

喜神及「陰陽合德而剛柔有禮，五常之行氣」。因之若能優先得知先天命理所缺或偏枯一方，加以調理或扶持，必有所得。五行喜神之於職業、股票類別之區分為：

屬金之類別：鋼鐵、五金、銀樓、金融。

屬木之類別：紡織、紙類、木器類、園藝、裝潢。

屬水之類別：化學、化纖、航運、食品、水產業類股。

屬火之類別：塑膠、機電、電子、鍋爐、餐飲等。

屬土之類別：資產、政治、教育、服務業（房地產、保險、飯店）、建材、自由業。

以上為五行之類別股區分，當然必需先了解您命理先天氣數之旺衰期，再配合喜神五行投資，採類別股之波段式投資，而提升其少賠多賺之機率。

俗語道：「男怕選錯行，女怕嫁錯郎。」其意思是，所選擇的職業，若不合於先天命格喜神所需，則所付出之精神體力，易成事倍功半之效。運氣好的時候僅是成果降低，運氣不好的時候損失加倍。就以股市投資而言，喜神屬金的人，每買鋼鐵類股及金融類股必賺，但每買塑膠類股則賠多賺少。「女怕嫁錯郎」，婚姻對象選擇亦同，假若您的配偶元神是您喜神之所需，則顯示婚姻美滿，感情濃厚，一世恩愛之現象。如若是忌神，則一輩子吵鬧不休，更嚴重則生離死別。由此可知，後天運相關之人事物的擇取，對於一個人一生命運的格局大小有相當密切的關係。

以下僅就以陰陽五行日元（出生日干）於四季（春、夏、秋、冬）旺、弱，喜、忌神之擇用簡述之。

四季五行關係

以下乃每個人依其命理出生日干之五行元神所需之喜忌神演算與擇用。

五行產業別——木

* 木材、種植、竹、棉紗、布、山產、木器、中藥、稻穀、玉米
* 製香

* 紙類、紡織、硬纖維

* 土木建築、土木工程設計、園藝

木喜忌神擇用

解甲乙木體論：出生日干求出喜神屬木。

甲木乃堅剛須以金剋之，死木得火為灰，凡事不得果也。乙木忌鐵埋根，遇金者自傷。乙木喜太陽火見，木賴丙火以通明。無火則晦其質，差矣，乙木則火多者辨舌流暢。冬之土乃濕非乙木之所居也。中秋生甲木欲剛金剋之，有金初勞最後為榮達。霜降後生之乙木不宜水盛，貧命、不然體多災。寒露生之乙木喜火，有火得位置於社會。木多家運榮盛、事業繁榮。木遇寒凡事多滯，喜行南方運。乙木遇霜寒枯更逢庚金剋之命則休矣。否則貧賤苦勞之命。

每個人依其命理出生日干之五行元神所需之喜忌神演算與擇用。

* 木水：水生木故喜水，水少不能順暢發達，多成敗或漂流之命。

* 木木：木之比肩重者，因多奪之心有始無終，世間態表盛，其果不美矣。

* 木土：木以真土為耕耘之功，木多土少者男為致富之命。木少土重者則折，乃身弱不燃常多損失，土多劫（木）為災殃。

* 木金：木旺得金方為棟樑，終生福厚。金多體弱，不然一生為衣食而勞苦，故不宜金多。金少者為幸福之命。

＊木火：火旺木焚多損失，失敗。身體多勞其果不美，一生多災。

＊出生日干五行屬木（甲、乙），依其誕生之季節論其旺弱，對職業或股票投資而選用：春月生之木，性尚寒故喜少火相扶。水火共少，名舉社會。春初生忌水盛，水多始終苦勞，水少者諸事發達之命。

＊日元屬木，生於春天為旺令。土為其養命之源，逢金乃成棟樑，因此其喜神之擇用。

＊日元屬木，生於夏天為休令。喜水盛以潤之，夏木以水為真神，故可投資化工類、化纖、水產類。

＊日元屬木，生於秋天為死令。初秋火勢尚炎，宜水化煞。中秋後不宜見水。秋木宜土培之，火來暖木。投資宜資產類、水之類別、火之塑膠、電子類為主。忌金融、鋼鐵之業。

＊日元屬木，生於冬天為相令。火乃調候之真神，欲土多以培根，投資宜土之資產，火之電器、塑膠為主。忌投資於水業或航運業。

五行產業別—金

＊金、銀、銅、鐵、錫、五金、金屬器材買賣

＊食用油—金黃色沙拉油、麻油

＊裝飾品—電火反射發亮

＊金融、銀樓、地下錢莊、當舖

金喜忌神擇用

金之體論：出生日干求出喜神屬金。金以陰為體，陰中含陽之精，非常堅剛之質也。頑金（庚）喜陽火（丙丁巳）煉煅則能成器物也。

每個人依其命理出生日干之五行元神所需之喜忌神演算與擇用。

＊金火：金多火盛最妙，逢死絕不佳。金多火少凡事不滯，乃火弱不能熔金。金少火多被煅煉太過為消失，早舉功名而速退，金火全稱乃好命。兩金兩火最好命，金盛火衰不成器具。故喜行火運發達。金少火多行金局運及申運發達，乃火剋金成器物之理。

＊金水：金生水水多金沉，陰氣之極不顯名，又社會不為用。見土能制水，不為金之冷性所制。一金三水身體衰弱，水盛金沉乃增其寒，不能馳其鋒銳，金沉水，不能剋木之理。金強得水方助鋒銳為發達。見水精神越秀，相當舉名社會之人物。

＊金木：兩金兩木財產家。一金三木頑純凡是百破，木旺金氣損傷易挫折也。木多見七殺傷身物事失敗，木多凡事不得功不能成名，逢木琢削威舉社會之人物。

＊金土：土能生金，金為貴，能為財。若土多金埋不顯不為名。土少最為妙，土多金沉乃減其光不能出世之理也。土多培養過餘，故為頑迷之人物。喜見官星印星、萬事溫和發達。

＊金金：金逢金為比肩。喜見火助者發達。若無火有比肩乃同類相傷不吉。金逢金多過剛及缺憂愈旺愈為害之理。忌木旺、火旺、墓、沐浴之火，水多寒冷，金之比肩刑殺剋害。

＊出生日干五行屬金（庚、辛），依其誕生之季節論其旺弱，對職業或股票投資選用：春月生之金，春金尚有餘寒未盡，故喜火氣則發達。身弱（少金）者喜土相生也。

＊日元屬金，生於春天為囚令。體弱性柔，身弱喜土相滋養金之質。金性扶持。忌木多金折，見水增寒。故其喜神為土、火、金。忌投資於水、木。

＊日元屬金，生於夏天為死令。金性尚弱，其氣柔軟，見土化煞，得生身兩用之妙，得金扶持精壯，木多助火傷身，遇火傷金，故其以金、土為喜神，忌木、火。

＊日元屬金，生於秋天為旺令。當權得令，其性健剛，見木無水則無用，中秋後喜旺火鍛鍊，見水磨洗精神越秀，若逢土多則遭埋金，見金恐有過剛則折之象。故其喜見木、火、水為其喜神。忌金、土之投資。

＊日元屬金，生於冬天為休令。形寒性冷，其力稀薄，見火生土散寒，子母成功。土能制水助身，木多無用，見水增寒，故其喜神為火、土。忌水業之投資。

五行產業別—火

＊電燈、電器、電器修護、電腦、電工

＊香燭買賣、皮件

＊糕餅、生產豆腐、肉類、廚師、屠宰

＊煉鋼廠、瓦斯、鍋爐

火喜忌神擇用

火之體論：出生日干求出喜神屬火。火以木為體，無木火燄不長，以水為用。無水火災甚矣。火災甚者，物事多傷。木能藏火，到寅卯將生矣。不利西、到申酉必死矣。

每個人依其命理出生日干之五行元神所需之喜忌神演算與擇用。

＊火水木：火旺得水方成相濟。火賴木生光，無木不能顯名，火隔水不能溶。逢水能重禮儀謙遜。水衰死，而火又虛，繁榮不久。太陽（丙）返忌林木為仇。乃木盛陽光被遮難放其光。

＊火土：火逢土（被泄）凡事不明，不宜殊見土多（火埋）。諸事多滯，若見水旺（火生土，土剋水）卻為榮達。

＊出生日干五行屬火（丙、丁），依其誕生之季節論其旺弱，對職業或股票投資而選用：春月生之火，木母旺能生父子勢力並行。較喜木相扶，然不宜過旺，過旺者欲水至之。土多不得舉名，火盛性急而多災。金得資財（火剋金、金生水、水剋火既濟）。

*日元屬火生於春天，職業之投資適合於鋼鐵、五金、金融、水產、航運、化工。夏月之火勢力甚強，卻易生災，有水制無妨，不制之命不長。逢金凡事順暢，見土得資財，但不宜太過。

*日元屬火，生於夏天為旺令。其氣最旺，見金必發，見水既濟成功。故金、水為其喜見之神，最忌木、火，必遭傾危。秋月之火得木助之漸時成效，逢水多災，逢土甚不宜，金多（火熄）傷勢損失傷害，喜見比肩之火為吉祥。

*日元屬火，生於秋天為囚令。性息體休，其性微弱，見木生火有功，見火增輝。故木、火為其喜神。於職業及投資則選紙類、紡織、木材類、塑膠、電子類等等。冬月之火乃水冷而火無勢，故喜木生之。遇水為災，若見土制之無殃為榮。見火諸事有利，見金難得財而為災。火遇冬寒不烈，凡事不順見木火相扶為要。

*日元屬火，生於冬天為死令。體絕形亡，其氣正衰。木乃冬火之真神，見火助其光，故其喜神宜為木、火。最忌土、水。其職業及選擇乃為紙類、紡織、木材、塑膠、電子。

五行產業別—土

*石灰、泥土、尼龍、碳類、石油、建材

*塑膠、玻璃、陶瓷、寶石、玉、水晶、鑽石

*地板、磁磚

＊茶壺

＊資產、政治、教育、服務業〈房地產、保險、飯店〉、自由業

土喜忌神擇用

土之體論：出生日干求出喜神屬土。土散在四維依金木水火四行為象，故以四時為用。火死於西。水旺於子。土賴火生，火死土囚。土喜水、水旺土虛。土逢金能成功。土多不為貴，凡事多滯。

每個人依其命理出生日干之五行元神所需之喜忌神演算與擇用。

＊辰戌丑未論：辰戌丑未乃土之正位陰陽各異有分。辰者含水，未藏木，水能滋育。萬物春夏為功。戌藏火、丑育金。戌火丑金各殺萬物。故戌丑多者不為貴。辰未之土多者為貴命。土艾辰未，不愛丑戌也。土命論：土命四柱五行有氣者多有田產。若無田產晚年亦富貴之命。

＊土水：土盛無水多不平，無木（不能疏通）多滯。

＊土火：見火（土盛火埋難得相生）多痛苦。女子短命。戊土多者困難之命或戰鬥。辰未之人食道樂天之命。丑命多，若逢癸水能潤他人，此命乃獨立之人。忌空亡、水多、喜火配合之剋金。

＊出生日干五行屬土（戊、己），依其誕生之季節論其旺弱，對職業或股票投資而選用：春月生之土，其勢弱喜火扶之。忌木太過（土

虛被木欺，木多必為傾陷），忌水盛（土沉不能剋水，水多土流）。喜比肩與金水共有者發達。

＊日元屬土，生於春天為死令。土氣薄弱，其勢最孤，喜火生扶，土來助力，忌水揚波，故喜神宜火、土。忌木、水之業。夏月生之土，其勢燥烈得水，中晚年大發達。忌火旺（火多土焦）有木以助火盛必發達。

＊日元屬土，生於夏喜火扶之。天為相令。土氣正厚，金為財星之根，得盛水滋潤必發達，故金、水為真神，忌木、火。秋月生之土母衰，子（金）旺，故逢金多（土變）身體弱亦多損失。金多木盛（土生金、金剋木）有幸福。火多無妨，水盛不吉，見土吉祥。

＊日元屬土，生於秋天為休令。生機不暢，火重不厭，得土助力有吉慶。水旺土蕩，見木剋害，故其喜神宜火、土為用，忌木、金、水相侵。冬月生之土，外觀寒內溫氣。水旺（旺土剋旺水為財）財豐。金多（母生子）我子發達速也。火盛榮達舉名，再見土則長命，乃火盛多生土，土又旺故長命。

＊日元屬土，生於冬天為囚令。喜火溫暖，見土得助，冬土逢金，菁英盡泄，水多則為溼泥，故其喜神乃為火、土、木。忌金水。

五行產業別—水

＊水產、青果、水菜、冰水、餐飲、賣豆腐

＊西藥、化學、化纖

＊航運、運輸、交通、貿易、通商代理、手機通訊、電影、影像

＊期貨

＊流水事業

水喜忌神擇用

水之體論：出生日干求出喜神屬水。天傾西北，地陷東南，亥乃出水之場所，辰為納水之方位。逆流至申為聲，故水不流西也。水性稱潤下順行者有度量，容姿豐采，若吉神相助為貴格。十二支逆行之時，有人格能舉名，若刑沖不宜甚矣。

每個人依其命理出生日干之五行元神所需之喜忌神演算與擇用。

＊水火：水火同量，謂之水火既濟。乃聰明好命，火多且不宜。（火多水熱）水逢火速發達多得財，但不宜過火。

＊水土：水多得土方成池沼，為平穩之命。水少土多一生多滯混沌之命，常有凶危。此乃水被土之淤塞，不能流也，土旺無發達之象。水弱必為淤塞之理。

＊水金：水休囚須金旺生之。金生旺中晚年發達。金衰（不能生水）一生苦勞。金多欠缺義理人情，乃金強得水自挫其鋒。

＊水木：木旺乃水之氣被盜，身體弱常有災，木少諸事成就之命，木多水縮，常有損失。失敗、疾病之災厄。水逢木妻榮，木多不宜。

*水命論：水命常多動搖，多少有色難，故婦女忌水命。陽水（壬子）生人身弱者（日干弱），平生窮困之命。陰水（癸水）生人身弱者貴命，喜少土、八字清強相生，火之既濟，西北（金能生水）。忌空亡、水多、木多、土多、死絕等剋害。出生日干五行屬水（壬、癸），依其誕生之季節論其旺弱，對職業或股票投資而選用：春水性稍淫，再逢水或行水運有水難或色情之災，不然者災害。若見土制之則無憂矣。

*日元屬水，生於春天為休令。春水性濫滔淫，尚有崩堤之力，且有自溺之憂，喜火焚木而生土制其橫流之憂，忌金、水助其氾濫成災，故其喜神為火、土。忌金、水業。夏月之水常涸溫，故喜比肩之水或金生之，不宜見火，火多水熱常有損失災凶。

*日元屬水，生於夏天為囚令。夏水外實內虛時溺涸際，執性歸源，見木洩水之氣，見火生煞，水氣受脅，忌土多制源損水。故其喜神為金、水。忌木、火之業。秋月之水乃水母金旺之故，其子水能表裡增其光，再得金助之水能澄清，水被土淤塞不宜。逢水盛（盛極必動）心動不定，住所不定，故逢土初宜晚不佳。

*日元屬水，生於秋天為相令。秋水表裡光榮，氣勢旺盛，得金生之則清澄，火重則財旺，忌水多則有橫流氾濫之憂，故其喜神為金、火，少木。忌重土、水之業。冬月之水稱為專權之令有發達之道。見火稱好命，乃水遇

寒不流，故喜見火扶也。

＊日元屬水，生於冬天為旺令。冬水其勢得時，木盛為有情，火乃如雪中送炭，喜土以遏阻強水為堤，故其喜神為木、火、土。忌水之業。

以上乃每個人依其命理出生日干之五行元神所需之喜忌神演算與擇用。

喜神助您發大財！

提供「喜神地圖」，讓您馬上找到您的喜神幸運星。

按照步驟來，財神爺就在您身邊！

喜神助您發大財！喜神怎麼看？

發財喜神地圖順序：

1. 四季及農曆幾月生？
2. 日元—運用萬年曆查詢出生日的天干
3. 找到您的幸運喜神
4. 財神爺就在這裡

春天農曆一至三月出生的喜神

春天生的朋友，您的喜神就在這裡。春天農曆一月的元神找到了喜神：

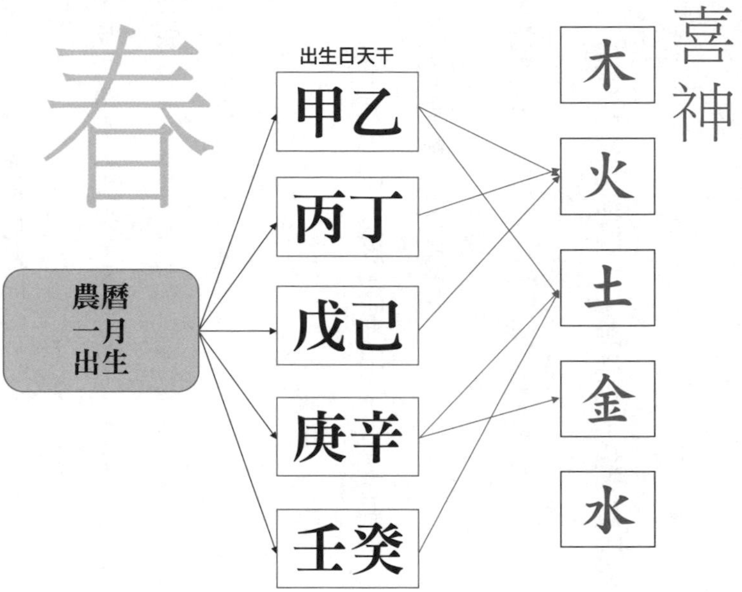

春天農曆二月的元神找到了喜神：

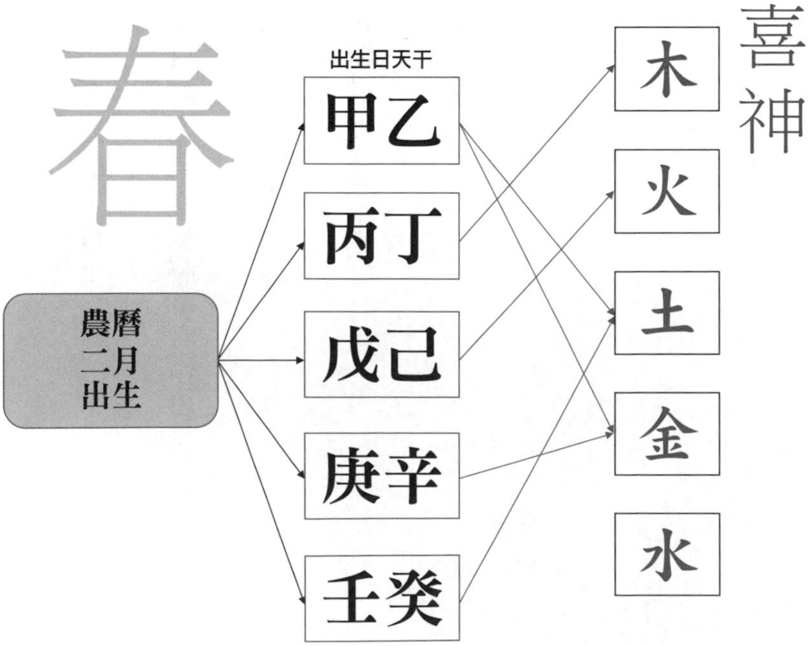

春天農曆三月的元神找到了喜神：

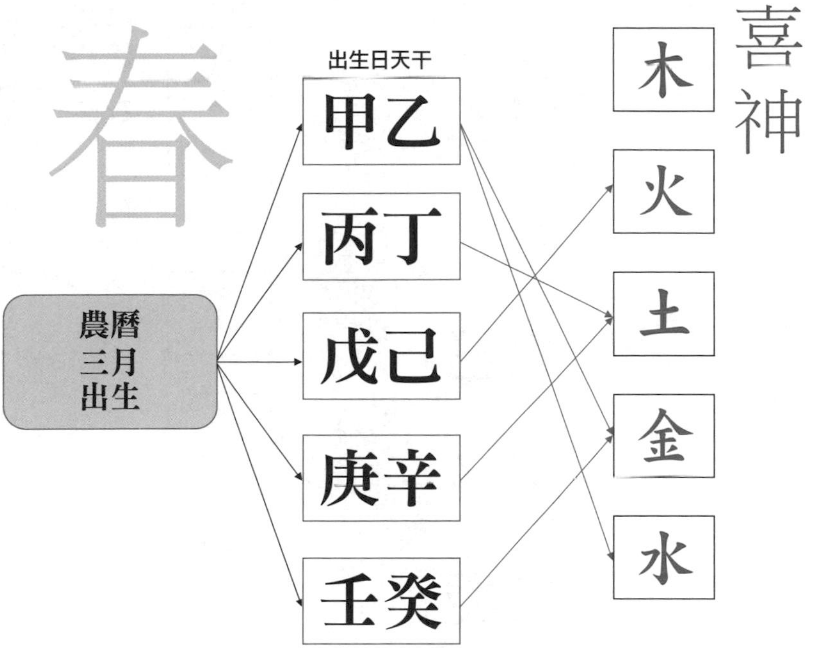

夏天農曆四至六月出生的喜神

夏天生的朋友，您的喜神就在這裡。夏天農曆四月的元神找到了喜神：

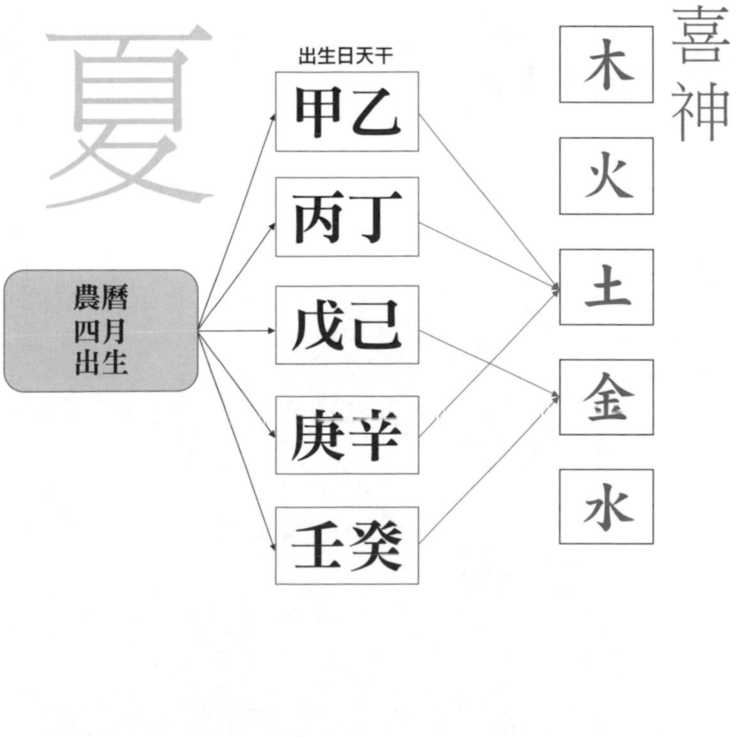

夏天農曆五月的元神找到了喜神：

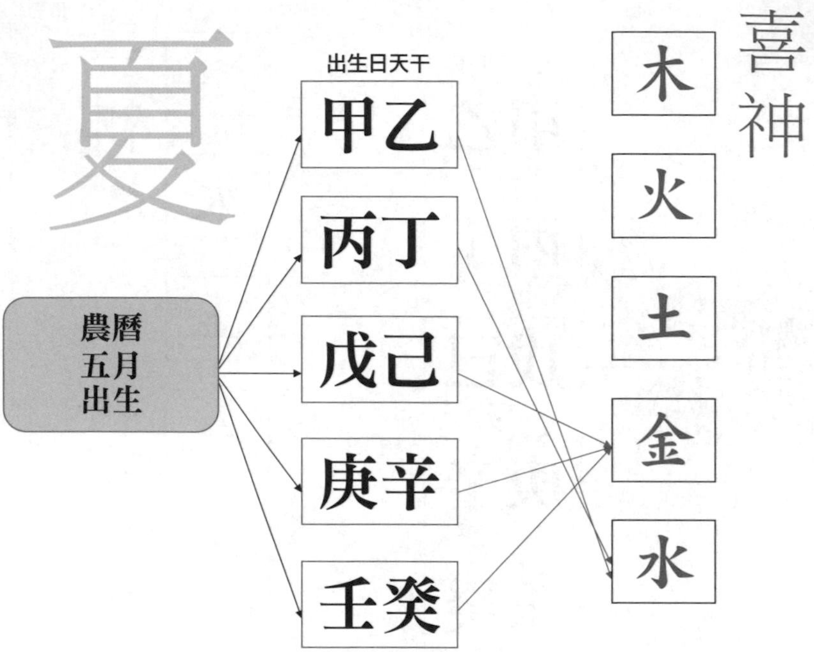

夏天農曆六月的元神找到了喜神：

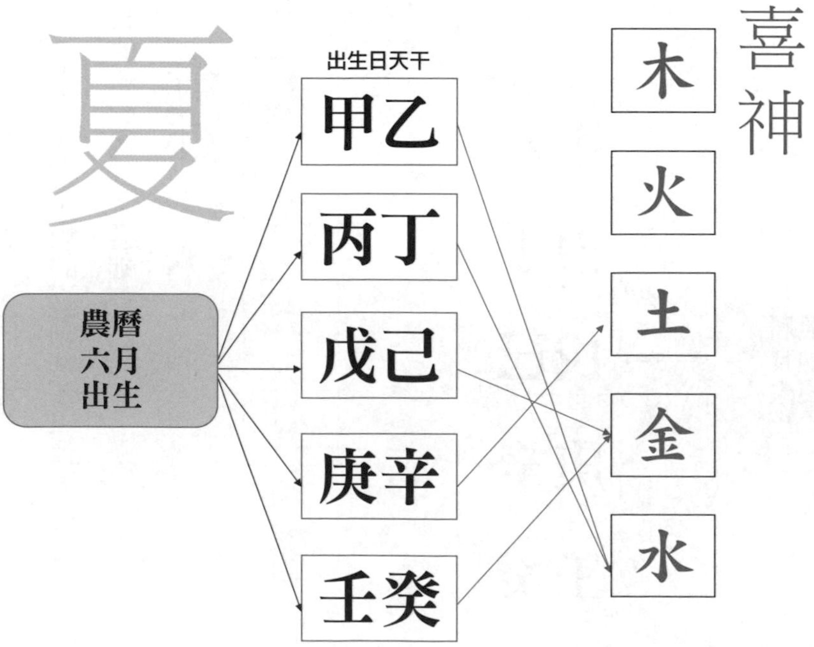

秋天農曆七至九月出生的喜神

秋天生的朋友，您的喜神就在這裡。秋天農曆七月的元神找到了喜神：

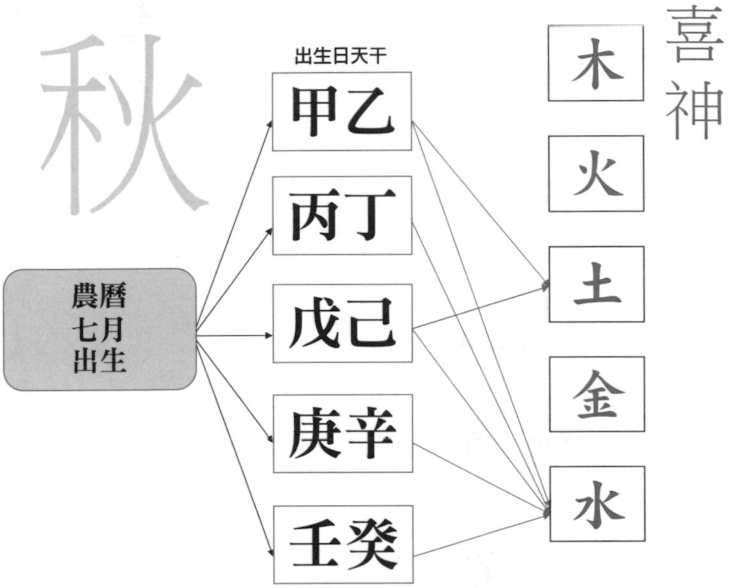

秋天農曆八月的元神找到了喜神：

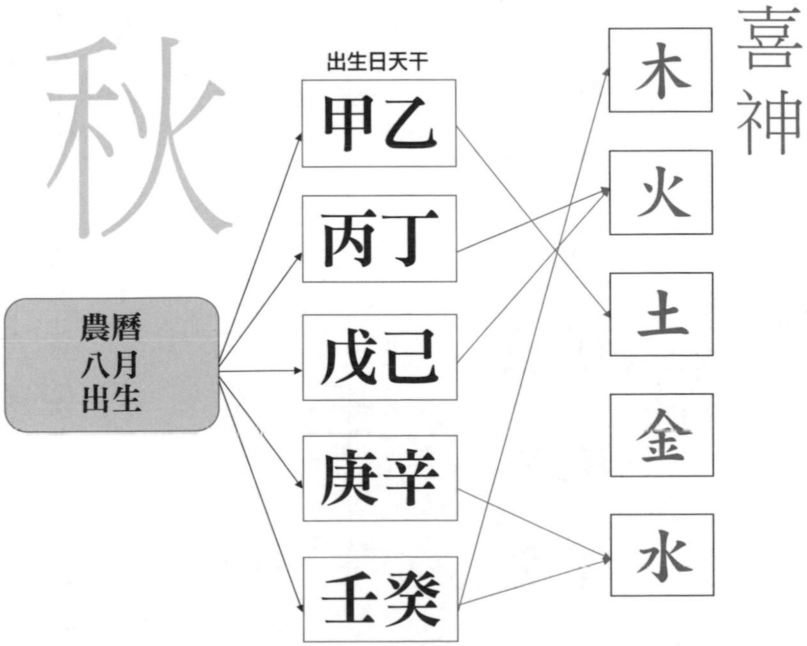

秋天農曆九月的元神找到了喜神：

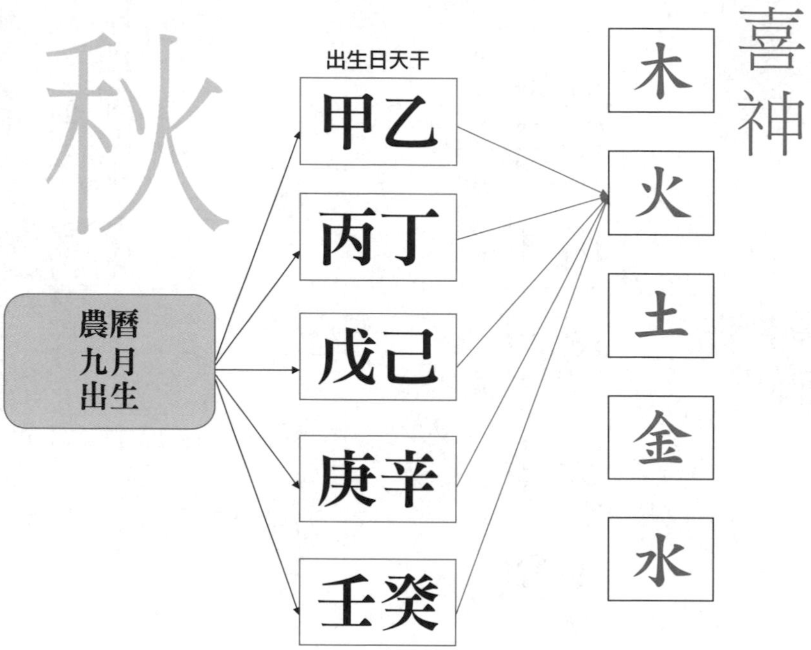

冬天農曆十至十二月出生的喜神

冬天生的朋友，您的喜神就在這裡。冬天農曆十月的元神找到了喜神：

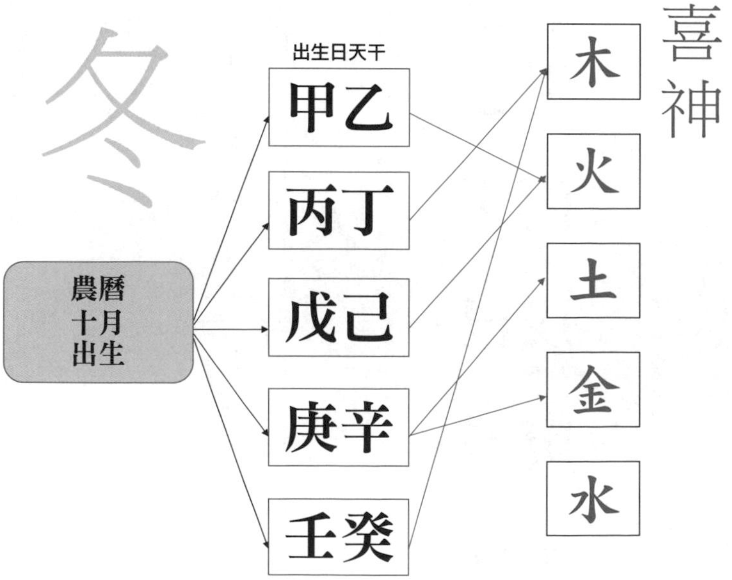

冬天農曆十一月的元神找到了喜神：

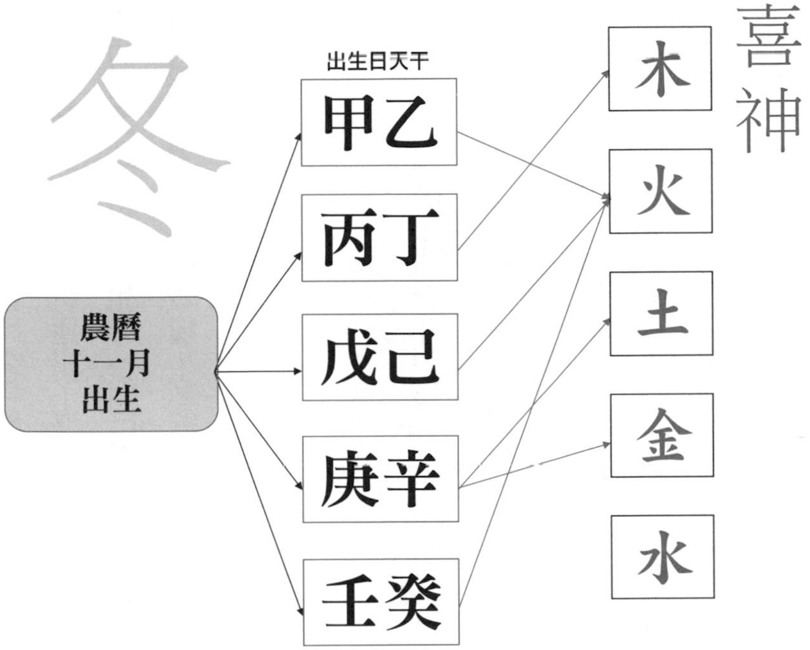

冬天農曆十二月的元神找到了喜神：

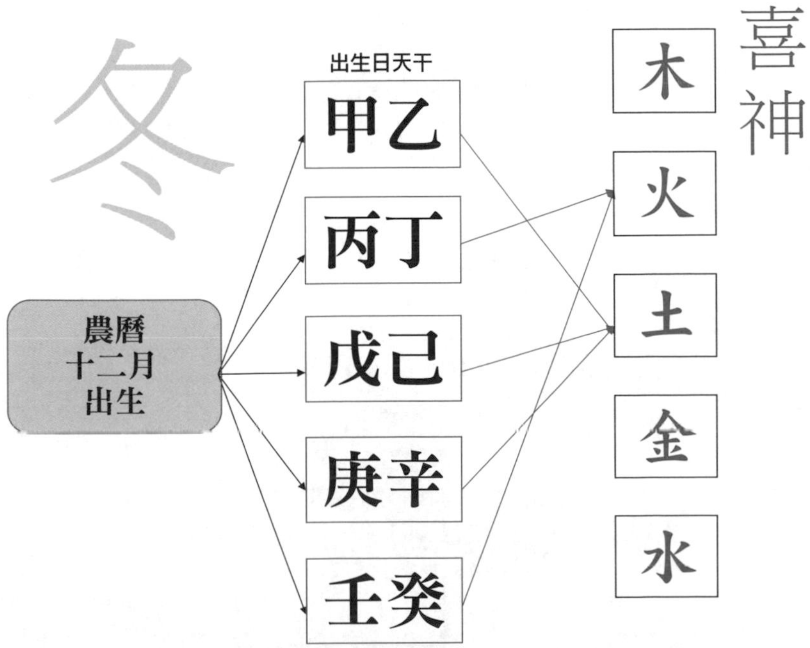

第二步驟中，透過紫微斗數找到了財神爺，知道了賺錢的對象；再運用了喜神，得知賺錢投資的產業別或類股。如今，您已經成功了一半；繼續完成第三及第四步驟，您的智富旅程，將帶您享受無憂無慮的幸福人生！

四、理財投資命盤實例解析

【實例一】股票市場實戶林先生命盤解析

命座天機、天梁化祿逢左右化科，身居天同太陰擎羊會，賭性堅強，尤其是逢左輔、右弼星辰相扶，顯示金錢週轉力極強。高低起伏，往往都在轉瞬間。

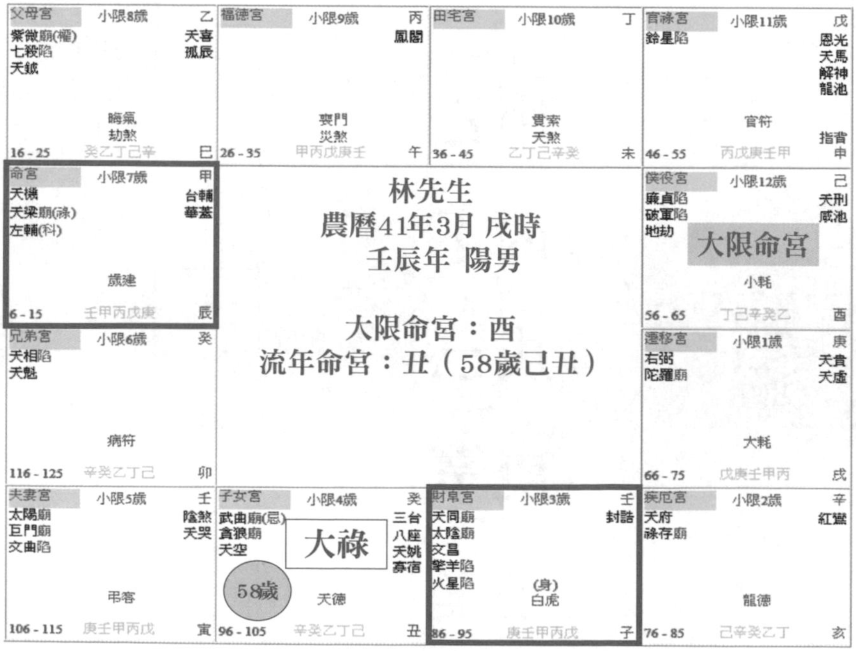

1. 大限在午（二十六～三十五歲），三合天同化大祿，於三十歲後投入股市，開始股票買賣操作。到三十三歲時獲利上億元。惟三十四歲流年逢大財忌，一年內虧損約六千萬。

2. 大限在未（三十六～四十五歲）無主星，對宮武曲化忌來沖。三合祿存府相逢天空、地劫星，為大起大落之吉凶運。

A. 民國七十六年，三十六歲，天相逢地劫，損失一千萬元。

B. 民國七十七年，三十七歲，機梁化雙祿權，獲利三千萬元。

C. 民國七十八年（己巳年），三十八歲，紫殺化權三合武曲化祿權，對宮天府祿存來照，主大吉，此年獲利一億元。

D. 民國七十九年（庚午年），三十九歲，流財位在寅巨門化大忌，對宮天同化權忌，太陰化大祿，先吉後凶。正月及二月獲利一億元。三月在午，三合雙忌來脅，損失約二億元。

3. 大限在酉（五十六～六十五歲），廉破三合武曲化大祿、紫殺化權。氣象換新財神登府，橫發資財。

A. 己丑年五十八歲，武曲化大祿及流年祿，此年獲利二千萬元。

B. 庚寅年五十九歲，太陽化流祿，此年獲利一千萬元。

由上例可獲知先天命理氣數之重要性，若能於事前獲知自己運勢的強弱，即可避開凶險，獲得更多的財富，創造更美滿的人生。

股票市場實戶林先生戰績：

勝

大限	年齡	獲利情形	損失情形	投資成績
午	26 ～ 35 歲	33 歲獲利 1 億	34 歲損失 6 千萬	40,000,000
未	36 ～ 45 歲	37 歲獲利 3 千萬 38 歲獲利 1 億	36 歲損失 1 千萬 39 歲損失 1 億	20,000,000 0
酉	56 ～ 65 歲	58 歲獲利 2 千萬 59 歲獲利 1 千萬		20,000,000 10,000,000
			總結算	約 NT$90,000,000

【實例二】股票市場實戶賴先生命盤解析

賴先生命宮在午，七殺逢擎羊為馬頭帶箭格。又逢天空相守（空入火宮則發），身宮又去地劫星，故其一生倍極辛勞。成功與失敗，往往在一瞬間，人生多精彩。

1. 大限在申（二十四～三十三歲），運行本命福德位，廉貞化雙忌，此限對婚姻須防易遭波動，故於戊辰年三十三歲離婚。
2. 大限在酉（三十四～四十三歲），文曲、天鉞相守，對宮機巨化權忌相脅（斗經云：限行機巨必有憾事），故於此限須防事業易有重大之變動。

甲戌年三十九歲，歲行破軍，太陽化流忌入大限官祿位，構成大限三合忌，故於此年由於投資錯誤，虧錢纍纍，造成事業破敗。

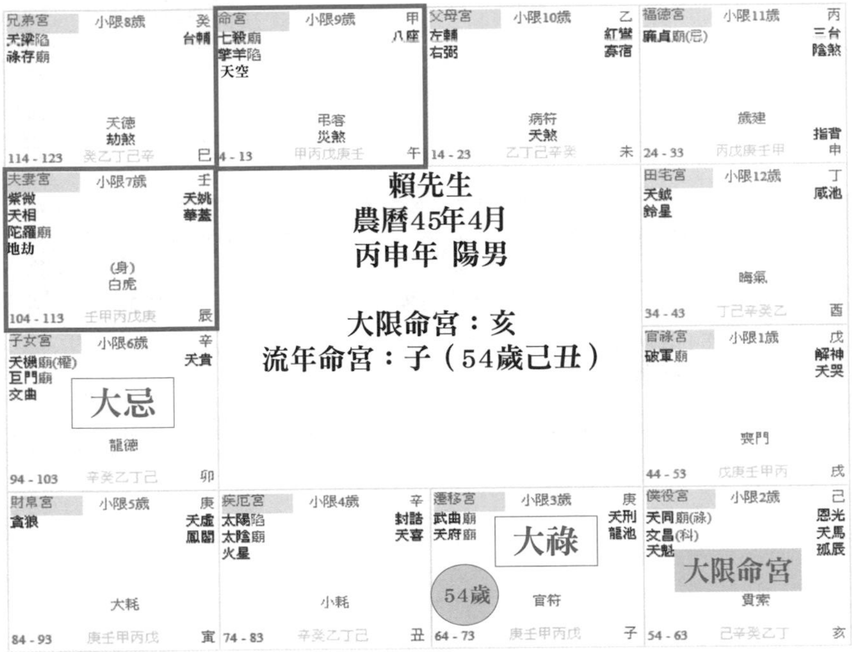

3. 大限在戌（四十四～五十三歲），破軍行三合殺破狼之運。十年浮沉不定，時好時壞，慘淡經營，從事房地產買賣與股票投資，均未能順暢獲利。

丁亥年五十二歲，天同化祿三合機巨化雙忌，此年投資股票賠了二千萬。

4. 大限在亥（五十四～六十三歲），天同化祿、三合科權眾吉相扶，氣象換新。

己丑年五十四歲，適逢時機（房地產景氣榮升），財神登府，橫發貲財，獲利一億。

庚寅年五十五歲，投資股票於年中獲利一千萬。

股票市場實戶賴先生戰績：

勝

大限	年齡	獲利情形	損失情形	投資成績
午	34 ～ 43 歲		虧錢纍纍	0
未	44 ～ 53 歲		52 歲損失 2 千萬	-20,000,000
酉	54 ～ 63 歲	54 歲獲利 1 億 55 歲獲利 1 千萬		100,000,000 10,000,000
			總結算	約 90,000,000

【實例三】股市市場實戶王先生命盤解析

王先生命宮在丑，天同化忌巨門逢左右、天魁眾吉相扶，可惜逢天空相雜，財帛宮又為擎羊相脅。從事製作模具專技工作，辛苦進財。省吃儉用，到了中年，好不容易儲蓄二百多萬，投入股票買賣投資。

1. 大限在辰（三十六～四十五歲）七殺守限，三合殺破狼。主此限內易得偏財七殺，屬房地產或股票投資財。

A. 壬午年四十三歲，歲行紫微對宮貪狼化大財祿來照，此年股票投資獲利一百萬。

B. 癸未年四十四歲，天鉞陀羅對宮天同化雙忌來沖，此年投資股票損失四十萬元。

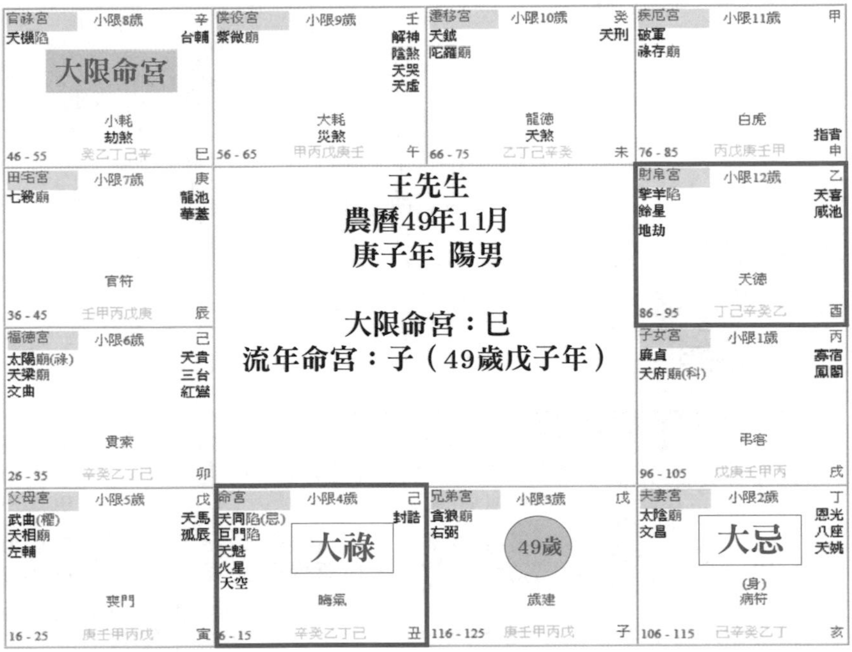

C. 甲申年四十五歲，破軍逢祿存，財帛位七殺相守，此年股票投資獲利九十萬。

2. 大限在巳（四十六～五十五歲），天機三合天同化忌、巨門化大祿，主此限較不適合投資理財。

A. 乙酉年四十六歲，擎羊逢相脅，此年投資股票損失八十萬元。

B. 丙戌年四十七歲，廉貞天府，天同化流祿，與巨門化大祿入大限財帛位，此年股票投資獲利七十萬。

C. 丁亥年四十八歲，太陰化流祿三合祿忌相雜。此年股票投資獲利十萬。

D. 戊子年四十九歲，貪狼逢天空相脅，此年投資股票損失九十萬元。

E. 己丑年五十歲，天同化忌、巨門化大祿，此年患鼻咽癌化療。

F. 庚寅年五十一歲，武相化小忌，構成所有父疾線化忌的十面埋伏，於農曆十二月二十四日因心肌梗塞死亡。

股票市場實戶王先生戰績：

勝

大限	年齡	獲利情形	損失情形	投資成績
辰	36 ～ 45 歲	43 歲獲利 1 百萬 45 歲獲利 90 萬	44 歲損失 40 萬	600,000 900,000
巳	46 ～ 55 歲	47 歲獲利 70 萬 48 歲獲利 10 萬	46 歲損失 80 萬 49 歲損失 90 萬	-900,000 600,000
			總結算	NT$600,000

【實例四】商界股市實戶劉小姐命盤解析

劉小姐命在寅宮無主星、地劫相脅，身宮巨日化權逢天空。命宮自化忌，夫妻宮又化忌入命宮，則主婚姻不美。

1. 大限在巳（三十二~四十一歲）天府天鉞相守，巨門化大忌入本命遷為大限子田。貪狼化忌入大限福德位，主此限婚姻不利。

A. 辛巳年三十九歲，貪狼化雙忌及文昌化流忌入財福，巨門化大忌入子田，此年離婚。

B. 壬午年四十歲，同陰化大祿，此年投資股票獲利六十萬。

C. 癸未年四十一歲，貪狼化雙忌，此年投資股票損失三十萬。

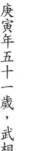

<table>
<tr>
<td>田宅宮 小限9歲 丁
天府 封誥
天鉞 孤辰
喪門
32 - 41 癸乙丁己辛 巳</td>
<td>官祿宮 小限8歲 戊
天同陷 天喜
太陰陷(科)
大限命宮
貫索
42 - 51 甲丙戊庚壬 午</td>
<td>僕役宮 小限7歲 己
武曲廟 龍池
貪狼廟(忌) 鳳閣
文曲廟 華蓋
文昌
左輔
右弼
大祿
官符
52 - 61 乙丁己辛癸 未</td>
<td>遷移宮 小限6歲 庚
太陽 陰煞
巨門廟(權)
天空
大財忌
(身)
小耗
劫煞
62 - 71 丙戊庚壬甲 申</td>
</tr>
<tr>
<td>福德宮 小限10歲 丙
天姚
晦氣
22 - 31 壬甲丙戊庚 辰</td>
<td colspan="2" rowspan="2">劉小姐
農曆52年1月 卯時
癸卯年 陰女

大限命宮：午
流年命宮：亥（44歲丁亥年）</td>
<td>疾厄宮 小限5歲 辛
天相陷 台輔
天虛
大耗
災煞
72 - 81 丁己辛癸乙 酉</td>
</tr>
<tr>
<td>父母宮 小限11歲 乙
廉貞陷 天哭
破軍陷(祿)
天魁
歲建
12 - 21 辛癸乙丁己 卯</td>
<td>財帛宮 小限4歲 壬
天機 解神
天梁廟
大忌
龍德
天煞
82 - 91 戊庚壬甲丙 戌</td>
</tr>
<tr>
<td>命宮 小限12歲 甲
地劫 三台
病符
2 - 11 庚壬甲丙戊 寅</td>
<td>兄弟宮 小限1歲 乙
擎羊廟 天貴
鈴星 恩光
寡宿
弔客
112 - 121 辛癸乙丁己 丑</td>
<td>夫妻宮 小限2歲 甲
祿存廟 八座
火星陷 天刑
紅鸞
咸池
天德
102 - 111 庚壬甲丙戊 子</td>
<td>子女宮 小限3歲 癸
紫微廟 天馬
七殺陷
陀羅陷
44歲
白虎
指背
92 - 101 己辛癸乙丁 亥</td>
</tr>
</table>

2. 大限在午（四十二～五十一歲）天同太陰化科相守，天機化大忌入本命財帛位為大限夫官線，太陽化大財忌入大財位。主此十年投資不利，須防破損失敗。

A. 甲申年四十二歲，太陽化流忌，此年股票投資損失八十萬元。

B. 丙戌年四十三歲，天機化大忌，天同化流祿入大限命宮，此年購屋搬遷。

C. 丁亥年四十四歲，紫殺三合雙祿，此年開設公司。股票投資獲利六十萬。

D. 戊子年四十五歲，祿存三合太陽化大財忌，此年股票投資損失五十萬元。

E. 己丑年四十六歲，擎羊鈴星，對宮貪狼化忌

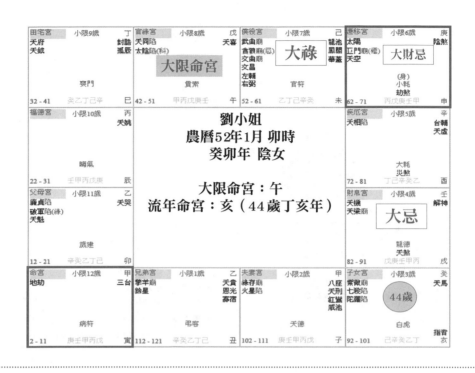

來沖，此年事業結束，股票投資損失九十萬元。

F. 庚寅年四十七歲，三合天同化忌，對宮大財忌來沖，此年股票投資損失六十萬元。

商界實例劉小姐戰績：敗

大限	年齡	獲利情形	損失情形	投資成績
巳	32 ～ 41 歲	40 歲獲利 60 萬	41 歲損失 30 萬	300,000
午	42 ～ 51 歲	44 歲獲利 60 萬	42 歲損失 80 萬 45 歲損失 50 萬 46 歲損失 90 萬 47 歲損失 60 萬	-2,200,000
			總結算	NT$-1,900,000

【實例五】房產市場實戶游小姐命盤解析

游小姐命宮在申，七殺左輔逢鈴星，為七殺朝斗格，女中豪傑。

1. 大限在亥（三十五~四十四歲）太陽化大權，對宮巨門化生年忌（遷移化忌亦為驛馬忌）及大祿，故易有遠行之象。

A. 乙亥年三十九歲，帶小孩移民到澳洲求學。

B. 丙子年四十歲，天同化祿入子田，購置住宅並投資房地產。

C. 己卯年四十三歲，賣出購置之房地產獲利一千萬，並換新屋（搬遷）。

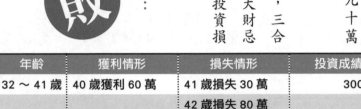

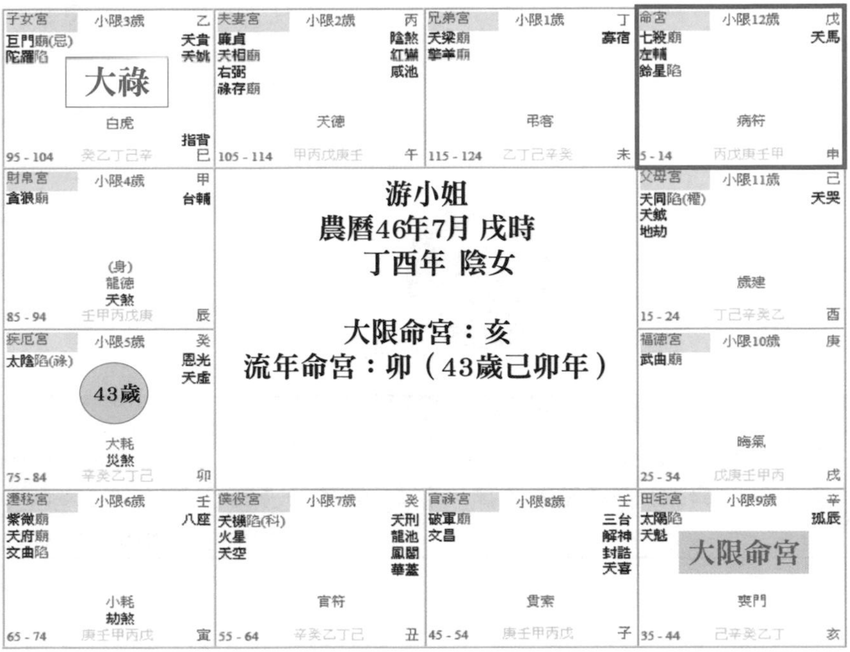

2. 大限在子（四十五～五十四歲）破軍，武曲化大忌入本命福德。大僕位巨門化生年忌（夫妻之疾厄），此限需防配偶災疾。

A. 丙戌年五十歲，武曲化大忌，三合廉貞化流忌相脅，自四十三歲換房子後，家宅就一直不安寧，所從事的房地產也賠錢賣出，虧損三千萬。

B. 丁亥年五十一歲太陽三合雙祿，此年投資房地產與股票賺一千萬元。

C. 戊子年五十二歲破軍文昌，貪狼化祿入流官，投資股票獲利十萬元。

D. 庚寅年五十四歲紫府三合武曲化大忌，天同化流忌入大限子田，此年配偶因病死亡。股票投資亦不順。

房產市場實戶游小姐戰績：

敗

大限	年齡	獲利情形	損失情形	投資成績
亥	35～44 歲	43 歲獲利 1 千萬		10,000,000
子	45～54 歲	52 歲獲利 10 萬	50 歲損失 3 千萬	-19,900,000
			總結算	-NT$9,900,000

【實例六】房產市場實戶洪先生命盤解析

洪先生命宮在子，廉貞天相右弼三合文曲化科，為人多才多藝。從事電腦工程。夫妻宮文昌化忌逢擎羊鈴星，宮干戊天機化忌入疾厄，故而未婚。

1. 大限在戌（二十五~三十四歲），貪狼化大祿逢文昌化忌，羊鈴相雜，文昌化大僕忌入限。主此限易遭受騙破財。

A. 己巳年二十九歲，太陽化權逢太陰化大權，此年投資股票獲利二百萬。

B. 庚午年三十歲，破軍逢貪狼化大祿，此年投資股票放空獲利一百萬。

C. 辛未年三十一歲，天機化大忌，受騙參與傳銷靈骨塔購二百萬元套牢。

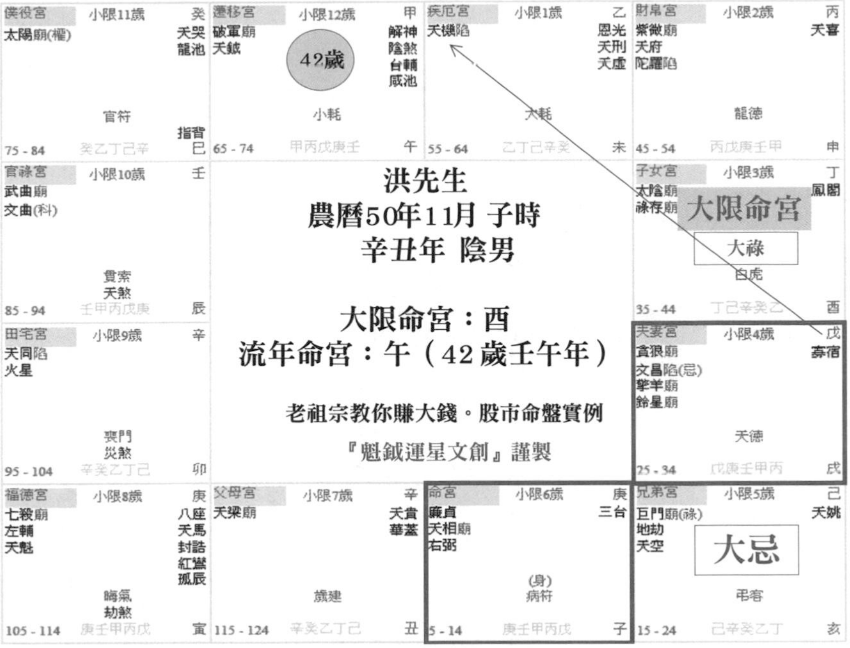

D. 壬申年三十二歲，紫府三合武曲化流忌，此年投資股票損失一百萬。

2. 大限在酉（三十五~四十四歲），太陰化大祿逢祿存，主此限內利於投資理財。

A. 乙亥年三十五歲，巨門化大忌逢空劫，此年投資股票損失一百萬。

B. 戊寅年三十八歲，七殺逢左輔，此年投資股票獲利八十萬。

C. 己卯年三十九歲，天同三合巨門化大忌，此年投資股票損失五十萬。

D. 庚辰年四十歲，武曲三合紫府，此年投資股票獲利六十萬。

E. 辛巳年四十一歲，太陽化權、三合太陰化大祿，投資股票獲利一百萬。

F. 壬午年四十二歲破軍，流田太陰化大祿，此年購買新房。

3. 大限在申（四十五～五十四歲），紫府三合廉貞化大忌，主此限不宜投資創業。

A. 丙戌年四十六歲貪狼逢文昌化忌，此年開設餐館。

B. 庚寅年五十歲七殺左輔，此年因經營餐館賠錢，故而結束營業。

房產市場實戶洪先生戰績：

大限	年齡	獲利情形	損失情形	投資成績
戊	25 ～ 34 歲	29 歲獲利 2 百萬 30 歲獲利 1 百萬	31 歲套牢 2 百萬 32 歲損失 1 百萬	0
酉	35 ～ 44 歲	38 歲獲利 80 萬 40 歲獲利 60 萬 41 歲獲利 130 萬	35 歲損失 1 百萬 39 歲損失 50 萬	1,200,000
			總結算	NT$1,200,000

勝

【實例七】協助經營服飾林小姐命盤解析

林小姐命宮在卯，天相天魁相守。斗數骨髓賦：「天府天相，乃衣祿之神，女命旺夫益子命必榮」。林小姐結婚後，協助先生從事服飾事業經營，橫發資財。

1. 大限在午（三十二～四十一歲），同陰化科三合太陽巨門化權，大限田宅破軍化祿，此限購買廠房，搬遷。時運轉換，橫發資財。

A. 丁卯年三十五歲，天相天魁，太陰化祿入大限命遷為流年子田，此年購買廠房、搬遷。投資股票獲利三百萬。

B. 己巳年三十七歲，紫殺逢左輔三合雙祿，此年拓展國外市場，營運大幅成長。投資股票獲利五百萬。

<table>
<tr>
<td>福德宮 小限3歲 丁
紫微廟
七殺陷
左輔
天鉞
天馬
鳳閣
歲建
指背
22 - 31 癸乙丁己辛 巳</td>
<td>田宅宮 小限2歲 戊
大限命宮
台輔
咸池
晦氣
32 - 41 甲丙戊庚壬 午</td>
<td>官祿宮 小限1歲 己
喪門
42 - 51 乙丁己辛癸 未</td>
<td>僕役宮 小限12歲 庚
解神
孤辰
貫索
52 - 61 丙戊庚壬甲 申</td>
</tr>
<tr>
<td>父母宮 小限4歲 丙
天機
天梁廟
文曲
大忌
恩光
天喜
寡宿
病符
12 - 21 壬甲丙戊庚 辰</td>
<td colspan="2" rowspan="2">林小姐
農曆42年2月 子時
癸巳年 陰女

大限命宮：午
流年命宮：酉（41歲癸酉年）</td>
<td>遷移宮 小限11歲 辛
廉貞陷
破軍陷(祿)
右弼
41歲
龍池
官符
62 - 71 丁己辛癸乙 酉</td>
</tr>
<tr>
<td>命宮 小限5歲 乙
天相陷
天魁
火星
(身)
弔客
2 - 11 辛癸乙丁己 卯</td>
<td>疾厄宮 小限10歲 壬
文昌陷
鈴星廟
天貴
天刑
紅鸞
小耗
72 - 81 戊庚壬甲丙 戌</td>
</tr>
<tr>
<td>兄弟宮 小限6歲 甲
太陽廟
巨門廟(權)
八座
天姚
封誥
天德
112 - 121 庚壬甲丙戊 寅</td>
<td>夫妻宮 小限7歲 乙
武曲廟
貪狼廟(忌)
擎羊廟
大祿
天哭
華蓋
白虎
102 - 111 辛癸乙丁己 丑</td>
<td>子女宮 小限8歲 甲
天同廟
太陰廟(科)
祿存廟
三台
陰煞
龍德
92 - 101 庚壬甲丙戊 子</td>
<td>財帛宮 小限9歲 癸
天府
陀羅陷
地劫
天空
天虛
大耗
82 - 91 己辛癸乙丁 亥</td>
</tr>
</table>

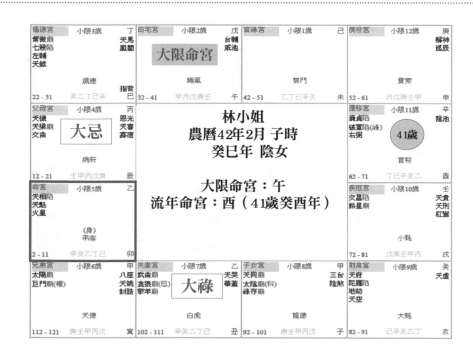

C. 庚午年三十八歲，同陰化忌，此年投資股票損失四百萬。

D. 癸酉年四十一歲，廉貞破軍化雙祿，此年購買豪宅。

2. 大限在申（五十二～六十一歲）無主星，天同化大忌入本命子女宮，為大限氣數位。此限需防婦女方面之疾病。

A. 戊子年五十六歲，天同化大忌，天機化流忌入本命父疾線，患婦疾開刀。

B. 庚寅年五十八歲，太陽化祿權，投資股票獲利二百萬。

協助經營服飾林小姐戰績：

勝

大限	年齡	獲利情形	損失情形	投資成績
午	32 ～ 41 歲	35 歲獲利 3 百萬 37 歲獲利 5 百萬	38 歲損失 4 百萬	4,000,000
申	52 ～ 61 歲	58 歲獲利 2 百萬		2,000,000
			總結算	NT$6,000,000

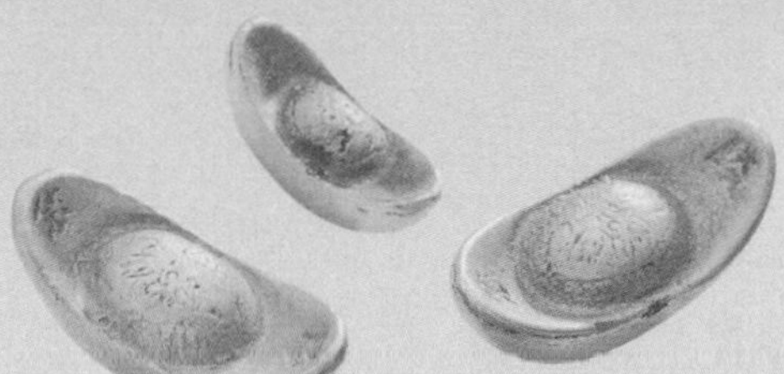

第四章

拼錢要訣三：認知自己財運好壞的時機點

一、先天財運好壞怎麼看？

財運好壞有所謂先天與後天，先天財運好壞怎麼看？「我是不是理財投資的料？」可以從紫微斗數命盤的財帛宮及田宅宮來觀察。財帛宮主進財強弱，進財是否順利？還是艱辛？田宅宮主財庫，攻城容易、守城難，能夠觀察財庫是否可以堅守。

先天財運好壞怎麼看？

紫微斗數命盤中，直接先看表面上的財帛宮好不好。

財帛宮一般主進財，我用什麼來進財、取財？進財取財難易程度如何？有財也需要有庫，不然像是老鼠咬布袋，布袋破洞漏財。紫微斗數命盤觀看財運，就是要看財帛宮與田宅宮。

認知財運好壞時機

- 先天財運好壞怎麼看？
- 財宅宮裡喜歡什麼星？
- 財宅宮裡忌諱什麼星？
- 後天財運好壞怎麼看？
- 財運優劣怎麼排列基準圖？
- 紫微斗數四化飛星訣

先天財運好壞怎麼看？

【僕役宮】	【遷移宮】	【疾厄宮】	【財帛宮】 主進財
【官祿宮】	無財無庫、 有財無庫、	無財有庫、 有財有庫。	【子女宮】
【田宅宮】 主財庫			【夫妻宮】
【福德宮】	【父母宮】	【命宮】	【兄弟宮】

【無財無庫】財帛宮不好，田宅宮也不好，沒有財也沒有庫，什麼都沒有，正所謂先天不足，只好靠後天調理了。

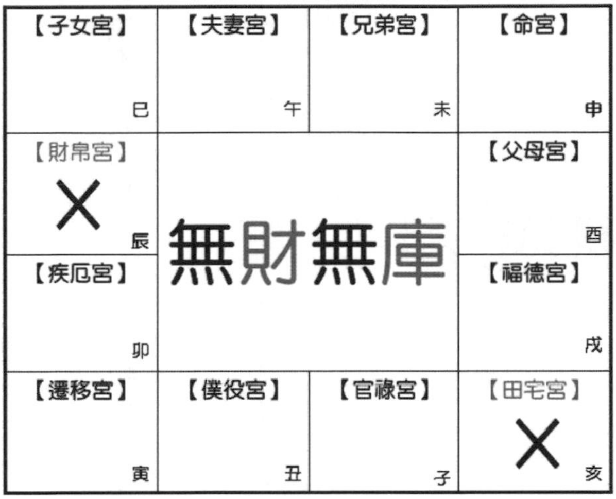

【無財有庫】財帛宮不好，但是田宅宮很好。這種情形很多，最後勝利者也通常是此類型人，安分守己之人。每天工作賺錢、存錢，積少成多、聚沙成塔，存到有房又有車。當然關鍵還是要看個性的，個性不同，當然結果不同。

【有財無庫】這種人最多，很會賺錢，有了錢但是守不住。總是存有僥倖之心，認為錢沒了可以再賺，孰不知人的時運並非時時如意。

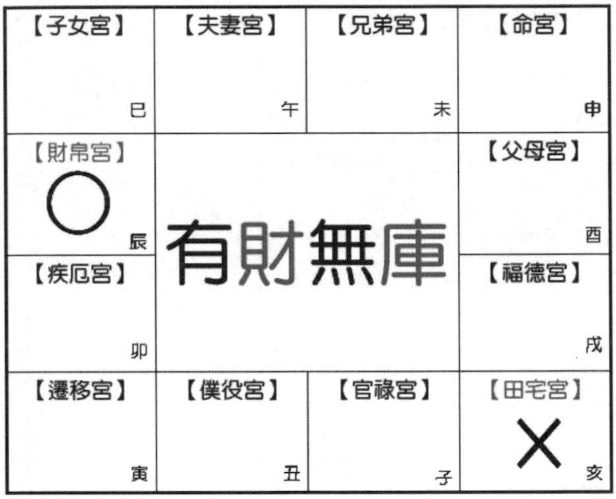

【有財有庫】有財有庫當然最好，又會賺又會守，當屬理財勝利者。

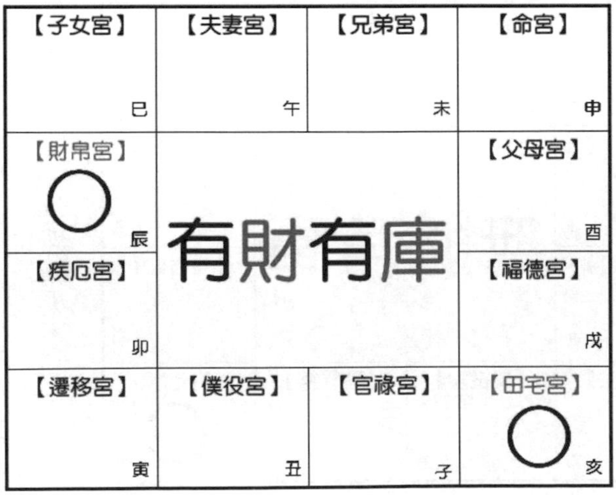

但是，天底下沒有十全十美的事。通常很會賺錢的人大都不會守財，很會守財的人又不太

會賺錢，這是人性上的落差，紫微斗數也道盡了這些差異點，更反應出成功必須先克服自己！既然如此，我們就要讓自己有財有庫，克服盲點！怎麼克服呢？想知道怎麼克服？一定要繼續看下去。

財帛宮、田宅宮裡喜歡的星宿

財帛宮、田宅宮裡喜歡什麼星？

武曲星：正財星，事業財
天府星：庫星，守財星
太陰星：財庫星，不動產
天梁星：偏財星，投機財
七殺星：偏財星，股票財
祿存星：正財星，守財奴
化祿星：愛財星，愛賺錢
擎羊星：偏財星，易橫破
陀羅星：偏財星，易橫破
貪狼＋化祿權＋火鈴星：橫發橫破

財帛宮與田宅宮喜歡什麼星宿呢？要知道財運好不好？到底財帛宮與田宅宮要配合什麼樣的組合才是最有利？如何又是最不利？我們要很清楚自己的弱點，才能知己知彼，予以克服。先天不足，後天尚有機會！

◆「武曲星」為紫微斗數所有星宿中的正財星，錢財來自於穩定正財的管道，通常是事業財，從創業或工作上所取得的錢財。

◆「天府星」為帝后星，為守財星、財庫星，錢財源自積蓄所得來的財富。

◆「太陰星」為田宅主，屬於財庫星、不動產，財宅宮有太陰星者，大多早年就能購置不動產，甚至以房養房。

◆「天梁星」：命宮、財帛宮、田宅宮有天梁星，通常有投機財，偏財運頗佳。

◆「七殺星」：命宮、財帛宮、田宅宮有七殺星，屬於偏財、股票財。

◆「祿存星」：為正財星，屬於積少成多的守財奴，比較會守財，不太懂得享受。所以能守住錢財，十足的守財奴。

◆「化祿星」：為進財星，愛賺錢，以賺錢為樂。

◆「擎羊星」、「陀羅星」、「貪狼＋化祿權＋火星或鈴星」：這三個組合都是偏財星，橫發橫破，即是煞星偏財易破。難道煞星都不好嗎？其實遭逢煞星會增加衝勁、好鬥。戰爭結局有兩種情況，一種是贏、一種是輸，所以煞星帶有偏財的靈動，通常是很特異的橫發跡象，忽然之間就發財了，成了暴發戶。但是，有煞星就會有傷害，所以很容易就破產了。貪狼雖不主財，可是當逢到化祿星，再加上火星或鈴星，屬橫發格，窮小子突然間發財了，這就是火貪格，橫發橫破的格局，必須想辦法守財。

先天好財運的實例：

民國出生年尾數為2（癸年生），命宮在辰位，破軍星座守。

這個實例反應出了好財運的格局：

1. 命宮有「化祿星」為進財星，愛賺錢，以賺錢為樂。

2. 財帛宮有「七殺星」，屬於偏財、股票財；「祿存星」正財星，穩定進財，屬於積少成多的守財奴，通常是比較會守財，不太懂得享受，所以能守住錢財，十足的守財奴。

先天好財運實例：

父母宮 巳	福德宮 午	田宅宮 太陽星 太陰星 未	官祿宮 申
命宮 破軍星(祿) 辰	民國出生年尾數「2」 命宮在辰位 破軍星座守		僕役宮 酉
兄弟宮 卯			遷移宮 戌
夫妻宮 寅	子女宮 丑	財帛宮 七殺星 祿存星 子	疾厄宮 亥

3. 田宅宮有「太陰星」田宅主，屬於財庫星、不動產，財宅宮裡面有太陰星的人，早年大多能購置不動產。

根據統計，此類命表的人鍾情賺錢，大多能在三十五歲前後購置不動產，且在股票市場有所嶄穫，理財上屬於英年早發的跡象。但是，此盤命宮因為是破軍星且化祿，故而個性衝動愛冒險。所以，此類人必須運用紫微斗數，掌握財運時機，做好風險管理，避免在財運不佳時，枉為犧牲者，遺憾終生。

羨慕嗎？倘若您先天並非這張命盤格局，後天也還是有發財機會，或是具有其它的理財助力星。如果財帛宮及田宅宮裡，總是找不到這些理財星，怎麼辦？先天失調，後天亦可調節，人生總是充滿生機的！好好運用這本書，確實執行四大步驟，人必勝天的理財達人就是您！

其他先天好財運的實例：

民國出生年尾數為1（壬年生），命宮在巳位，太陽星座守。

命宮太陽星廟旺活力十足，財帛宮天梁星化祿主偏財運佳，田宅宮紫微星、天府星為食祿萬鍾、衣食無缺，攻守自如、富貴可期。

先天好財運實例：

命宮 太陽星 巳	父母宮 午	福德宮 未	田宅宮 紫微星 天府星 申
兄弟宮 辰	民國出生年尾數「1」 命宮在巳位 太陽星座守		官祿宮 酉
夫妻宮 卯			僕役宮 戌
子女宮 寅	財帛宮 天梁星(祿) 丑	疾厄宮 子	遷移宮 亥

民國出生年尾數為2（癸年生），命宮在辰位，破軍星座守。

命宮破軍星化祿喜求財。財帛宮七殺星股票財，逢祿存星攻守自如。田宅宮太陽星、太陰星，太陰星為財庫星，守成無虞。有財有庫，其樂融融。

先天好財運實例：

父母宮 巳	福德宮 午	田宅宮 太陽星 太陰星 未	官祿宮 申
命宮 破軍星(祿) 辰	民國出生年尾數「2」 命宮在辰位 破軍星座守		僕役宮 酉
兄弟宮 卯			遷移宮 戌
夫妻宮 寅	子女宮 丑	財帛宮 七殺星 祿存星 子	疾厄宮 亥

民國出生年尾數為3（甲年生），命宮在寅位，廉貞星座守。

命宮廉貞星化祿喜求財，逢祿存星節儉持家，雙祿會命廣納財源。財帛宮紫微星、天相星穩定進財，田宅宮天同星有福蔭。

先天好財運實例：

田宅宮 天同星 巳	官祿宮 午	僕役宮 未	遷移宮 貪狼星 申
福德宮 辰	民國出生年尾數「3」 命宮在寅位 廉貞星座守		疾厄宮 酉
父母宮 卯			財帛宮 紫微星 天相星 戌
命宮 廉貞星(祿) 祿存星 寅	兄弟宮 丑	夫妻宮 子	子女宮 亥

民國出生年尾數為4（乙年生），命宮在卯位，天機星、巨門星座守。

命宮天機星、巨門星，天機星化祿喜求財，逢祿存星節儉持家，雙祿會命廣納財源。財帛宮天同星有福蔭，田宅宮七殺星長期投資可獲利。惟天機星化祿，難免為財傷神。

先天好財運實例：

福德宮 巳	田宅宮 七殺星 午	官祿宮 未	僕役宮 申
父母宮 辰	民國出生年尾數「4」 命宮在卯位 天機星巨門星座守		遷移宮 酉
命宮 天機星(祿) 巨門星 祿存星 卯			疾厄宮 戌
兄弟宮 寅	夫妻宮 丑	子女宮 子	財帛宮 天同星 亥

民國出生年尾數為5（丙年生），命宮在寅位，廉貞星座守。

命宮廉貞星智謀靈巧，財帛宮紫微星、天相星穩定進財，田宅宮天同星雙祿會，廣納財源、福德滿盈。惟命宮廉貞星化忌，謹防官司訴訟。

先天好財運實例：

田宅宮 天同星(祿) 祿存星 巳	官祿宮 午	僕役宮 未	遷移宮 貪狼星 申
福德宮 辰	民國出生年尾數「5」 命宮在寅位 廉貞星座守		疾厄宮 酉
父母宮 卯			財帛宮 紫微星 天相星 戌
命宮 廉貞星(忌) 寅	兄弟宮 丑	夫妻宮 子	子女宮 亥

民國出生年尾數為6（丁年生），命宮在卯位，太陰星座守。

命宮太陰星化祿喜求財，善理不動產。財帛宮太陽星，日月反背、勞碌進財。田宅宮逢祿存星節儉持家，可成為房地產投資達人。

先天好財運實例：

福德宮 巳	田宅宮 廉貞星 天相星 祿存星 午	官祿宮 未	僕役宮 申
父母宮 辰	民國出生年尾數「6」命宮在卯位 太陰星座守		遷移宮 酉
命宮 太陰星(祿) 卯			疾厄宮 戌
兄弟宮 寅	夫妻宮 丑	子女宮 子	財帛宮 太陽星 亥

民國出生年尾數為7（戊年生），命宮在酉位，紫微星、貪狼星座守。

命宮紫微星、貪狼星化祿喜求財，逢火（鈴）星構成火貪橫發格，一炮沖天、一鳴驚人。財帛宮武曲星為財星，逢祿存星經營有道、節儉持家。田宅宮天梁星增添偏財。惟火（鈴）星為煞星，富貴險中求，需防橫發橫破。

先天好財運實例：

財帛宮 武曲星 破軍星 祿存星 巳	子女宮 午	夫妻宮 未	兄弟宮 申
疾厄宮 辰	民國出生年尾數「7」命宮在酉位 紫微星貪狼星座守		命宮 紫微星 貪狼星(祿) 火(鈴)星 酉
遷移宮 卯			父母宮 戌
僕役宮 寅	官祿宮 丑	田宅宮 天梁星 子	福德宮 亥

民國出生年尾數為8（己年生），命宮在午位，紫微星座守。

命宮紫微星尊貴穩重，逢祿存星節儉持家。財帛宮武曲星為財星化祿，財源滾滾、源源不絕。田宅宮無主星借太陽星、天梁星，太陽星廟旺，天梁星增添偏財。

先天好財運實例：

兄弟宮 巳	命宮 紫微星 祿存星 午	父母宮 未	福德宮 申
夫妻宮 辰	民國出生年尾數「8」 命宮在午位 紫微星座守		田宅宮 酉
子女宮 太陽星 天梁星 卯			官祿宮 戌
財帛宮 武曲星(祿) 天相星 寅	疾厄宮 丑	遷移宮 子	僕役宮 亥

民國出生年尾數為9（庚年生），命宮在申位，七殺星座守。

命宮七殺星股票高手，逢祿存星節儉持家、穩紮穩打。財帛宮貪狼星，田宅宮太陽星化祿，投資進帳可獲利。惟太陽星弱陷，辛勞有成。

先天好財運實例：

子女宮 巳	夫妻宮 午	兄弟宮 未	命宮 七殺星 祿存星 申
財帛宮 貪狼星 辰	民國出生年尾數「9」 命宮在申位 七殺星座守		父母宮 酉
疾厄宮 卯			福德宮 戌
遷移宮 寅	僕役宮 丑	官祿宮 子	田宅宮 太陽星(祿) 亥

民國出生年尾數0（辛年生），命宮在午位，無主星借對宮天同星、太陰星座守。

命宮無主星界對宮天同星、太陰星，太陰星為財庫星，主不動產。財帛宮巨門星化祿主進財順暢，田宅宮祿存星守財。有財有庫、其樂融融。

先天好財運實例：

兄弟宮 巳	命宮 午	父母宮 未	福德宮 申
夫妻宮 辰	民國出生年尾數「0」 命宮在午位 無主星借天同 太陰星座守		田宅宮 廉貞星 破軍星 祿存星 酉
子女宮 卯			官祿宮 戌
財帛宮 太陽星 巨門星(祿) 寅	疾厄宮 丑	遷移宮 天同星 太陰星 子	僕役宮 亥

財帛宮、田宅宮裡忌諱的星宿

已經知道什麼星比較有助於理財，當然也要知道哪些星比較不利理財。財帛宮及田宅宮裡面通常忌諱：

財宅宮裡忌諱什麼星？
破軍星：破耗星，可建設
天空星：劫殺星，專劫財
地劫星：劫殺星，專劫財
擎羊星：偏財星，易橫破
陀羅星：偏財星，易橫破
火　星：偏財星，易橫破
鈴　星：偏財星，易橫破
化忌星：一切是非之引動

◆「破軍星」：這顆星不是不好，只是有破耗的靈動，所謂破耗是先破壞後建設；比方有祖產，祖產就得先敗掉，再發展置產。

◆「天空星」、「地劫星」：這兩顆星是專門劫財的，叫劫煞星。面對理財時，看到這兩顆星都要嚴陣以待，必破無疑。

◆「擎羊星」、「陀羅星」、「火星」、「鈴星」：上篇有提到，這些星有好的一面，也有壞的一面，所以在理財的時候，遇到這些組合都要很謹慎，錙銖必較，狀況如果不好的時候，一定要在破財前趕快踩煞車。

◆「化忌星」：這顆星是最重要，影響最大的。任何破財星都必須有化忌星，才會引動破財的靈動。

先天歹財運的實例：

民國出生年尾數為1（壬年生），命宮在申位，紫微星、天府星座守。

先天歹財運實例：

子女宮 巳	夫妻宮 午	兄弟宮 未	命宮 紫微星 天府星 申
財帛宮 武曲星(忌) 辰	民國出生年尾數「1」 財帛宮在辰武曲星化忌		父母宮 酉
疾厄宮 卯	子時出生 田宅宮在亥空劫星會入		福德宮 戌
遷移宮 寅	僕役宮 天梁星(祿) 丑	官祿宮 子	田宅宮 天空星 地劫星 亥

※ 子時為 23:00 ～ 00:59

這個實例反應出了歹財運的格局：

1. 命宮雖有「紫微星」、「天府星」帝王星與庫星會入，可惜財帛宮與田宅宮的星宿不美，恐怕是勞而無成，或是先有後無。

2. 財帛宮有「武曲星」逢「化忌星」。「武曲星」是紫微斗數所有星宿當中的正財星，正財星就是所有的錢財來自於穩定正財的管道，通常是事業財，從創業或工作上所取得的錢財。可惜正財星逢化忌星，「化忌星」會引動正財星遭是非而破財。

3. 田宅宮有「天空星」、「地劫星」。這兩顆星是專門劫財的，叫劫煞星。面對理財時，看到這兩顆星都要嚴陣以待，必破無疑。

根據統計，此類命表的人勤儉持家，充分發揮帝王與帝后運籌帷幄的優勢，攻守自如、進退有成。只可惜財帛宮武曲星化忌，且田宅宮天空、地劫星入，求財已不易，守財且更難。謀財得利後，必遭是非而破財，其由恐怕是因為僕役宮天梁星逢「化祿星」，代表人際自私圖利，使此盤為人受累而財源不守。

瞭解了先天命格如此時，您可以運用紫微斗數，掌握人際趨勢，做好風險管理，避免運勢氣數不佳時，枉為人作嫁而犧牲，猶如聞太師走入絕龍嶺、關羽大意失荊州，辜負一世英明。

民國出生年尾數為2（癸年生），命宮在申位，七殺星座守。

命宮七殺星，官祿宮破軍星化祿，事業進財甚豐，可惜財帛宮貪狼星化忌，代表進財不易或是糾紛不斷。田宅宮陀羅星代表家宅不寧，財庫易遭盜賊入侵或難以守成。進守皆難之窘，故不得不慎。

先天歹財運實例：

子女宮 巳	夫妻宮 廉貞星(祿) 天相星 午	兄弟宮 未	命宮 七殺星 申
財帛宮 貪狼星(忌) 辰	民國出生年尾數「2」 財帛宮在辰 貪狼星化忌		父母宮 酉
疾厄宮 卯			福德宮 武曲星 戌
遷移宮 寅	僕役宮 丑	官祿宮 破軍星(祿) 子	田宅宮 陀羅星 亥

民國出生年尾數為3（甲年生），命宮在申位，七殺星座守。

命宮七殺星，夫官線祿權會，財官雙美進財甚豐，可惜田宅宮太陽星陷地逢化忌，代表進財不易或是糾紛不斷，守財堪慮。

先天歹財運實例：

子女宮 巳	夫妻宮 廉貞星(祿) 天相星 午	兄弟宮 未	命宮 七殺星 申
財帛宮 貪狼星 辰	民國出生年尾數「3」 田宅宮在亥 太陽星化忌		父母宮 酉
疾厄宮 卯			福德宮 武曲星(科) 戌
遷移宮 寅	僕役宮 丑	官祿宮 破軍星(權) 子	田宅宮 太陽星(忌) 亥

民國出生年尾數為4（乙年生），命宮在寅位，天機星、太陰星座守。

命宮天機星逢化祿主智慧取財，卻也為財傷神，有錢煩惱、沒錢更煩惱。加上太陰星為財星化忌，祿忌同入成敗難斷。幸得田宅宮有天相星，若沒有逢煞星，尚可守成。

先天歹財運實例：

田宅宮 天相星 巳	官祿宮 天梁星(權) 午	僕役宮 未	遷移宮 七殺星 申
福德宮 辰	民國出生年尾數「4」 命宮在寅 祿忌星同入		疾厄宮 酉
父母宮 卯			財帛宮 天同星 戌
命宮 天機星(祿) 太陰星(忌) 寅	兄弟宮 丑	夫妻宮 子	子女宮 亥

民國出生年尾數為5（丙年生），命宮在戌位，武曲星座守。

命宮武曲星，財星入命主其人較有理財觀。財帛宮廉貞星化忌、天相星再逢擎羊星，這三顆星的組合構成「刑囚夾印」，化忌星引動為破格，容易在財務問題惹上官非訴訟。建議做好風險管理，運用命理推算個人氣數，以防惹禍；或借力使力，專聘法律顧問以降低風險。

先天歹財運實例：

疾厄宮 巳	財帛宮 廉貞星(忌) 天相星 擎羊星 午	子女宮 未	夫妻宮 申
遷移宮 辰	民國出生年尾數「5」 財帛宮在午 廉貞星化忌		兄弟宮 酉
僕役宮 卯			命宮 武曲星 戌
官祿宮 寅	田宅宮 天機星(權) 丑	福德宮 子	父母宮 亥

民國出生年尾數為6（丁年生），命宮在亥位，太陰星座守。

命宮太陰星，財星入命且逢化祿星，此格可謂是為財而生。可惜財帛宮天同星化權、巨門星化忌再逢擎羊血光之星，謂之惡勢力入侵，必須防範因財持刀，因財務遭逢強盜脅迫。低調做好風險管理，圖求平安。

先天歹財運實例：

遷移宮 天機星(科) 巳	疾厄宮 午	財帛宮 天同星(權) 巨門星(忌) 擎羊星 未	子女宮 申
僕役宮 辰	民國出生年尾數「6」 財帛宮在未 巨門星化忌		夫妻宮 酉
官祿宮 卯			兄弟宮 戌
田宅宮 寅	福德宮 丑	父母宮 子	命宮 太陰星(祿) 亥

民國出生年尾數為7（戊年生），命宮在丑位，武曲星、貪狼星座守。

命宮武曲星、貪狼星，命宮武曲財星、貪狼化祿星逢火星，構成火貪格有橫發跡象，行運一到即有暴發靈動。可惜田宅宮天機星化忌，橫發橫破之敗格。故而發財時，必須急流湧退，切勿貪心，否則必定破財。

先天歹財運實例：

官祿宮 巳	僕役宮 午	遷移宮 未	疾厄宮 申
田宅宮 天機星(忌) 天梁星 辰	民國出生年尾數「7」 田宅宮在辰 天機化忌		財帛宮 廉貞星 破軍星 酉
福德宮 卯			子女宮 戌
父母宮 寅	命宮 武曲星 貪狼星(祿) 火星 丑	兄弟宮 子	夫妻宮 亥

民國出生年尾數為8（己年生），命宮在丑位，紫微星、破軍星座守。

命宮紫微星、破軍星，逢文曲星化忌。財帛宮武曲財星化祿，官祿宮貪狼星化權，構成祿權會命格，財官雙美。可惜命宮文曲星化忌，恐遭逢桃花問題破財，成了火山孝子。故而宜養心性，切勿留戀聲色場所，否則必定破財。

先天歹財運實例：

官祿宮 貪狼星(權) 巳	僕役宮 午	遷移宮 未	疾厄宮 申
田宅宮 太陰星 辰	民國出生年尾數「8」 命宮在丑 紫微星破軍星 文曲星（忌）		財帛宮 武曲星(祿) 七殺星 酉
福德宮 卯			子女宮 戌
父母宮 寅	命宮 丑 紫微星 破軍星 文曲星(忌)	兄弟宮 子	夫妻宮 亥

民國出生年尾數為9（庚年生），命宮在丑位，太陽星、太陰星座守。

命宮太陽星、太陰星，命宮太陽星化祿、太陰星財星主不動產。田宅宮紫微星、天相星皆為穩定之星，代表可以守財，攻守皆宜。可惜財帛宮空宮無靠，夫妻宮天同星化忌，逢天空星及地劫星，恐因配偶拖累而破財，應做好規劃防範。

先天歹財運實例：

官祿宮 巳	僕役宮 午	遷移宮 未	疾厄宮 申
田宅宮 紫微星 天相星 辰	民國出生年尾數「9」 命宮在丑 太陽星太陰星		財帛宮 酉
福德宮 卯			子女宮 戌
父母宮 寅	命宮 太陽星(祿) 太陰星 丑	兄弟宮 子	夫妻宮 天同星(忌) 天空星地劫星 亥

擔心嗎？也許您先天類似以上的命盤格局，但是後天仍然有機會脫困。如何趨吉避凶、掌握先機？好好運用這本書，確實執行四大步驟，扭轉乾坤就是您！

好星、壞星都知道之後，便瞭解了自己先天的財運狀態。那後天的呢？人的一生當中，至少有一次、多則三次的機會，每個人的狀態不一樣。能不能夠抓住機會？抓住了，就能飛黃騰達；若錯失良機，能不能再來，就難以預測了！

二、後天財運好壞怎麼看？

有人會問說：「財運不好要怎麼辦？不要投資理財嗎？」知道先天在理財上對我不利時，

要怎麼辨？既然讀了這本書，學習了老祖宗的智慧，就要學會怎麼克服！所謂知命掌運，先天不足，知道先天的狀態不佳，後天就不能失調，要靠後天來補強。後天的補強方式有很多，我們會一一再做介紹。

要怎麼看後天的機會？也就是如何看行運？

一命、二運、三風水。先天命不好，無財無庫怎麼辨？尚有「運」可以把握，每個人一生中有一到三次好運的機會。如果運已經過了，沒有妥善運用，那就要靠風水彌補過去的不足，甚至還需加強。

既然有分先天與後天的際遇，後天的財運怎麼看好與壞就非常重要。

行運的變化會影響一生的財運，就像有人一輩子的財運不是很好，但是在某個十年或是某一年的財運特別好，抓住機會就可以扭轉人生。這本書就是要透過老祖宗的智慧，教您怎麼去抓住這個發財機會。所以，您必須了解行運好與壞的時程與操作方式。

查出自己的本命四化

各位開始做理財，學做預測，做財運的掌控，需要一本工具書，就是「萬年曆」，用它學習排列紫微斗數用神之化祿星及化忌星。

首先是「本命的四化」，從命表中找出命宮，本命的四化，就是這張「紫微斗數四化飛星訣」中最原始的四化（化祿、化權、化科、化忌），可由命宮上所標明的天干，對應出自己的化祿與化忌。天干是甲乙丙丁戊己庚辛壬癸，行運都是運用天干。因此，依據萬年曆查詢出生年的天干為何？本命的化祿星、化忌星，就是由萬年曆換算出來的。

萬年曆的查詢非常便利，可以調閱書籍、網路、手機。設定時間點查出出生年的天干，運用「紫微斗數四化飛星訣」換算得知祿忌關係，便可推測禍福吉凶。

紫微斗數四化飛星訣

天干	甲	乙	丙	丁	戊	己	庚	辛	壬	癸
化祿	廉貞	天機	天同	太陰	貪狼	武曲	太陽	巨門	天梁	破軍
化權	破軍	天梁	天機	天同	太陰	貪狼	武曲	太陽	紫微	巨門
化科	武曲	紫微	文昌	天機	右弼	天梁	天府	文曲	左輔	太陰
化忌	太陽	太陰	廉貞	巨門	天機	文曲	天同	文昌	武曲	貪狼

註：此圖表也同步於後摺頁方便您查詢。

◆本命四化化祿星入財宅宮（財帛宮、田宅宮）的實例：

民國66年出生（丁巳年生），命宮在申位，破軍星座守。

網路萬年曆

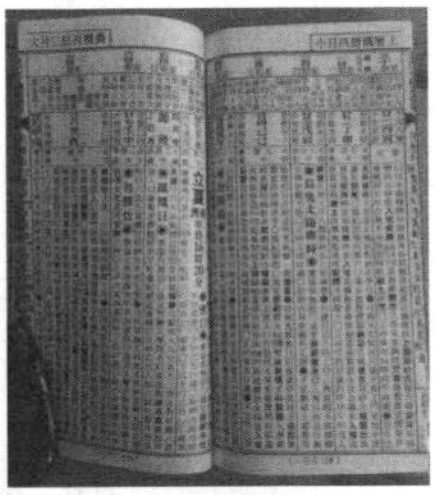

通書

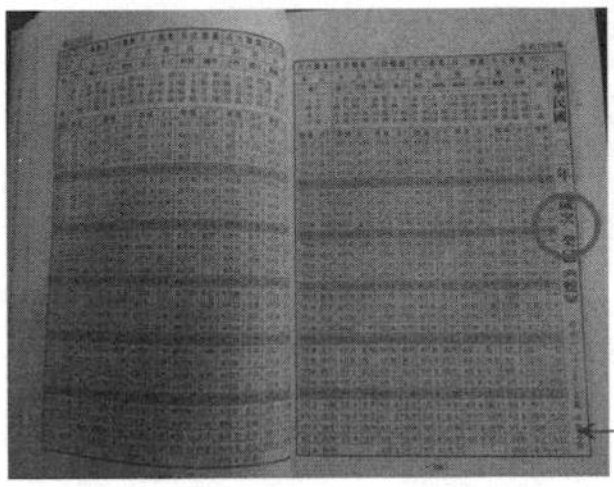

萬年曆書籍

天干	甲	乙	丙	丁
化祿	廉貞	天機	天同	太陰
化權	破軍	天梁	天機	天同
化科	武曲	紫微	文昌	天機
化忌	太陽	太陰	廉貞	巨門

紫微斗數四化飛星訣

本命四化排列實例：

<table>
<tr><td>子女宮
巳</td><td>夫妻宮
午</td><td>兄弟宮
未</td><td>命宮
破軍星
申</td></tr>
<tr><td>財帛宮
七殺星
辰</td><td colspan="2" rowspan="2">民國66年丁巳年生
田宅宮在亥
太陰星化祿</td><td>父母宮
酉</td></tr>
<tr><td>疾厄宮
卯</td><td>福德宮
戌</td></tr>
<tr><td>遷移宮
寅</td><td>僕役宮
巨門星(忌)
丑</td><td>官祿宮
子</td><td>田宅宮
太陰星(祿)
亥</td></tr>
</table>

民國六十六年出生，查閱萬年曆當年是丁巳年，天干為「丁」。配合四化飛星訣表（上圖），找出化祿星是太陰星、化忌星是巨門星。配合紫微斗數命盤，觀看本命的祿忌是否落入財帛宮或田宅宮？就會產生對理財正負二面的影響。

這個實例有化祿星入財宅宮的好財運格局：

1. 命宮有「破軍星」，雖為破耗之宿，卻能因為四化之祿星而安享富貴。
2. 財帛宮有「七殺星」，屬於偏財、股票財。
3. 田宅宮有「太陰星」田宅主，屬於財庫星，不動產，太陰星在亥位乃廟旺（晚上的月亮得助），化祿星催化早年能購置不動產而致富。

根據統計，此類命表的人能在三十五歲前後購置不動產，且在股票市場大有斬獲，在理財上屬於英年早發的跡象。

確實！本生年四化星的化祿星落入財宅宮，可以少奮鬥二十年；反之，化忌星落入財宅宮，則在理財上是非不斷，積蓄難成；必須步步為營，做好風險管理，以應萬變，免於老來鬱鬱寡歡。

◆本命四化化忌星入財宅宮（財帛宮、田宅宮）的實例：

民國66年出生（丁巳年生），命宮在巳位，天機星座守。

這個實例化忌星入財宅宮的歹財運格局：

1. 命宮有「天機星」，機月同梁格作吏人，主智慧、技術之才；非理財之能手。

本命四化排列實例：

【命宮】 天機星 巳	【父母宮】 午	【福德宮】 未	【田宅宮】 破軍星 申
【兄弟宮】 辰	民國66年丁巳年生 財帛宮在丑 巨門星化忌		【官祿宮】 酉
【夫妻宮】 卯			【僕役宮】 戌
【子女宮】 寅	【財帛宮】 巨門星(忌) 辛　丑	【疾厄宮】 庚　子	【遷移宮】 太陰星(祿) 亥

2. 遷移宮有「太陰星」化祿，庫星化祿得助；代表出外能有嶄獲而進財。

3. 財帛宮有「巨門星」，非財星，為是非之宿；逢「化忌星」引動是非而破財。

4. 田宅宮有「破軍星」，破耗之宿必敗祖，如有吉化同處，晚年尚能有所積蓄。

根據統計，此類命表的人，一生為求財勞頓而庸庸碌碌。命遷線（命宮與遷移宮連成一線）有化祿星入，出外或遠征總能進財，且收穫匪淺。但是財帛宮的巨門星化忌，造成錢財上的是非爭議不斷。依據命宮天機星的性格，終其一生必定為財而精神耗弱。

透過紫微斗數，認知星宿在各個相關宮位的影響，能夠知己知彼，認清自我的優劣。先天非善於理財之輩，則應該保守穩重，切忌高風險投機；以靜制動，選擇長期保本的儲蓄方式，如定期存款、保險等，田宅宮財庫若有吉化，亦可投資不動產，方能有所積蓄而安享晚年。

找出後天財運的方法

後天財運的好壞重點，要著眼於財帛宮跟田宅宮。

紫微斗數命盤雖然是一張平面的紙，但其實是活的，是會動的活盤，就像滿天星斗一樣，是會轉動的。若在命盤中間定個釘子轉動，十二宮位會隨之而變換位置。本命財帛宮本來是在這個位置，可是轉動到某個十年大限，財帛宮卻變成在另一個位置上，所以後天的財運，就是看十年或每年的財帛宮跟田宅宮狀況。

所謂的化祿星，有什麼祿是與理財有關係呢？有本生年化祿星、十年大限化祿星、每年流年及小限化祿星、大限財帛宮化祿星、大限僕役宮化祿星。

化忌星又有哪些呢？有本生年化忌星、十年大限化忌星、每年流年化忌星、小限化忌星、大限財帛宮化忌星、大限僕役宮化忌星。

行運優劣怎麼排列？

本命四化星依據：命宮的天干
大限四化星依據：大限命宮的天干
小限四化星依據：小限命宮的天干
流年四化星依據：依據萬年曆當年的天干
流月四化星依據：依據萬年曆當月的天干
流日四化星依據：依據萬年曆當日的天干
流時…

透視十年財運優劣

化忌星引發煞星的靈動，主掌了是非的趨向。假設本命的財宅宮中，原本沒有天空星及地劫星這些劫財星宿，但是行運走到逢之，也是一樣要嚴陣以待。遇到天空星、地劫星，俗稱為「走空亡」（台語）。新聞常常報導：有受人指使到提款機去匯款，連警察制止都沒用，執意要匯款給詐騙集團的案例。不要以為這些人先天是傻瓜，他們本來是很精明，可是突然腦袋空空，做了傻事，這就是「走空亡」。並非先天如此，而是後天走到「空亡」的機運。

基本上看後天財運，通常是以十年做規劃。此書的億萬富翁計劃屬於長期投資，所以依照十年大限運勢來做好理財規劃，每十年一波進退自如；其他投資方式，則可以看每年財運，來做每年，甚至每個月、每一天、每個時辰的短期規劃。

每十年長期計畫、每年短期計畫等制定得宜後，選擇適合自己的投資標的，就可以開始投資了。每十年的波段當中，股市二至四千點時開始投資，一開始並非一次全筆投資，可依照每年運勢，來分配投資的資本，如何階段性逐步放入資本？每年財運狀況如何？今年如果財運不錯，今年可以多投資一些；明年財運不好，就必須控制貪婪之性，少額或不要投資！穩紮穩打，投資方能悠遊自在。

如何得知每十年的財運好不好？必須懂得排列十年大限的四化；每年的財運好不好？也要懂得排列流年的四化！要懂得排列安置本命四化、

大限四化、流年四化。

大限主這十年的運勢好不好？首先，找出十年的位置，找出年齡的區間，幾歲到幾歲之間。參考十年大限命宮的天干，搭配紫微斗數四化飛星訣，排出大限化祿星及大限化忌星。大限的財宅宮若有化祿星與化忌星，則後天財運的好壞也就見分曉了！

【大限】大限主十年的運勢，四化是用大限命宮的天干排列

◆後天財運【十年大限】排列方式：

命盤中會顯示××至××歲，故視您虛歲落入哪一宮位，依其宮位判斷您的大限十年運勢。

例如：此例為主人四十三歲，故大限落入三十五至四十四歲，以此為十年大限命宮，並推出十年財帛宮及田宅宮位。

十年大限主該十年運勢狀態

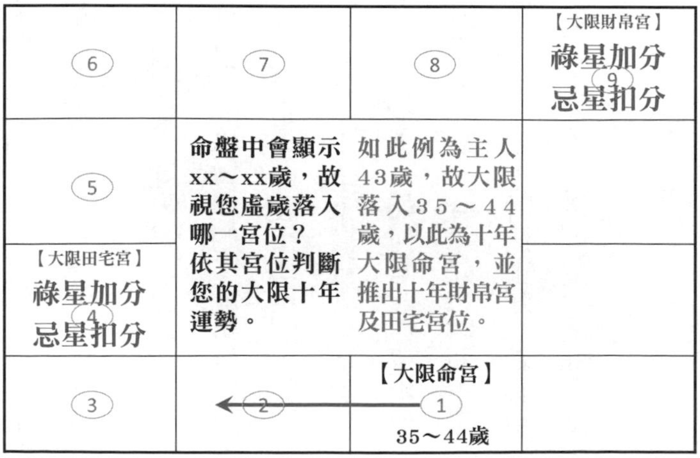
【大限財帛宮】
祿星加分
忌星扣分
⑥
⑦
⑧
⑨
⑤
命盤中會顯示xx～xx歲，故視您虛歲落入哪一宮位？依其宮位判斷您的大限十年運勢。
如此例為主人43歲，故大限落入35～44歲，以此為十年大限命宮，並推出十年財帛宮及田宅宮位。
【大限田宅宮】
祿星加分
忌星扣分
④
③
②
【大限命宮】
①
35～44歲

後天財運優劣簡易計算法

依據虛歲年齡計算，舉例說明：假設您是民國六十年出生，現在是民國一〇二年，所以虛歲年齡計算如下：

1. 大限命宮計算法：（102-60）+1=43，虛歲年齡為43歲，所以十年命宮落在三十五至四十四歲的位置。
2. 大限田宅宮計算法：由大限命宮為起點，順時針方向數到第四個位置。
3. 大限財帛宮計算法：由大限命宮為起點，順時針方向數到第九個位置。

在這十年當中，財帛宮跟田宅宮喜歡化祿星，有祿星進來就要加分，有忌星進來就得扣分。四化當中有好有壞，四化有：化祿星、化權星、化科星、化忌星。分析理財的角度，主推化祿星跟化忌星這兩顆星來觀察。

大限四化排列實例：

父母宮 癸 巳	福德宮 甲 大限命宮 天同星 太陰星 25～34歲 午	田宅宮 乙 未	官祿宮 丙 太陽星(大忌) 巨門星(本祿) 申
命宮 壬 辰	民國60年辛亥年生 25～34歲 大限命宮干「甲」 財帛宮在申 大限化忌星入		僕役宮 丁 【大限田宅宮】 廉貞星(大祿) 破軍星 酉
兄弟宮 辛 卯			遷移宮 戊 天機星 天梁星 戌
夫妻宮 庚 【大限財帛宮】 寅	子女宮 辛 丑	財帛宮 庚 子	疾厄宮 己 亥

後天財運好壞怎麼看？

⑥	⑦	⑧	【大限財帛宮】 祿星加分 ⑨ 忌星扣分
⑤	(主要祿星) 本生年祿星 大限祿星 流年祿星	(主要忌星) 本生年忌星 大限忌星 流年忌星	
【大限田宅宮】 祿星加分 ④ 忌星扣分	大財祿星 大僕祿星 祿存星	大財忌星 大僕忌星 天空.地劫星	
③	← ②	【大限命宮】 ① 35～44歲	

【大限】大限主十年的運勢，四化是用大限命宮的天干排列

大限命宮天干甲者，甲的大祿是廉貞星，大忌就是太陽星。

◆後天財運【大限四化】排列實例：

大限四化排列實例：

父母宮 癸 巳	福德宮 ㊙甲 大限命宮 天同星 太陰星 25～34歲 午	田宅宮 乙 未	官祿宮 丙 太陽星(大忌) 巨門星(本祿) 申
命宮 壬 辰	民國60年辛亥年生 25～34歲	大限命宮干「甲」 財帛宮在申 大限化忌星入	僕役宮 丁 【大限田宅宮】 廉貞星(大祿) 破軍星 酉
兄弟宮 辛 卯			遷移宮 戊 天機星 天梁星 戌
夫妻宮 庚 【大限財帛宮】 寅	子女宮 辛 丑	財帛宮 庚 子	疾厄宮 己 亥

民國六十年出生（辛亥年）、命宮在辰位、無主星對宮天機星天梁星座守。

實例表現其在民國九十年三十一歲時的大限財宅宮運勢格局：

1. 「大限命宮」在午，二十五至三十四歲，天同星、太陰星座，主掌這十年的運勢狀況。

2. 「大限財帛宮」由大限命宮為起點，順時針方向數到第九個位置。大限財帛宮無主星，對宮有本命化祿星與大限化忌星入，表示憂喜參半，先壞後好。雖然本命化祿星主十年富貴，仍需戰戰兢兢，必須依循每年運勢再做規劃。

3. 「大限田宅宮」由大限命宮為起點，順時針方向數到第四個位置，有大限化祿星入，主十年雖進財狀況不一，若謹慎理財，仍可在流年運勢強時積蓄有成，吉星眾多者甚至可以置產。

根據統計，此類命表的行運發展，二十五歲開始大忌在大限財帛宮，剛開始時二十五至二十八歲財運不順，尤其在二十六歲那年破財傷神；走過二十八歲後，財運則因為大祿而求財漸趨順暢。祿忌同入的行運，只要進財時，一定要注意隨時會破財。運用紫微斗數避險，進退之間若運籌自如，這十年的績效仍可以利多做收，發揮大限田宅宮化祿的優勢。

◆後天財運【一年流年】排列方式：

依照生肖即可找到流年命宮的位置。

如西元二〇一四年（民國一〇三年）為馬年，所以流年命宮在午。

流年主該年一整年運勢狀態

蛇 巳	(馬) 西元2014年 民國103年 流年命宮 午	羊 未	猴 申
龍 辰	每年流年命宮的位置，可以依照生肖找到。如西元2014年（民國103年）為馬年，所以流年命宮在午。		雞 酉
兔 卯			狗 戌
虎 寅	牛 丑	鼠 子	豬 亥

【流年】流年主一年的運勢，四化是用萬年曆排列，就看今年是什麼年？

民國一〇三年甲午年，天干是甲，甲的流祿是廉貞星，流忌就是太陽星。

◆後天財運【流年四化】排列實例：

命宮在辰位，太陰星座守，流年民國一〇二年（癸巳年）。

民國 102 年元月份運勢狀態

命宮 流月田宅宮 廉貞星(流月祿) 貪狼星(流年忌)	父母宮 流月官祿宮	福德宮	田宅宮
兄弟宮	西元2013年 民國102年癸巳年 元月甲寅月		官祿宮
夫妻宮			僕役宮 流月財帛宮 太陽星(流月忌)
子女宮 流月命宮 民國102年 1月甲寅月	財帛宮	疾厄宮	遷移宮

這個實例表現流年財宅宮運勢格局：

1. 一〇二年歲次癸巳年「流年命宮」在地支「巳」的位置，查詢天干「癸」的化祿星、化忌星為破軍星、貪狼星（見紫微斗數四化飛星訣，位於後摺頁），剛好此命盤的流年命宮是廉貞星、貪狼星，逢流年忌星，主今年是非不順。

2. 「流年財帛宮」由流年命宮為起點順時針方向數到第九個位置。流年財帛宮紫微星、破軍星，流年化祿星入，表示今年財運亨通。雖然流年命宮化忌，謹慎規劃理財，仍然可以財源滾滾。

3. 「流年田宅宮」由流年命宮為起點順時針方向數到第四個位置，流年田宅宮天同星、天梁星福蔭聚，主今年不動產運福星高照，吉星眾多者在今年尚可有所積蓄。

◆ **後天財運【一個月流月】排列方式：**

【流月】流月主一個月的運勢，操短線者必須看到流月，四化用萬年曆排列。

1. 先找出本命命表在「寅」位是X宮。
2. 流年的X宮即為流年的元月。
3. 順時針方向推到您要推算的月份。

流月主該月一個月運勢狀態

命宮 2.流年 巳	父母宮 午	福德宮 未	田宅宮 申
兄弟宮 辰			官祿宮 酉
夫妻宮 卯			僕役宮 戌
1.子女宮 3.流月1月 寅	財帛宮 丑	疾厄宮 子	遷移宮 亥

順時針方向

◆後天財運【流月四化】排列實例

【流月】流月主一個月的運勢，操短線者必須看到流月，四化用萬年曆排列。

民國 102 年流月位置狀態

命宮 民國102年 4月丁巳月 巳	父母宮 民國102年 月戊午月 午	福德宮 民國102年 6月己未月 未	田宅宮 民國102年 7月庚申月 申
兄弟宮 民國102年 3月丙辰月 辰	西元2013年 民國102年癸巳年 元月甲寅月		官祿宮 民國102年 8月辛酉月 酉
夫妻宮 民國102年 2月乙卯月 卯			僕役宮 民國102年 9月壬戌月 戌
子女宮 民國102年 1月甲寅月 寅	財帛宮 民國102年 12月乙丑月 丑	疾厄宮 民國102年 11月甲子月 子	遷移宮 民國102年 10月癸亥月 亥

順時針方向

民國一〇二年元月是甲寅月，天干是甲，甲的流月祿是廉貞星，流月忌是太陽星。

民國 102 年元月份運勢狀態

命宮 流月田宅宮 廉貞星(流月祿) 貪狼星(流年忌)	父母宮 流月官祿宮	福德宮	田宅宮
兄弟宮	西元2013年 民國102年癸巳年 元月甲寅月		官祿宮
夫妻宮			僕役宮 流月財帛宮 太陽星(流月忌)
子女宮 流月命宮 民國102年 1月甲寅月	財帛宮	疾厄宮	遷移宮

實例表現流年元月份財宅宮運勢格局：

1. 「流月命宮」在地支「寅」的位置。
2. 「流月財帛宮」由流月命宮為起點，順時針方向數到第九個位置。流月財帛宮太陽星，流月化忌星入，表示這個月進財困難。
3. 「流月田宅宮」由流月命宮為起點，順時針方向數到第四個位置。流月田宅宮廉貞星流月祿、貪狼星流年忌，主這個月財庫有進有損，有先進後破的靈動。

三、看未來的發財時機點！

到底有沒有賺到錢？每個人的標準不太一樣，有人覺得賺到一百塊就很高興，有些人則覺得一百萬以上才算賺。至於賺多賺少、財運好壞、數字多寡，很多因素來自於後天環境影響！

為什麼？彩券不可能人人得第一特獎，為什麼有人能得第一特獎？有人卻只得到二百元？難道沒有跟得第一特獎的人同樣八字的嗎？差別在哪裡？這就是後天環境產生出來的影響！

後天財運地圖？

尋寶地圖順序：

1. 請先表列出您的命盤
2. 找到您命宮的位置
3. 您的年齡區域（？～？歲）
4. 找到您的出生年的尾數及性別
5. 連線到您財帛宮星宿
6. 找到您的發財星

一命、二運、三風水、四積陰德、五讀書，命不好、運也不好，但是風水好，可以平安度過，幫您保本，不至於損失太多。運好時，會加成收穫、事半功倍，這就是後天風水的影響！您說賺多還是賺少？一百萬還是一千萬？其實都有賺，但是每個人的定義不一樣。財富多寡與後天的三風水、四積陰德、五讀書有關，要讓自己具備致富的條件，就必須有正確的觀念。

「進財大運地圖」教您直接抓到時機點！

「進財大運地圖」幫助您分析未來財運，讓您直搗財運好時機！

哪十年會是您的發跡時機點？運用進財大運地圖來尋寶吧！

尋寶步驟：找到自己的發財星

◆尋寶順序實例說明：

【子女宮】 巳	【夫妻宮】 3.年齡區域 20~29 午	【兄弟宮】 未	【命宮】 2.找到命宮 申
【財帛宮】 5.財帛宮星宿 6.連線找到發財星 辰	4.出生年尾數 民國80年00月00日 陰男		【父母宮】 酉
【疾厄宮】 卯	1.表列命盤		【福德宮】 戌
【遷移宮】 寅	【僕役宮】 丑	【官祿宮】 子	【田宅宮】 亥

王先生民國八十年辛未年生，現在是虛歲二十三歲。想知道這十年有沒有發跡的機會？現在是否就是發跡的時機點？

1. 請先表列出紫微斗數命盤：如下圖。
2. 找到命宮的位置：命宮在「辰」位。
3. 年齡區域（二十二至三十一歲）：二十三歲是介於十年大限二十二至三十一歲歲間。大限命宮在寅位。
4. 出生年（民國年）的尾數及性別：出生年尾數為「0」，男性。
5. 連線到【大限財帛宮】星宿：由【大限命宮】順時針方向數到九為【大限財帛宮】。

6. 依據「進財大運地圖」找出發財星：此例為巨門星本生年化祿星，與太陽星大限化祿星。發財星落入大限財帛宮，代表這十年為發跡的好時機。

發跡時機點好財運實例：

父母宮 癸 ④ 巳	福德宮 甲 太陽星(大祿) 午	田宅宮 乙 未	官祿宮 丙 申
命宮 壬 ② 天同星 2～11歲 辰	王先生 民國出生年 尾數「0」者 命宮在辰位 天同星座守 大限財帛宮巨門星本生年祿 ④		僕役宮 丁 酉
兄弟宮 辛 12～21歲 卯			遷移宮 戊 【大限財帛宮】 巨門星(本祿) 戌
夫妻宮 庚 ③【大限命宮】 22～31歲 寅	子女宮 辛 丑	財帛宮 庚 子	疾厄宮 己 亥

根據統計，此類命表的行運發展，大限命宮庚天干引動大限化祿星，入十年本命財福線；大限財帛宮有本生年化祿星入，主十年財源廣進。二十二至三十一歲歲為其發跡的時機點，若能善加運用，則能獲得頗豐的財富。發財星為巨門星，代表動口生財，選擇動口業，如：業務、老師、律師。話說越多，錢財就越多。年輕時就能夠擁有發跡點，發了財還能守住，中晚年便能自在過生活了。

命宮、財帛宮、官祿宮有以下星宿者，代表容易接觸以下行業，但是並非可以以此致富，智慧致富的要訣，還是必須比照我們的拼錢四要訣喔！

附表：星宿與職業屬性對應表

發財星宿	職業屬性
紫微星	領導管理、統籌企劃
天機星	智慧技術、工程師、機械、電腦、網路、規劃師
太陽星	大眾傳播、政治、宗教、慈善、能源
武曲星	軍警、檢調、運動、武術、金融
天同星	幼童產業、教育、文書、娛樂、自由
廉貞星	軍警、司法、公關、傳播、影視、醫療
天府星	領導管理、統籌企劃
太陰星	航運、不動產、女性產業、模特兒、演藝
貪狼星	娛樂、演藝、星相、陰陽五術、業務公關
巨門星	政治、業務、老師、律師、公關、廚師、西醫西藥
天相星	民意代表、法務、美容、造型、服飾、美術、攝影
天梁星	智慧技術、宗教、慈善、中醫中藥、營造、建築師、園藝
七殺星	軍警、業務、理財
破軍星	發明、設計、創意、運動、業務

此十年大限中，找不到發財星怎麼辦？沒關係，財福「不是不報，時候未到。」保存實力，機會總是留給準備好的人，發跡時機點也許就在下個十年！

以下就按年齡區段與性別，方便您查詢自己的發財星！

進財大運地圖：二十二至三十一歲男生的發財星

> 本祿：命表中原本的出生年化祿星，影響十年富貴。
> 大祿：每十年所產生的大限化祿星，影響一年富貴。

【二十二至三十一歲】的男生擁有智富的發財星嗎？循線連連看，找出您的發跡時機點！

進財大運地圖

男生命宮在子【22～31歲】發財星

民國出生年尾數	財帛宮中有發財星	民國出生年尾數	財帛宮中有發財星
1 →	天梁星(本祿) 天梁星(大祿)	6 →	太陰星(本祿) 太陽星(大祿)
2 →	破軍星(本祿) 天梁星(大祿)	7 →	貪狼星(本祿) 廉貞星(大祿)
3 →	×	8 →	武曲星(本祿) 天同星(大祿)
4 →	天機星(本祿) 天同星(大祿)	9 →	太陽星(本祿) 貪狼星(大祿)
5 →	天同星(本祿) 太陽星(大祿)	0 →	巨門星(本祿) 貪狼星(大祿)

進財大運地圖

男生命宮在丑【22～31歲】發財星

民國出生年尾數	財帛宮中有發財星	民國出生年尾數	財帛宮中有發財星
1 →	天梁星(本祿) 破軍星(大祿)	6 →	太陰星(本祿) 巨門星(大祿)
2 →	破軍星(本祿) 破軍星(大祿)	7 →	×
3 →	廉貞星(本祿) 太陰星(大祿)	8 →	武曲星(本祿) 天機星(大祿)
4 →	天機星(本祿) 太陰星(大祿)	9 →	太陽星(本祿) 武曲星(大祿)
5 →	天同星(本祿) 巨門星(大祿)	0 →	巨門星(本祿) 武曲星(大祿)

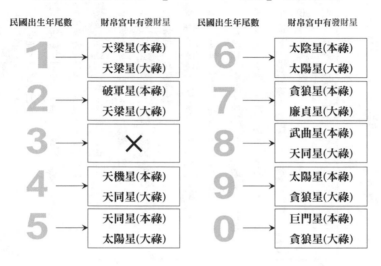

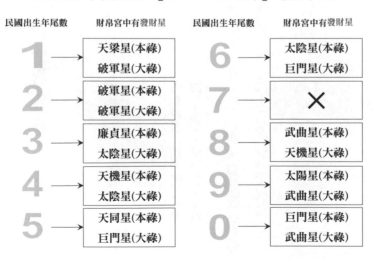

進財大運地圖

男生命宮在寅【22～31歲】發財星

民國出生年尾數	財帛宮中有發財星	民國出生年尾數	財帛宮中有發財星
1 →	天梁星(本祿) 廉貞星(大祿)	6 →	太陰星(本祿) 天梁星(大祿)
2 →	破軍星(本祿) 廉貞星(大祿)	7 →	貪狼星(本祿) 天同星(大祿)
3 →	廉貞星(本祿) 貪狼星(大祿)	8 →	武曲星(本祿) 天同星(大祿)
4 →	×	9 →	太陽星(本祿) 太陽星(大祿)
5 →	天同星(本祿) 天梁星(大祿)	0 →	巨門星(本祿) 太陽星(大祿)

進財大運地圖

男生命宮在卯【22～31歲】發財星

民國出生年尾數	財帛宮中有發財星	民國出生年尾數	財帛宮中有發財星
1 →	天梁星(本祿) 天機星(大祿)	6 →	太陰星(本祿) 破軍星(大祿)
2 →	破軍星(本祿) 天機星(大祿)	7 →	貪狼星(本祿) 太陰星(大祿)
3 →	廉貞星(本祿) 武曲星(大祿)	8 →	武曲星(本祿) 太陰星(大祿)
4 →	天機星(本祿) 武曲星(大祿)	9 →	太陽星(本祿) 巨門星(大祿)
5 →	天同星(本祿) 破軍星(大祿)	0 →	巨門星(本祿) 巨門星(大祿)

進財大運地圖

男生命宮在辰【22～31歲】發財星

民國出生年尾數	財帛宮中有發財星	民國出生年尾數	財帛宮中有發財星
1 →	天梁星(本祿) 天同星(大祿)	6 →	太陰星(本祿) 天梁星(大祿)
2 →	破軍星(本祿) 廉貞星(大祿)	7 →	貪狼星(本祿) 貪狼星(大祿)
3 →	廉貞星(本祿) 太陽星(大祿)	8 →	武曲星(本祿) 天同星(大祿)
4 →	×	9 →	太陽星(本祿) 天梁星(大祿)
5 →	×	0 →	巨門星(本祿) 太陽星(大祿)

進財大運地圖

男生命宮在巳【22～31歲】發財星

民國出生年尾數	財帛宮中有發財星	民國出生年尾數	財帛宮中有發財星
1 →	天梁星(本祿) 太陰星(大祿)	6 →	太陰星(本祿) 破軍星(大祿)
2 →	破軍星(本祿) 天機星(大祿)	7 →	貪狼星(本祿) 武曲星(大祿)
3 →	廉貞星(本祿) 巨門星(大祿)	8 →	武曲星(本祿) 太陰星(大祿)
4 →	天機星(本祿) 武曲星(大祿)	9 →	太陽星(本祿) 破軍星(大祿)
5 →	天同星(本祿) 天機星(大祿)	0 →	巨門星(本祿) 巨門星(大祿)

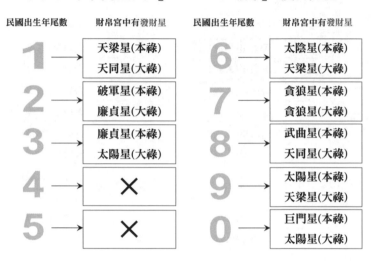

進財大運地圖

男生命宮在午【22～31歲】發財星

民國出生年尾數	財帛宮中有發財星	民國出生年尾數	財帛宮中有發財星
1 →	天梁星(本祿) 貪狼星(大祿)	6 →	太陰星(本祿) 廉貞星(大祿)
2 →	破軍星(本祿) 天同星(大祿)	7 →	貪狼星(本祿) 太陽星(大祿)
3 →	廉貞星(本祿) 天梁星(大祿)	8 →	武曲星(本祿) 貪狼星(大祿)
4 →	天機星(本祿) 太陽星(大祿)	9 →	太陽星(本祿) 廉貞星(大祿)
5 →	天同星(本祿) 天同星(大祿)	0 →	巨門星(本祿) 天梁星(大祿)

進財大運地圖

男生命宮在未【22～31歲】發財星

民國出生年尾數	財帛宮中有發財星	民國出生年尾數	財帛宮中有發財星
1 →	天梁星(本祿) 武曲星(大祿)	6 →	太陰星(本祿) 天機星(大祿)
2 →	破軍星(本祿) 太陰星(大祿)	7 →	貪狼星(本祿) 巨門星(大祿)
3 →	廉貞星(本祿) 破軍星(大祿)	8 →	武曲星(本祿) 武曲星(大祿)
4 →	天機星(本祿) 巨門星(大祿)	9 →	太陽星(本祿) 天機星(大祿)
5 →	天同星(本祿) 太陰星(大祿)	0 →	巨門星(本祿) 破軍星(大祿)

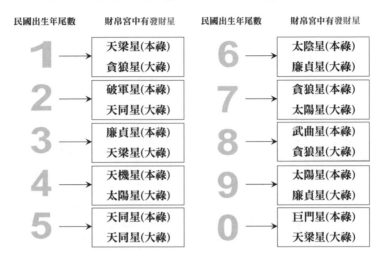

進財大運地圖

男生命宮在申【22～31歲】發財星

民國出生年尾數	財帛宮中有發財星	民國出生年尾數	財帛宮中有發財星
1	天梁星(本祿) 太陽星(大祿)	6	太陰星(本祿) 天同星(大祿)
2	×	7	貪狼星(本祿) 天梁星(大祿)
3	廉貞星(本祿) 廉貞星(大祿)	8	武曲星(本祿) 太陽星(大祿)
4	天機星(本祿) 天梁星(大祿)	9	太陽星(本祿) 天同星(大祿)
5	天同星(本祿) 貪狼星(大祿)	0	巨門星(本祿) 廉貞星(大祿)

進財大運地圖

男生命宮在酉【22～31歲】發財星

民國出生年尾數	財帛宮中有發財星	民國出生年尾數	財帛宮中有發財星
1	天梁星(本祿) 巨門星(大祿)	6	太陰星(本祿) 太陰星(大祿)
2	破軍星(本祿) 武曲星(大祿)	7	×
3	廉貞星(本祿) 天機星(大祿)	8	武曲星(本祿) 巨門星(大祿)
4	天機星(本祿) 破軍星(大祿)	9	太陽星(本祿) 太陰星(大祿)
5	天同星(本祿) 武曲星(大祿)	0	巨門星(本祿) 天機星(大祿)

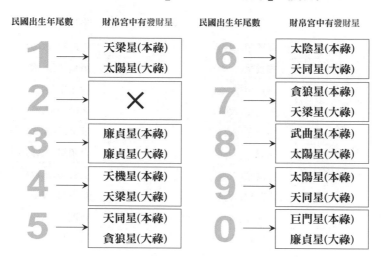

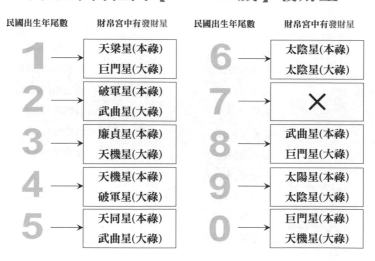

進財大運地圖
男生命宮在戌【22～31歲】發財星

民國出生年尾數	財帛宮中有發財星	民國出生年尾數	財帛宮中有發財星
1	天梁星(本祿) 天梁星(大祿)	6	太陰星(本祿) 貪狼星(大祿)
2	破軍星(本祿) 太陽星(大祿)	7	貪狼星(本祿) 廉貞星(大祿)
3	×	8	武曲星(本祿) 天梁星(大祿)
4	天機星(本祿) 廉貞星(大祿)	9	太陽星(本祿) 貪狼星(大祿)
5	天同星(本祿) 太陽星(大祿)	0	巨門星(本祿) 天同星(大祿)

進財大運地圖
男生命宮在亥【22～31歲】發財星

民國出生年尾數	財帛宮中有發財星	民國出生年尾數	財帛宮中有發財星
1	天梁星(本祿) 破軍星(大祿)	6	太陰星(本祿) 武曲星(大祿)
2	破軍星(本祿) 巨門星(大祿)	7	×
3	廉貞星(本祿) 太陰星(大祿)	8	武曲星(本祿) 破軍星(大祿)
4	天機星(本祿) 天機星(大祿)	9	太陽星(本祿) 武曲星(大祿)
5	天同星(本祿) 巨門星(大祿)	0	巨門星(本祿) 太陰星(大祿)

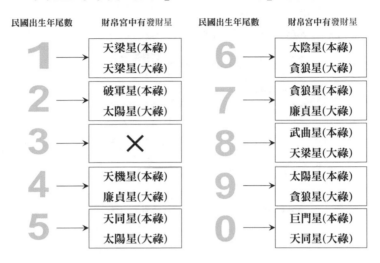

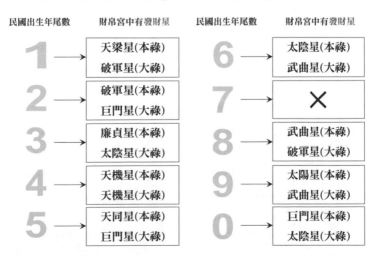

進財大運地圖：二十二至三十一歲女生的發財星
【二十二至三十一歲】的女生擁有智富的發財星嗎？循線連連看，找出您的發跡時機點！

進財大運地圖
女生命宮在子【22～31歲】發財星

民國出生年尾數	財帛宮中有發財星	民國出生年尾數	財帛宮中有發財星
1	天梁星(本祿) 太陽星(大祿)	6	太陰星(本祿) 天梁星(大祿)
2	破軍星(本祿) 廉貞星(大祿)	7	貪狼星(本祿) 天梁星(大祿)
3	×	8	武曲星(本祿) 天同星(大祿)
4	天機星(本祿) 貪狼星(大祿)	9	太陽星(本祿) 天同星(大祿)
5	天同星(本祿) 貪狼星(大祿)	0	巨門星(本祿) 太陽星(大祿)

進財大運地圖
女生命宮在丑【22～31歲】發財星

民國出生年尾數	財帛宮中有發財星	民國出生年尾數	財帛宮中有發財星
1	天梁星(本祿) 巨門星(大祿)	6	太陰星(本祿) 破軍星(大祿)
2	破軍星(本祿) 天機星(大祿)	7	×
3	廉貞星(本祿) 天機星(大祿)	8	武曲星(本祿) 太陰星(大祿)
4	天機星(本祿) 武曲星(大祿)	9	太陽星(本祿) 太陰星(大祿)
5	天同星(本祿) 武曲星(大祿)	0	巨門星(本祿) 巨門星(大祿)

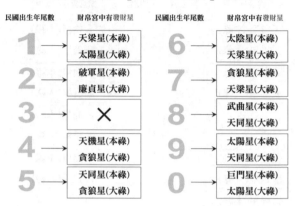

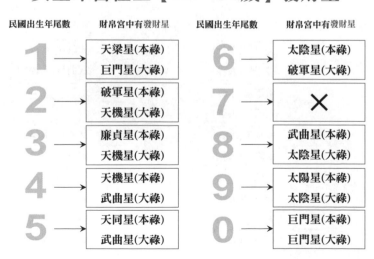

進財大運地圖

女生命宮在寅【22～31歲】發財星

民國出生年尾數	財帛宮中有發財星	民國出生年尾數	財帛宮中有發財星
1 →	天梁星(本祿) 天梁星(大祿)	6 →	太陰星(本祿) 廉貞星(大祿)
2 →	破軍星(本祿) 天同星(大祿)	7 →	貪狼星(本祿) 廉貞星(大祿)
3 →	╳	8 →	武曲星(本祿) 貪狼星(大祿)
4 →	天機星(本祿) 太陽星(大祿)	9 →	太陽星(本祿) 貪狼星(大祿)
5 →	天同星(本祿) 太陽星(大祿)	0 →	巨門星(本祿) 天梁星(大祿)

進財大運地圖

女生命宮在卯【22～31歲】發財星

民國出生年尾數	財帛宮中有發財星	民國出生年尾數	財帛宮中有發財星
1 →	天梁星(本祿) 破軍星(大祿)	6 →	╳
2 →	破軍星(本祿) 太陰星(大祿)	7 →	╳
3 →	廉貞星(本祿) 太陰星(大祿)	8 →	武曲星(本祿) 武曲星(大祿)
4 →	天機星(本祿) 巨門星(大祿)	9 →	太陽星(本祿) 武曲星(大祿)
5 →	天同星(本祿) 巨門星(大祿)	0 →	巨門星(本祿) 破軍星(大祿)

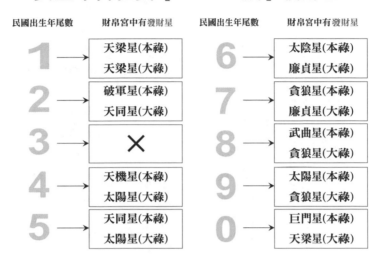

進財大運地圖

女生命宮在辰【22～31歲】發財星

民國出生年尾數	財帛宮中有發財星	民國出生年尾數	財帛宮中有發財星
1	天梁星(本祿) 天梁星(大祿)	6	太陰星(本祿) 天同星(大祿)
2	×	7	貪狼星(本祿) 廉貞星(大祿)
3	廉貞星(本祿) 天同星(大祿)	8	武曲星(本祿) 太陽星(大祿)
4	天機星(本祿) 天梁星(大祿)	9	太陽星(本祿) 貪狼星(大祿)
5	天同星(本祿) 太陽星(大祿)	0	巨門星(本祿) 廉貞星(大祿)

進財大運地圖

女生命宮在巳【22～31歲】發財星

民國出生年尾數	財帛宮中有發財星	民國出生年尾數	財帛宮中有發財星
1	天梁星(本祿) 破軍星(大祿)	6	太陰星(本祿) 太陰星(大祿)
2	破軍星(本祿) 武曲星(大祿)	7	×
3	廉貞星(本祿) 太陰星(大祿)	8	武曲星(本祿) 巨門星(大祿)
4	天機星(本祿) 破軍星(大祿)	9	太陽星(本祿) 武曲星(大祿)
5	天同星(本祿) 巨門星(大祿)	0	巨門星(本祿) 天機星(大祿)

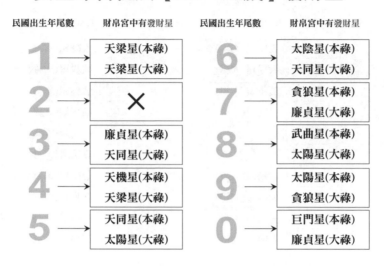

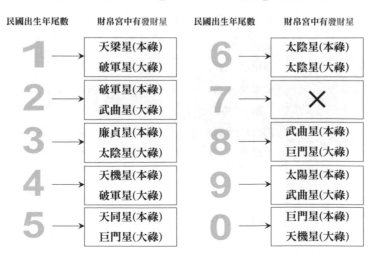

進財大運地圖

女生命宮在午【22～31歲】發財星

民國出生年尾數	財帛宮中有發財星	民國出生年尾數	財帛宮中有發財星
1	天梁星(本祿) 廉貞星(大祿)	6	太陰星(本祿) 貪狼星(大祿)
2	破軍星(本祿) 太陽星(大祿)	7	貪狼星(本祿) 天同星(大祿)
3	廉貞星(本祿) 貪狼星(大祿)	8	武曲星(本祿) 天梁星(大祿)
4	天機星(本祿) 廉貞星(大祿)	9	太陽星(本祿) 太陽星(大祿)
5	天同星(本祿) 天梁星(大祿)	0	巨門星(本祿) 天同星(大祿)

進財大運地圖

女生命宮在未【22～31歲】發財星

民國出生年尾數	財帛宮中有發財星	民國出生年尾數	財帛宮中有發財星
1	天梁星(本祿) 天機星(大祿)	6	太陰星(本祿) 武曲星(大祿)
2	破軍星(本祿) 巨門星(大祿)	7	貪狼星(本祿) 太陰星(大祿)
3	廉貞星(本祿) 武曲星(人祿)	8	武曲星(本祿) 破軍星(大祿)
4	天機星(本祿) 天機星(大祿)	9	太陽星(本祿) 巨門星(大祿)
5	天同星(本祿) 破軍星(大祿)	0	巨門星(本祿) 太陰星(大祿)

進財大運地圖

女生命宮在申【22～31歲】發財星

民國出生年尾數	財帛宮中有發財星	民國出生年尾數	財帛宮中有發財星
1 →	天梁星(本祿) 天同星(大祿)	6 →	太陰星(本祿) 太陽星(大祿)
2 →	破軍星(本祿) 天梁星(大祿)	7 →	貪狼星(本祿) 貪狼星(大祿)
3 →	廉貞星(本祿) 太陽星(大祿)	8 →	武曲星(本祿) 廉貞星(大祿)
4 →	天機星(本祿) 天同星(大祿)	9 →	太陽星(本祿) 天梁星(大祿)
5 →	×	0 →	巨門星(本祿) 貪狼星(大祿)

進財大運地圖

女生命宮在酉【22～31歲】發財星

民國出生年尾數	財帛宮中有發財星	民國出生年尾數	財帛宮中有發財星
1 →	天梁星(本祿) 太陰星(大祿)	6 →	太陰星(本祿) 巨門星(大祿)
2 →	破軍星(本祿) 破軍星(大祿)	7 →	貪狼星(本祿) 武曲星(大祿)
3 →	廉貞星(本祿) 巨門星(大祿)	8 →	武曲星(本祿) 天機星(大祿)
4 →	天機星(本祿) 太陰星(大祿)	9 →	太陽星(本祿) 破軍星(大祿)
5 →	天同星(本祿) 天機星(大祿)	0 →	巨門星(本祿) 武曲星(大祿)

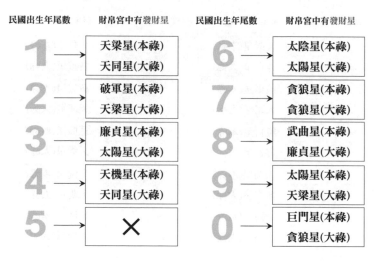

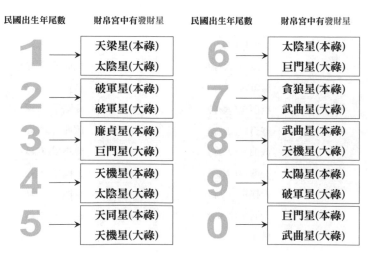

進財大運地圖

女生命宮在戌【22～31歲】發財星

民國出生年尾數	財帛宮中有發財星	民國出生年尾數	財帛宮中有發財星
1	天梁星(本祿) 貪狼星(大祿)	6	太陰星(本祿) 天梁星(大祿)
2	破軍星(本祿) 廉貞星(大祿)	7	貪狼星(本祿) 太陽星(大祿)
3	廉貞星(本祿) 天梁星(大祿)	8	武曲星(本祿) 天同星(大祿)
4	天機星(本祿) 貪狼星(大祿)	9	太陽星(本祿) 破軍星(大祿)
5	天同星(本祿) 天同星(大祿)	0	巨門星(本祿) 太陽星(大祿)

進財大運地圖

女生命宮在亥【22～31歲】發財星

民國出生年尾數	財帛宮中有發財星	民國出生年尾數	財帛宮中有發財星
1	天梁星(本祿) 武曲星(大祿)	6	太陰星(本祿) 破軍星(大祿)
2	破軍星(本祿) 天機星(大祿)	7	貪狼星(本祿) 巨門星(大祿)
3	廉貞星(本祿) 破軍星(大祿)	8	武曲星(本祿) 太陰星(大祿)
4	天機星(本祿) 武曲星(大祿)	9	太陽星(本祿) 天機星(大祿)
5	天同星(本祿) 太陰星(大祿)	0	巨門星(本祿) 巨門星(大祿)

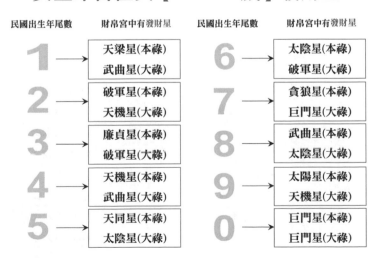

進財大運地圖：三十二至四十一歲男生的發財星
【三十二至四十一歲】的男生擁有智富的發財星嗎？循線連連看，找出您的發跡時機點！

進財大運地圖

男生命宮在子【32～41歲】發財星

民國出生年尾數	財帛宮中有發財星	民國出生年尾數	財帛宮中有發財星
1 →	天梁星(本祿) 破軍星(大祿)	6 →	太陰星(本祿) 武曲星(大祿)
2 →	破軍星(本祿) 巨門星(大祿)	7 →	✕
3 →	廉貞星(本祿) 太陰星(大祿)	8 →	武曲星(本祿) 破軍星(大祿)
4 →	天機星(本祿) 天機星(大祿)	9 →	太陽星(本祿) 武曲星(大祿)
5 →	天同星(本祿) 巨門星(大祿)	0 →	巨門星(本祿) 太陰星(大祿)

進財大運地圖

男生命宮在丑【32～41歲】發財星

民國出生年尾數	財帛宮中有發財星	民國出生年尾數	財帛宮中有發財星
1 →	天梁星(本祿) 廉貞星(大祿)	6 →	太陰星(本祿) 太陽星(大祿)
2 →	破軍星(本祿) 天梁星(大祿)	7 →	貪狼星(本祿) 天同星(大祿)
3 →	廉貞星(本祿) 貪狼星(大祿)	8 →	武曲星(本祿) 廉貞星(大祿)
4 →	天機星(本祿) 天同星(大祿)	9 →	太陽星(本祿) 太陽星(大祿)
5 →	天同星(本祿) 天梁星(大祿)	0 →	巨門星(本祿) 貪狼星(大祿)

進財大運地圖

男生命宮在寅【32～41歲】發財星

民國出生年尾數	財帛宮中有發財星	民國出生年尾數	財帛宮中有發財星
1	天梁星(本祿) 天機星(大祿)	6	太陰星(本祿) 巨門星(大祿)
2	破軍星(本祿) 破軍星(大祿)	7	貪狼星(本祿) 太陰星(大祿)
3	廉貞星(本祿) 武曲星(大祿)	8	武曲星(本祿) 天機星(大祿)
4	天機星(本祿) 太陰星(大祿)	9	太陽星(本祿) 巨門星(大祿)
5	天同星(本祿) 破軍星(大祿)	0	巨門星(本祿) 武曲星(大祿)

進財大運地圖

男生命宮在卯【32～41歲】發財星

民國出生年尾數	財帛宮中有發財星	民國出生年尾數	財帛宮中有發財星
1	天梁星(本祿) 天同星(大祿)	6	太陰星(本祿) 天梁星(大祿)
2	破軍星(本祿) 廉貞星(大祿)	7	貪狼星(本祿) 貪狼星(大祿)
3	廉貞星(本祿) 太陽星(大祿)	8	武曲星(本祿) 天同星(大祿)
4	×	9	太陽星(本祿) 武曲星(大祿)
5	×	0	巨門星(本祿) 太陽星(大祿)

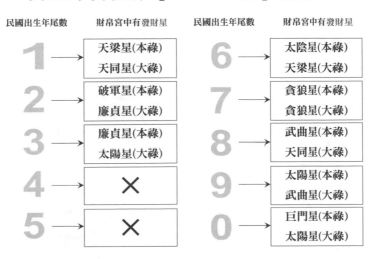

進財大運地圖

男生命宮在辰【32～41歲】發財星

民國出生年尾數	財帛宮中有發財星	民國出生年尾數	財帛宮中有發財星
1 →	天梁星(本祿) 太陰星(大祿)	6 →	太陰星(本祿) 破軍星(大祿)
2 →	破軍星(本祿) 天機星(大祿)	7 →	貪狼星(本祿) 武曲星(大祿)
3 →	廉貞星(本祿) 巨門星(大祿)	8 →	武曲星(本祿) 太陰星(大祿)
4 →	天機星(本祿) 武曲星(大祿)	9 →	太陽星(本祿) 破軍星(大祿)
5 →	天同星(本祿) 天機星(大祿)	0 →	巨門星(本祿) 巨門星(大祿)

進財大運地圖

男生命宮在巳【32～41歲】發財星

民國出生年尾數	財帛宮中有發財星	民國出生年尾數	財帛宮中有發財星
1 →	天梁星(本祿) 貪狼星(大祿)	6 →	太陰星(本祿) 天梁星(大祿)
2 →	破軍星(本祿) 廉貞星(大祿)	7 →	貪狼星(本祿) 太陽星(大祿)
3 →	廉貞星(本祿) 天梁星(大祿)	8 →	武曲星(本祿) 天同星(大祿)
4 →	╳	9 →	太陽星(本祿) 廉貞星(大祿)
5 →	天同星(本祿) 天同星(大祿)	0 →	巨門星(本祿) 太陽星(大祿)

進財大運地圖

男生命宮在午【32～41歲】發財星

民國出生年尾數	財帛宮中有發財星	民國出生年尾數	財帛宮中有發財星
1 →	天梁星(本祿) 武曲星(大祿)	6 →	太陰星(本祿) 破軍星(大祿)
2 →	破軍星(本祿) 天機星(大祿)	7 →	貪狼星(本祿) 巨門星(大祿)
3 →	廉貞星(本祿) 破軍星(大祿)	8 →	武曲星(本祿) 太陰星(大祿)
4 →	天機星(本祿) 武曲星(大祿)	9 →	太陽星(本祿) 天機星(大祿)
5 →	天同星(本祿) 太陰星(大祿)	0 →	巨門星(本祿) 巨門星(大祿)

進財大運地圖

男生命宮在未【32～41歲】發財星

民國出生年尾數	財帛宮中有發財星	民國出生年尾數	財帛宮中有發財星
1 →	天梁星(本祿) 太陽星(大祿)	6 →	太陰星(本祿) 廉貞星(大祿)
2 →	破軍星(本祿) 天同星(大祿)	7 →	貪狼星(本祿) 天梁星(大祿)
3 →	廉貞星(本祿) 廉貞星(大祿)	8 →	武曲星(本祿) 貪狼星(大祿)
4 →	天機星(本祿) 太陽星(大祿)	9 →	太陽星(本祿) 天同星(大祿)
5 →	天同星(本祿) 貪狼星(大祿)	0 →	巨門星(本祿) 天梁星(大祿)

進財大運地圖

男生命宮在申【32～41歲】發財星

民國出生年尾數	財帛宮中有發財星	民國出生年尾數	財帛宮中有發財星
1	天梁星(本祿) 巨門星(大祿)	6	太陰星(本祿) 天機星(大祿)
2	破軍星(本祿) 太陰星(大祿)	7	×
3	廉貞星(本祿) 天機星(大祿)	8	武曲星(本祿) 武曲星(大祿)
4	天機星(本祿) 巨門星(大祿)	9	太陽星(本祿) 太陰星(大祿)
5	天同星(本祿) 武曲星(大祿)	0	巨門星(本祿) 破軍星(大祿)

進財大運地圖

男生命宮在酉【32～41歲】發財星

民國出生年尾數	財帛宮中有發財星	民國出生年尾數	財帛宮中有發財星
1	天梁星(本祿) 天梁星(大祿)	6	太陰星(本祿) 天同星(大祿)
2	×	7	貪狼星(本祿) 廉貞星(大祿)
3	×	8	武曲星(本祿) 太陽星(大祿)
4	天機星(本祿) 天梁星(大祿)	9	太陽星(本祿) 貪狼星(大祿)
5	天同星(本祿) 太陽星(大祿)	0	巨門星(本祿) 廉貞星(大祿)

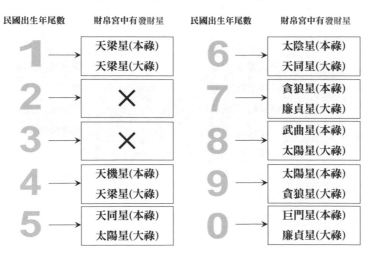

進財大運地圖

男生命宮在戌【32～41歲】發財星

民國出生年尾數	財帛宮中有發財星	民國出生年尾數	財帛宮中有發財星
1	天梁星(本祿) 破軍星(大祿)	6	太陰星(本祿) 太陰星(大祿)
2	破軍星(本祿) 武曲星(大祿)	7	×
3	廉貞星(本祿) 太陰星(大祿)	8	武曲星(本祿) 巨門星(大祿)
4	天機星(本祿) 破軍星(大祿)	9	太陽星(本祿) 武曲星(大祿)
5	天同星(本祿) 巨門星(大祿)	0	巨門星(本祿) 天機星(大祿)

進財大運地圖

男生命宮在亥【32～41歲】發財星

民國出生年尾數	財帛宮中有發財星	民國出生年尾數	財帛宮中有發財星
1	天梁星(本祿) 天梁星(大祿)	6	太陰星(本祿) 貪狼星(大祿)
2	破軍星(本祿) 太陽星(大祿)	7	貪狼星(本祿) 廉貞星(大祿)
3	×	8	武曲星(本祿) 大梁星(大祿)
4	天機星(本祿) 廉貞星(大祿)	9	太陽星(本祿) 貪狼星(大祿)
5	天同星(本祿) 太陽星(大祿)	0	巨門星(本祿) 天同星(大祿)

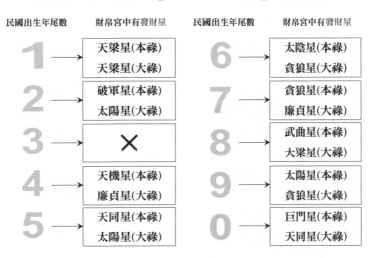

進財大運地圖：三十二至四十一歲女生的發財星

【三十二至四十一歲】的女生擁有智富的發財星嗎？循線連連看，找出您的發跡時機點！

進財大運地圖

女生命宮在子【32～41歲】發財星

民國出生年尾數	財帛宮中有發財星	民國出生年尾數	財帛宮中有發財星
1	天梁星(本祿) 武曲星(大祿)	6	太陰星(本祿) 破軍星(大祿)
2	破軍星(本祿) 天機星(大祿)	7	貪狼星(本祿) 巨門星(大祿)
3	廉貞星(本祿) 破軍星(大祿)	8	武曲星(本祿) 太陰星(大祿)
4	天機星(本祿) 武曲星(大祿)	9	太陽星(本祿) 天機星(大祿)
5	天同星(本祿) 太陰星(大祿)	0	巨門星(本祿) 巨門星(大祿)

進財大運地圖

女生命宮在丑【32～41歲】發財星

民國出生年尾數	財帛宮中有發財星	民國出生年尾數	財帛宮中有發財星
1	天梁星(本祿) 太陽星(大祿)	6	太陰星(本祿) 廉貞星(大祿)
2	破軍星(本祿) 天同星(大祿)	7	貪狼星(本祿) 天梁星(大祿)
3	廉貞星(本祿) 廉貞星(大祿)	8	武曲星(本祿) 貪狼星(大祿)
4	天機星(本祿) 太陽星(大祿)	9	太陽星(本祿) 天同星(大祿)
5	天同星(本祿) 貪狼星(大祿)	0	巨門星(本祿) 天梁星(大祿)

進財大運地圖

女生命宮在寅【32～41歲】發財星

民國出生年尾數	財帛宮中有發財星	民國出生年尾數	財帛宮中有發財星
1 →	天梁星(本祿) 巨門星(大祿)	6 →	太陰星(本祿) 天機星(大祿)
2 →	破軍星(本祿) 太陰星(大祿)	7 →	×
3 →	廉貞星(本祿) 天機星(大祿)	8 →	武曲星(本祿) 武曲星(大祿)
4 →	天機星(本祿) 巨門星(大祿)	9 →	太陽星(本祿) 太陰星(大祿)
5 →	天同星(本祿) 武曲星(大祿)	0 →	巨門星(本祿) 破軍星(大祿)

進財大運地圖

女生命宮在卯【32～41歲】發財星

民國出生年尾數	財帛宮中有發財星	民國出生年尾數	財帛宮中有發財星
1 →	天梁星(本祿) 天梁星(大祿)	6 →	太陰星(本祿) 天同星(大祿)
2 →	×	7 →	貪狼星(本祿) 廉貞星(大祿)
3 →	×	8 →	武曲星(本祿) 太陽星(大祿)
4 →	天機星(本祿) 天梁星(大祿)	9 →	太陽星(本祿) 貪狼星(大祿)
5 →	天同星(本祿) 太陽星(大祿)	0 →	巨門星(本祿) 廉貞星(大祿)

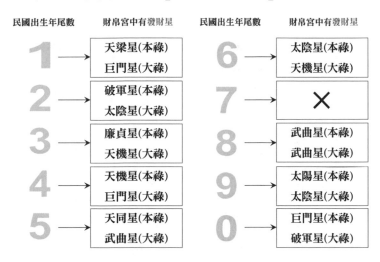

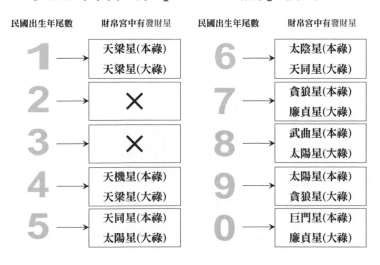

進財大運地圖

女生命宮在辰【32～41歲】發財星

民國出生年尾數	財帛宮中有發財星	民國出生年尾數	財帛宮中有發財星
1	天梁星(本祿) 破軍星(大祿)	6	太陰星(本祿) 太陰星(大祿)
2	破軍星(本祿) 武曲星(大祿)	7	╳
3	廉貞星(本祿) 太陰星(大祿)	8	武曲星(本祿) 巨門星(大祿)
4	天機星(本祿) 破軍星(大祿)	9	太陽星(本祿) 武曲星(大祿)
5	天同星(本祿) 巨門星(大祿)	0	巨門星(本祿) 天機星(大祿)

進財大運地圖

女生命宮在巳【32～41歲】發財星

民國出生年尾數	財帛宮中有發財星	民國出生年尾數	財帛宮中有發財星
1	天梁星(本祿) 天梁星(大祿)	6	太陰星(本祿) 貪狼星(大祿)
2	破軍星(本祿) 太陽星(大祿)	7	貪狼星(本祿) 廉貞星(大祿)
3	廉貞星(本祿) 天同星(大祿)	8	武曲星(本祿) 天梁星(大祿)
4	天機星(本祿) 廉貞星(大祿)	9	太陽星(本祿) 貪狼星(大祿)
5	天同星(本祿) 太陽星(大祿)	0	巨門星(本祿) 天同星(大祿)

進財大運地圖

女生命宮在午【32～41歲】發財星

民國出生年尾數	財帛宮中有發財星	民國出生年尾數	財帛宮中有發財星
1	天梁星(本祿) 破軍星(大祿)	6	太陰星(本祿) 武曲星(大祿)
2	破軍星(本祿) 巨門星(大祿)	7	✕
3	廉貞星(本祿) 太陰星(大祿)	8	武曲星(本祿) 破軍星(大祿)
4	天機星(本祿) 天機星(大祿)	9	太陽星(本祿) 武曲星(大祿)
5	天同星(本祿) 巨門星(大祿)	0	巨門星(本祿) 太陰星(大祿)

進財大運地圖

女生命宮在未【32～41歲】發財星

民國出生年尾數	財帛宮中有發財星	民國出生年尾數	財帛宮中有發財星
1	天梁星(本祿) 廉貞星(大祿)	6	太陰星(本祿) 太陽星(大祿)
2	破軍星(本祿) 天梁星(大祿)	7	貪狼星(本祿) 天同星(大祿)
3	廉貞星(本祿) 貪狼星(大祿)	8	武曲星(本祿) 廉貞星(大祿)
4	天機星(本祿) 天同星(大祿)	9	太陽星(本祿) 太陽星(大祿)
5	天同星(本祿) 天梁星(大祿)	0	巨門星(本祿) 貪狼星(大祿)

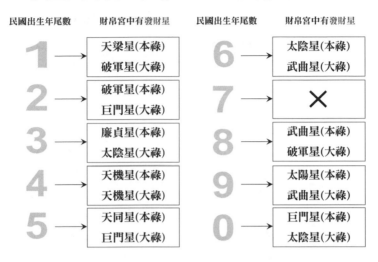

進財大運地圖

女生命宮在申【32～41歲】發財星

民國出生年尾數	財帛宮中有發財星	民國出生年尾數	財帛宮中有發財星
1 →	天梁星(本祿) 天機星(大祿)	6 →	太陰星(本祿) 巨門星(大祿)
2 →	破軍星(本祿) 破軍星(大祿)	7 →	貪狼星(本祿) 太陰星(大祿)
3 →	廉貞星(本祿) 武曲星(大祿)	8 →	武曲星(本祿) 天機星(大祿)
4 →	天機星(本祿) 太陰星(大祿)	9 →	太陽星(本祿) 巨門星(大祿)
5 →	天同星(本祿) 破軍星(大祿)	0 →	巨門星(本祿) 武曲星(大祿)

進財大運地圖

女生命宮在酉【32～41歲】發財星

民國出生年尾數	財帛宮中有發財星	民國出生年尾數	財帛宮中有發財星
1 →	天梁星(本祿) 天同星(大祿)	6 →	太陰星(本祿) 天梁星(大祿)
2 →	破軍星(本祿) 廉貞星(大祿)	7 →	貪狼星(本祿) 貪狼星(大祿)
3 →	廉貞星(本祿) 太陽星(大祿)	8 →	武曲星(本祿) 天同星(大祿)
4 →	天機星(本祿) 貪狼星(大祿)	9 →	太陽星(本祿) 天梁星(大祿)
5 →	天同星(本祿) 廉貞星(大祿)	0 →	巨門星(本祿) 太陽星(大祿)

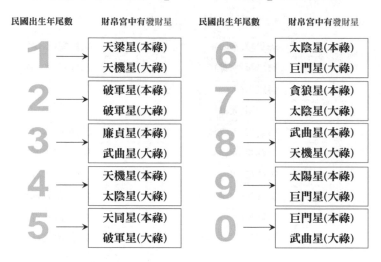

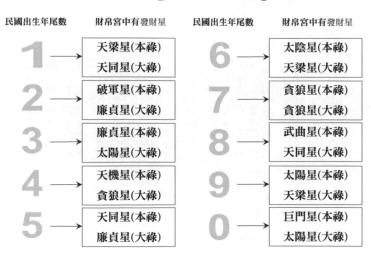

進財大運地圖

女生命宮在戌【32～41歲】發財星

民國出生年尾數	財帛宮中有發財星	民國出生年尾數	財帛宮中有發財星
1 →	天梁星(本祿) 太陰星(大祿)	6 →	太陰星(本祿) 破軍星(大祿)
2 →	破軍星(本祿) 天機星(大祿)	7 →	貪狼星(本祿) 武曲星(大祿)
3 →	廉貞星(本祿) 巨門星(大祿)	8 →	武曲星(本祿) 太陰星(大祿)
4 →	天機星(本祿) 武曲星(大祿)	9 →	太陽星(本祿) 破軍星(大祿)
5 →	天同星(本祿) 天機星(大祿)	0 →	巨門星(本祿) 巨門星(大祿)

進財大運地圖

女生命宮在亥【32～41歲】發財星

民國出生年尾數	財帛宮中有發財星	民國出生年尾數	財帛宮中有發財星
1 →	天梁星(本祿) 貪狼星(大祿)	6 →	太陰星(本祿) 天梁星(大祿)
2 →	破軍星(本祿) 廉貞星(大祿)	7 →	貪狼星(本祿) 太陽星(大祿)
3 →	廉貞星(本祿) 天梁星(大祿)	8 →	武曲星(本祿) 天同星(大祿)
4 →	天機星(本祿) 貪狼星(大祿)	9 →	太陽星(本祿) 廉貞星(大祿)
5 →	天同星(本祿) 天同星(大祿)	0 →	巨門星(本祿) 太陽星(大祿)

進財大運地圖：四十二至五十一歲男生的發財星

【四十二至五十一歲】的男生擁有智富的發財星嗎？循線連連看，找出您的發跡時機點！

進財大運地圖

男生命宮在子【42～51歲】發財星

民國出生年尾數	財帛宮中有發財星	民國出生年尾數	財帛宮中有發財星
1 →	天梁星(本祿) 廉貞星(大祿)	6 →	太陰星(本祿) 貪狼星(大祿)
2 →	破軍星(本祿) 太陽星(大祿)	7 →	貪狼星(本祿) 天同星(大祿)
3 →	廉貞星(本祿) 貪狼星(大祿)	8 →	武曲星(本祿) 天梁星(大祿)
4 →	天機星(本祿) 廉貞星(大祿)	9 →	太陽星(本祿) 太陽星(大祿)
5 →	天同星(本祿) 天梁星(大祿)	0 →	巨門星(本祿) 天同星(大祿)

進財大運地圖

男生命宮在丑【42～51歲】發財星

民國出生年尾數	財帛宮中有發財星	民國出生年尾數	財帛宮中有發財星
1 →	天梁星(本祿) 天機星(大祿)	6 →	太陰星(本祿) 武曲星(大祿)
2 →	破軍星(本祿) 巨門星(大祿)	7 →	貪狼星(本祿) 太陰星(大祿)
3 →	廉貞星(本祿) 武曲星(大祿)	8 →	武曲星(本祿) 破軍星(大祿)
4 →	天機星(本祿) 天機星(大祿)	9 →	太陽星(本祿) 巨門星(大祿)
5 →	天同星(本祿) 破軍星(大祿)	0 →	巨門星(本祿) 太陰星(大祿)

進財大運地圖

男生命宮在寅【42～51歲】發財星

民國出生年尾數	財帛宮中有發財星	民國出生年尾數	財帛宮中有發財星
1	天梁星(本祿) 天同星(大祿)	6	太陰星(本祿) 太陽星(大祿)
2	破軍星(本祿) 天梁星(大祿)	7	貪狼星(本祿) 貪狼星(大祿)
3	廉貞星(本祿) 太陽星(大祿)	8	武曲星(本祿) 廉貞星(大祿)
4	天機星(本祿) 天同星(大祿)	9	太陽星(本祿) 天梁星(大祿)
5	天同星(本祿) 廉貞星(大祿)	0	巨門星(本祿) 貪狼星(大祿)

進財大運地圖

男生命宮在卯【42～51歲】發財星

民國出生年尾數	財帛宮中有發財星	民國出生年尾數	財帛宮中有發財星
1	天梁星(本祿) 太陰星(大祿)	6	太陰星(本祿) 巨門星(大祿)
2	破軍星(本祿) 破軍星(大祿)	7	貪狼星(本祿) 武曲星(大祿)
3	廉貞星(本祿) 巨門星(大祿)	8	武曲星(本祿) 天機星(大祿)
4	天機星(本祿) 太陰星(大祿)	9	太陽星(本祿) 破軍星(大祿)
5	天同星(本祿) 天機星(大祿)	0	巨門星(本祿) 武曲星(大祿)

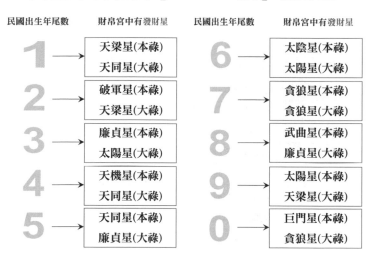

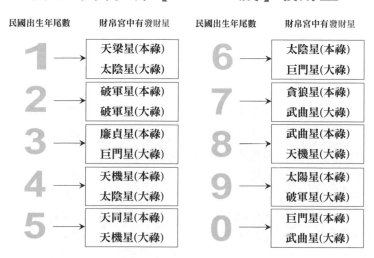

進財大運地圖

男生命宮在辰【42～51歲】發財星

民國出生年尾數	財帛宮中有發財星	民國出生年尾數	財帛宮中有發財星
1 →	天梁星(本祿) 貪狼星(大祿)	6 →	太陰星(本祿) 天梁星(大祿)
2 →	破軍星(本祿) 廉貞星(大祿)	7 →	貪狼星(本祿) 太陽星(大祿)
3 →	廉貞星(本祿) 天梁星(大祿)	8 →	武曲星(本祿) 天同星(大祿)
4 →	天機星(本祿) 貪狼星(大祿)	9 →	太陽星(本祿) 廉貞星(大祿)
5 →	天同星(本祿) 天同星(大祿)	0 →	巨門星(本祿) 太陽星(大祿)

進財大運地圖

男生命宮在巳【42～51歲】發財星

民國出生年尾數	財帛宮中有發財星	民國出生年尾數	財帛宮中有發財星
1 →	天梁星(本祿) 武曲星(大祿)	6 →	太陰星(本祿) 破軍星(大祿)
2 →	破軍星(本祿) 天機星(大祿)	7 →	貪狼星(本祿) 巨門星(大祿)
3 →	廉貞星(本祿) 破軍星(大祿)	8 →	武曲星(本祿) 太陰星(大祿)
4 →	天機星(本祿) 武曲星(大祿)	9 →	太陽星(本祿) 天機星(大祿)
5 →	天同星(本祿) 太陰星(大祿)	0 →	巨門星(本祿) 巨門星(大祿)

進財大運地圖

男生命宮在午【42～51歲】發財星

民國出生年尾數	財帛宮中有發財星	民國出生年尾數	財帛宮中有發財星
1	天梁星(本祿) 太陽星(大祿)	6	太陰星(本祿) 天梁星(大祿)
2	破軍星(本祿) 廉貞星(大祿)	7	貪狼星(本祿) 天梁星(大祿)
3	廉貞星(本祿) 廉貞星(大祿)	8	武曲星(本祿) 天同星(大祿)
4	×	9	太陽星(本祿) 天同星(大祿)
5	天同星(本祿) 貪狼星(大祿)	0	巨門星(本祿) 太陽星(大祿)

進財大運地圖

男生命宮在未【42～51歲】發財星

民國出生年尾數	財帛宮中有發財星	民國出生年尾數	財帛宮中有發財星
1	天梁星(本祿) 巨門星(大祿)	6	太陰星(本祿) 破軍星(大祿)
2	破軍星(本祿) 天機星(大祿)	7	×
3	廉貞星(本祿) 天機星(大祿)	8	武曲星(本祿) 太陰星(大祿)
4	天機星(本祿) 武曲星(大祿)	9	太陽星(本祿) 太陰星(大祿)
5	天同星(本祿) 武曲星(大祿)	0	巨門星(本祿) 巨門星(大祿)

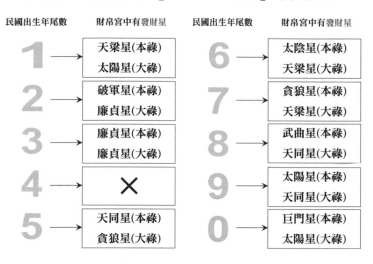

進財大運地圖

男生命宮在申【42～51歲】發財星

民國出生年尾數	財帛宮中有發財星	民國出生年尾數	財帛宮中有發財星
1	天梁星(本祿) 天梁星(大祿)	6	太陰星(本祿) 廉貞星(大祿)
2	破軍星(本祿) 天同星(大祿)	7	貪狼星(本祿) 廉貞星(大祿)
3	廉貞星(本祿) 天同星(大祿)	8	武曲星(本祿) 貪狼星(大祿)
4	天機星(本祿) 太陽星(大祿)	9	太陽星(本祿) 貪狼星(大祿)
5	天同星(本祿) 太陽星(大祿)	0	巨門星(本祿) 天梁星(大祿)

進財大運地圖

男生命宮在酉【42～51歲】發財星

民國出生年尾數	財帛宮中有發財星	民國出生年尾數	財帛宮中有發財星
1	天梁星(本祿) 破軍星(大祿)	6	太陰星(本祿) 天機星(大祿)
2	破軍星(本祿) 太陰星(大祿)	7	×
3	廉貞星(本祿) 太陰星(大祿)	8	武曲星(本祿) 武曲星(大祿)
4	天機星(本祿) 巨門星(大祿)	9	太陽星(本祿) 武曲星(大祿)
5	天同星(本祿) 巨門星(大祿)	0	巨門星(本祿) 破軍星(大祿)

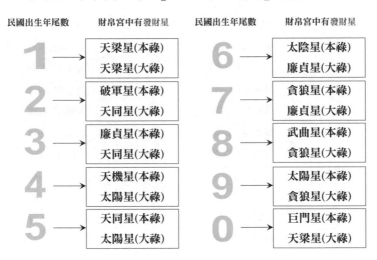

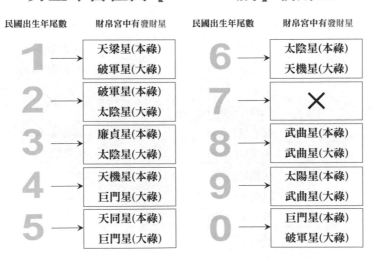

進財大運地圖

男生命宮在戌【42～51歲】發財星

民國出生年尾數	財帛宮中有發財星	民國出生年尾數	財帛宮中有發財星
1	天梁星(本祿) 天梁星(大祿)	6	太陰星(本祿) 天同星(大祿)
2	×	7	貪狼星(本祿) 廉貞星(大祿)
3	×	8	武曲星(本祿) 太陽星(大祿)
4	天機星(本祿) 天梁星(大祿)	9	太陽星(本祿) 貪狼星(大祿)
5	天同星(本祿) 太陽星(大祿)	0	巨門星(本祿) 廉貞星(大祿)

進財大運地圖

男生命宮在亥【42～51歲】發財星

民國出生年尾數	財帛宮中有發財星	民國出生年尾數	財帛宮中有發財星
1	天梁星(本祿) 破軍星(大祿)	6	太陰星(本祿) 太陰星(大祿)
2	破軍星(本祿) 武曲星(大祿)	7	×
3	廉貞星(本祿) 太陰星(大祿)	8	武曲星(本祿) 巨門星(大祿)
4	天機星(本祿) 破軍星(大祿)	9	太陽星(本祿) 武曲星(大祿)
5	天同星(本祿) 巨門星(大祿)	0	巨門星(本祿) 天機星(大祿)

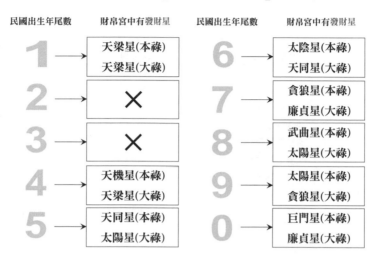

進財大運地圖：四十二至五十一歲女生的發財星
【四十二至五十一歲】的女生擁有智富的發財星嗎？循線連連看，找出您的發跡時機點！

進財大運地圖

女生命宮在子【42～51歲】發財星

民國出生年尾數	財帛宮中有發財星	民國出生年尾數	財帛宮中有發財星
1	天梁星(本祿) 貪狼星(大祿)	6	太陰星(本祿) 廉貞星(大祿)
2	破軍星(本祿) 天同星(大祿)	7	貪狼星(本祿) 太陽星(大祿)
3	廉貞星(本祿) 天梁星(大祿)	8	武曲星(本祿) 貪狼星(大祿)
4	天機星(本祿) 太陽星(大祿)	9	太陽星(本祿) 廉貞星(大祿)
5	天同星(本祿) 天同星(大祿)	0	巨門星(本祿) 天梁星(大祿)

進財大運地圖

女生命宮在丑【42～51歲】發財星

民國出生年尾數	財帛宮中有發財星	民國出生年尾數	財帛宮中有發財星
1	天梁星(本祿) 武曲星(大祿)	6	太陰星(本祿) 天機星(大祿)
2	破軍星(本祿) 太陰星(大祿)	7	貪狼星(本祿) 巨門星(大祿)
3	廉貞星(本祿) 破軍星(大祿)	8	武曲星(本祿) 武曲星(大祿)
4	天機星(本祿) 巨門星(大祿)	9	太陽星(本祿) 天機星(大祿)
5	天同星(本祿) 太陰星(大祿)	0	巨門星(本祿) 破軍星(大祿)

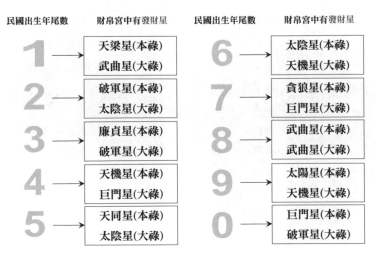

進財大運地圖

女生命宮在寅【42～51歲】發財星

民國出生年尾數	財帛宮中有發財星	民國出生年尾數	財帛宮中有發財星
1	天梁星(本祿) 太陽星(大祿)	6	太陰星(本祿) 天同星(大祿)
2	×	7	貪狼星(本祿) 天梁星(大祿)
3	廉貞星(本祿) 廉貞星(大祿)	8	武曲星(本祿) 太陽星(大祿)
4	天機星(本祿) 天梁星(大祿)	9	太陽星(本祿) 天同星(大祿)
5	天同星(本祿) 貪狼星(大祿)	0	巨門星(本祿) 廉貞星(大祿)

進財大運地圖

女生命宮在卯【42～51歲】發財星

民國出生年尾數	財帛宮中有發財星	民國出生年尾數	財帛宮中有發財星
1	天梁星(本祿) 巨門星(大祿)	6	太陰星(本祿) 太陰星(大祿)
2	破軍星(本祿) 武曲星(大祿)	7	×
3	廉貞星(本祿) 天機星(大祿)	8	武曲星(本祿) 巨門星(大祿)
4	天機星(本祿) 破軍星(大祿)	9	太陽星(本祿) 太陰星(大祿)
5	天同星(本祿) 武曲星(大祿)	0	巨門星(本祿) 天機星(大祿)

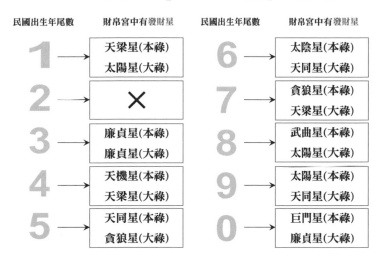

進財大運地圖

女生命宮在辰【42～51歲】發財星

民國出生年尾數	財帛宮中有發財星	民國出生年尾數	財帛宮中有發財星
1 →	天梁星(本祿) 天梁星(大祿)	6 →	太陰星(本祿) 貪狼星(大祿)
2 →	破軍星(本祿) 太陽星(大祿)	7 →	貪狼星(本祿) 廉貞星(大祿)
3 →	×	8 →	武曲星(本祿) 天梁星(大祿)
4 →	天機星(本祿) 廉貞星(大祿)	9 →	太陽星(本祿) 貪狼星(大祿)
5 →	天同星(本祿) 太陽星(大祿)	0 →	巨門星(本祿) 天同星(大祿)

進財大運地圖

女生命宮在巳【42～51歲】發財星

民國出生年尾數	財帛宮中有發財星	民國出生年尾數	財帛宮中有發財星
1 →	天梁星(本祿) 破軍星(大祿)	6 →	太陰星(本祿) 武曲星(大祿)
2 →	破軍星(本祿) 巨門星(大祿)	7 →	×
3 →	廉貞星(本祿) 太陰星(大祿)	8 →	武曲星(本祿) 破軍星(大祿)
4 →	天機星(本祿) 天機星(大祿)	9 →	太陽星(本祿) 武曲星(大祿)
5 →	天同星(本祿) 巨門星(大祿)	0 →	巨門星(本祿) 太陰星(大祿)

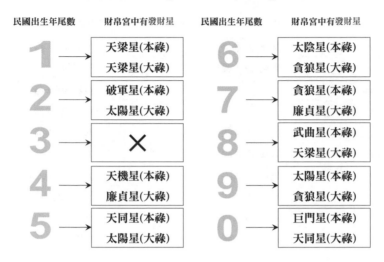

進財大運地圖

女生命宮在午【42～51歲】發財星

民國出生年尾數	財帛宮中有發財星	民國出生年尾數	財帛宮中有發財星
1	天梁星(本祿) 天梁星(大祿)	6	太陰星(本祿) 太陽星(大祿)
2	破軍星(本祿) 天梁星(大祿)	7	貪狼星(本祿) 廉貞星(大祿)
3	×	8	武曲星(本祿) 廉貞星(大祿)
4	天機星(本祿) 天同星(大祿)	9	太陽星(本祿) 貪狼星(大祿)
5	天同星(本祿) 太陽星(大祿)	0	巨門星(本祿) 貪狼星(大祿)

進財大運地圖

女生命宮在未【42～51歲】發財星

民國出生年尾數	財帛宮中有發財星	民國出生年尾數	財帛宮中有發財星
1	天梁星(本祿) 破軍星(大祿)	6	太陰星(本祿) 巨門星(大祿)
2	破軍星(本祿) 破軍星(大祿)	7	×
3	廉貞星(本祿) 太陰星(大祿)	8	武曲星(本祿) 天機星(大祿)
4	天機星(本祿) 太陰星(大祿)	9	太陽星(本祿) 武曲星(大祿)
5	天同星(本祿) 巨門星(大祿)	0	巨門星(本祿) 武曲星(大祿)

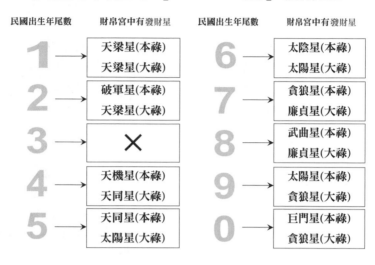

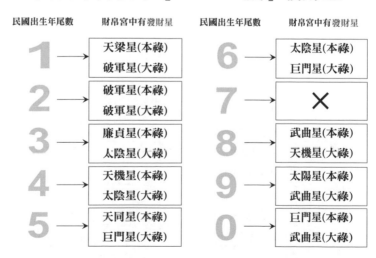

進財大運地圖

女生命宮在申【42～51歲】發財星

民國出生年尾數	財帛宮中有發財星	民國出生年尾數	財帛宮中有發財星
1	天梁星(本祿) 廉貞星(大祿)	6	太陰星(本祿) 天梁星(大祿)
2	破軍星(本祿) 廉貞星(大祿)	7	貪狼星(本祿) 天同星(大祿)
3	廉貞星(本祿) 貪狼星(大祿)	8	武曲星(本祿) 天同星(大祿)
4	×	9	太陽星(本祿) 太陽星(大祿)
5	天同星(本祿) 天梁星(大祿)	0	巨門星(本祿) 太陽星(大祿)

進財大運地圖

女生命宮在酉【42～51歲】發財星

民國出生年尾數	財帛宮中有發財星	民國出生年尾數	財帛宮中有發財星
1	天梁星(本祿) 天機星(大祿)	6	太陰星(本祿) 破軍星(大祿)
2	破軍星(本祿) 天機星(大祿)	7	貪狼星(本祿) 太陰星(大祿)
3	廉貞星(本祿) 武曲星(大祿)	8	武曲星(本祿) 太陰星(大祿)
4	天機星(本祿) 武曲星(大祿)	9	太陽星(本祿) 巨門星(大祿)
5	天同星(本祿) 破軍星(大祿)	0	巨門星(本祿) 巨門星(大祿)

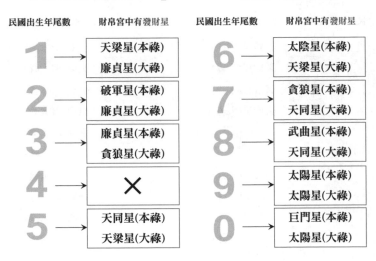

進財大運地圖

女生命宮在戌【42～51歲】發財星

民國出生年尾數	財帛宮中有發財星	民國出生年尾數	財帛宮中有發財星
1 →	天梁星(本祿) 天同星(大祿)	6 →	太陰星(本祿) 天梁星(大祿)
2 →	破軍星(本祿) 廉貞星(大祿)	7 →	貪狼星(本祿) 貪狼星(大祿)
3 →	廉貞星(本祿) 太陽星(大祿)	8 →	武曲星(本祿) 天同星(大祿)
4 →	×	9 →	太陽星(本祿) 天梁星(大祿)
5 →	×	0 →	巨門星(本祿) 太陽星(大祿)

進財大運地圖

女生命宮在亥【42～51歲】發財星

民國出生年尾數	財帛宮中有發財星	民國出生年尾數	財帛宮中有發財星
1 →	天梁星(本祿) 太陰星(大祿)	6 →	太陰星(本祿) 破軍星(大祿)
2 →	破軍星(本祿) 天機星(大祿)	7 →	貪狼星(本祿) 武曲星(大祿)
3 →	廉貞星(本祿) 巨門星(大祿)	8 →	武曲星(本祿) 太陰星(大祿)
4 →	天機星(本祿) 武曲星(大祿)	9 →	太陽星(本祿) 破軍星(大祿)
5 →	天同星(本祿) 天機星(大祿)	0 →	巨門星(本祿) 巨門星(大祿)

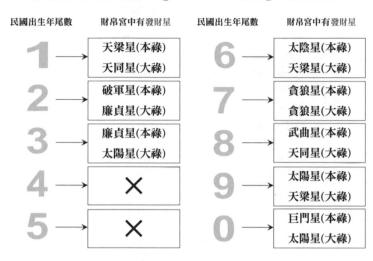

進財大運地圖：五十二至六十一歲男生的發財星

【五十二至六十一歲】的男生擁有智富的發財星嗎？循線連連看，找出您的發跡時機點！

進財大運地圖

男生命宮在子【52～61歲】發財星

民國出生年尾數	財帛宮中有發財星	民國出生年尾數	財帛宮中有發財星
1 →	天梁星(本祿) 天機星(大祿)	6 →	太陰星(本祿) 太陰星(大祿)
2 →	破軍星(本祿) 武曲星(大祿)	7 →	貪狼星(本祿) 太陰星(大祿)
3 →	廉貞星(本祿) 武曲星(大祿)	8 →	武曲星(本祿) 巨門星(大祿)
4 →	天機星(本祿) 破軍星(大祿)	9 →	太陽星(本祿) 巨門星(大祿)
5 →	天同星(本祿) 破軍星(大祿)	0 →	巨門星(本祿) 天機星(大祿)

進財大運地圖

男生命宮在丑【52～61歲】發財星

民國出生年尾數	財帛宮中有發財星	民國出生年尾數	財帛宮中有發財星
1 →	天梁星(本祿) 天同星(大祿)	6 →	太陰星(本祿) 貪狼星(大祿)
2 →	破軍星(本祿) 太陽星(大祿)	7 →	貪狼星(本祿) 貪狼星(大祿)
3 →	廉貞星(本祿) 太陽星(大祿)	8 →	武曲星(本祿) 天梁星(大祿)
4 →	天機星(本祿) 廉貞星(大祿)	9 →	太陽星(本祿) 天梁星(大祿)
5 →	×	0 →	巨門星(本祿) 天同星(大祿)

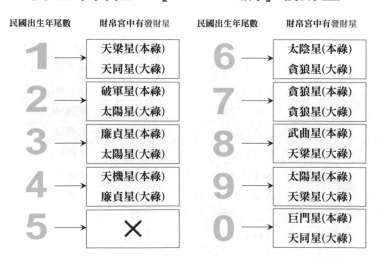

進財大運地圖

男生命宮在寅【52～61歲】發財星

民國出生年尾數	財帛宮中有發財星	民國出生年尾數	財帛宮中有發財星
1	天梁星(本祿) 太陰星(大祿)	6	太陰星(本祿) 武曲星(大祿)
2	破軍星(本祿) 巨門星(大祿)	7	貪狼星(本祿) 武曲星(大祿)
3	廉貞星(本祿) 巨門星(大祿)	8	武曲星(本祿) 破軍星(大祿)
4	天機星(本祿) 天機星(大祿)	9	太陽星(本祿) 破軍星(大祿)
5	天同星(本祿) 天機星(大祿)	0	巨門星(本祿) 太陰星(大祿)

進財大運地圖

男生命宮在卯【52～61歲】發財星

民國出生年尾數	財帛宮中有發財星	民國出生年尾數	財帛宮中有發財星
1	天梁星(本祿) 貪狼星(大祿)	6	太陰星(本祿) 太陽星(大祿)
2	破軍星(本祿) 天梁星(大祿)	7	貪狼星(本祿) 太陽星(大祿)
3	廉貞星(本祿) 天梁星(大祿)	8	武曲星(本祿) 廉貞星(大祿)
4	天機星(本祿) 天同星(大祿)	9	太陽星(本祿) 廉貞星(大祿)
5	天同星(本祿) 天同星(大祿)	0	巨門星(本祿) 貪狼星(大祿)

進財大運地圖

男生命宮在辰【52～61歲】發財星

民國出生年尾數	財帛宮中有發財星	民國出生年尾數	財帛宮中有發財星
1 →	天梁星(本祿) 武曲星(大祿)	6 →	太陰星(本祿) 巨門星(大祿)
2 →	破軍星(本祿) 破軍星(大祿)	7 →	貪狼星(本祿) 巨門星(大祿)
3 →	廉貞星(本祿) 破軍星(大祿)	8 →	武曲星(本祿) 天機星(大祿)
4 →	天機星(本祿) 太陰星(大祿)	9 →	太陽星(本祿) 天機星(大祿)
5 →	天同星(本祿) 太陰星(大祿)	0 →	巨門星(本祿) 武曲星(大祿)

進財大運地圖

男生命宮在巳【52～61歲】發財星

民國出生年尾數	財帛宮中有發財星	民國出生年尾數	財帛宮中有發財星
1 →	天梁星(本祿) 太陽星(大祿)	6 →	太陰星(本祿) 天梁星(大祿)
2 →	破軍星(本祿) 廉貞星(大祿)	7 →	貪狼星(本祿) 天梁星(大祿)
3 →	廉貞星(本祿) 廉貞星(大祿)	8 →	武曲星(本祿) 天同星(大祿)
4 →	×	9 →	太陽星(本祿) 天同星(大祿)
5 →	天同星(本祿) 貪狼星(大祿)	0 →	巨門星(本祿) 太陽星(大祿)

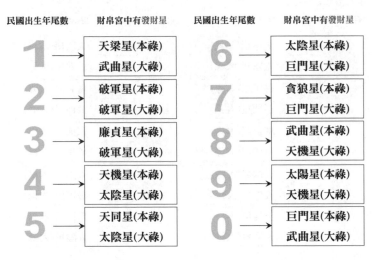

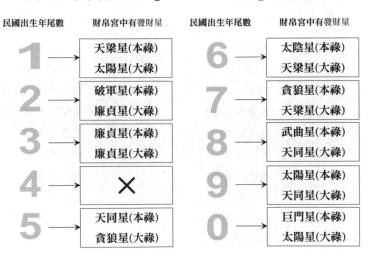

進財大運地圖

男生命宮在午【52～61歲】發財星

民國出生年尾數	財帛宮中有發財星	民國出生年尾數	財帛宮中有發財星
1	天梁星(本祿) 巨門星(大祿)	6	太陰星(本祿) 破軍星(大祿)
2	破軍星(本祿) 天機星(大祿)	7	×
3	廉貞星(本祿) 天機星(大祿)	8	武曲星(本祿) 太陰星(大祿)
4	天機星(本祿) 武曲星(大祿)	9	太陽星(本祿) 太陰星(大祿)
5	天同星(本祿) 武曲星(大祿)	0	巨門星(本祿) 巨門星(大祿)

進財大運地圖

男生命宮在未【52～61歲】發財星

民國出生年尾數	財帛宮中有發財星	民國出生年尾數	財帛宮中有發財星
1	天梁星(本祿) 天梁星(大祿)	6	太陰星(本祿) 天梁星(大祿)
2	破軍星(本祿) 廉貞星(大祿)	7	貪狼星(本祿) 廉貞星(大祿)
3	×	8	武曲星(本祿) 天同星(大祿)
4	×	9	太陽星(本祿) 貪狼星(大祿)
5	天同星(本祿) 太陽星(大祿)	0	巨門星(本祿) 太陽星(大祿)

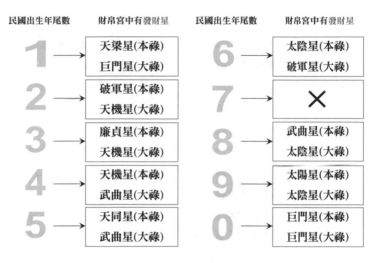

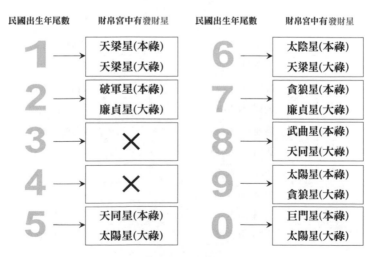

進財大運地圖

男生命宮在申【52～61歲】發財星

民國出生年尾數	財帛宮中有發財星	民國出生年尾數	財帛宮中有發財星
1	天梁星(本祿) 破軍星(大祿)	6	太陰星(本祿) 破軍星(大祿)
2	破軍星(本祿) 天機星(大祿)	7	×
3	廉貞星(本祿) 太陰星(大祿)	8	武曲星(本祿) 太陰星(大祿)
4	天機星(本祿) 武曲星(大祿)	9	太陽星(本祿) 武曲星(大祿)
5	天同星(本祿) 巨門星(大祿)	0	巨門星(本祿) 巨門星(大祿)

進財大運地圖

男生命宮在酉【52～61歲】發財星

民國出生年尾數	財帛宮中有發財星	民國出生年尾數	財帛宮中有發財星
1	天梁星(本祿) 天梁星(大祿)	6	太陰星(本祿) 廉貞星(大祿)
2	破軍星(本祿) 天同星(大祿)	7	貪狼星(本祿) 廉貞星(大祿)
3	廉貞星(本祿) 天同星(大祿)	8	武曲星(本祿) 貪狼星(大祿)
4	天機星(本祿) 太陽星(大祿)	9	太陽星(本祿) 貪狼星(大祿)
5	天同星(本祿) 太陽星(大祿)	0	巨門星(本祿) 天梁星(大祿)

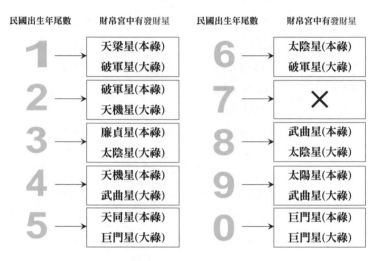

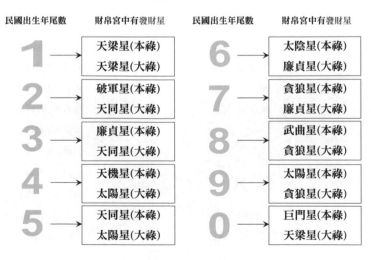

進財大運地圖

男生命宮在戌【52～61歲】發財星

民國出生年尾數	財帛宮中有發財星	民國出生年尾數	財帛宮中有發財星
1 →	天梁星(本祿) 破軍星(大祿)	6 →	太陰星(本祿) 天機星(大祿)
2 →	破軍星(本祿) 太陰星(大祿)	7 →	✕
3 →	廉貞星(本祿) 太陰星(大祿)	8 →	武曲星(本祿) 武曲星(大祿)
4 →	天機星(本祿) 巨門星(大祿)	9 →	太陽星(本祿) 武曲星(大祿)
5 →	天同星(本祿) 巨門星(大祿)	0 →	巨門星(本祿) 破軍星(大祿)

進財大運地圖

男生命宮在亥【52～61歲】發財星

民國出生年尾數	財帛宮中有發財星	民國出生年尾數	財帛宮中有發財星
1 →	天梁星(本祿) 廉貞星(大祿)	6 →	太陰星(本祿) 天同星(大祿)
2 →	破軍星(本祿) 天同星(大祿)	7 →	貪狼星(本祿) 廉貞星(大祿)
3 →	廉貞星(本祿) 貪狼星(大祿)	8 →	武曲星(本祿) 太陽星(大祿)
4 →	天機星(本祿) 天梁星(大祿)	9 →	太陽星(本祿) 太陽星(大祿)
5 →	天同星(本祿) 天梁星(大祿)	0 →	巨門星(本祿) 廉貞星(大祿)

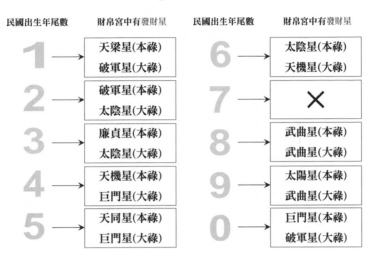

進財大運地圖：五十二至六十一歲女生的發財星

【五十二至六十一歲】的女生擁有智富的發財星嗎？循線連連看，找出您的發跡時機點！

進財大運地圖

女生命宮在子【52～61歲】發財星

民國出生年尾數	財帛宮中有發財星	民國出生年尾數	財帛宮中有發財星
1	天梁星(本祿) 太陰星(大祿)	6	太陰星(本祿) 天機星(大祿)
2	破軍星(本祿) 太陰星(大祿)	7	貪狼星(本祿) 武曲星(大祿)
3	廉貞星(本祿) 巨門星(大祿)	8	武曲星(本祿) 武曲星(大祿)
4	天機星(本祿) 巨門星(大祿)	9	太陽星(本祿) 破軍星(大祿)
5	天同星(本祿) 天機星(大祿)	0	巨門星(本祿) 破軍星(大祿)

進財大運地圖

女生命宮在丑【52～61歲】發財星

民國出生年尾數	財帛宮中有發財星	民國出生年尾數	財帛宮中有發財星
1	天梁星(本祿) 貪狼星(大祿)	6	太陰星(本祿) 天同星(大祿)
2	×	7	貪狼星(本祿) 太陽星(大祿)
3	廉貞星(本祿) 天梁星(大祿)	8	武曲星(本祿) 太陽星(大祿)
4	天機星(本祿) 天梁星(大祿)	9	太陽星(本祿) 廉貞星(大祿)
5	天同星(本祿) 天同星(大祿)	0	巨門星(本祿) 廉貞星(大祿)

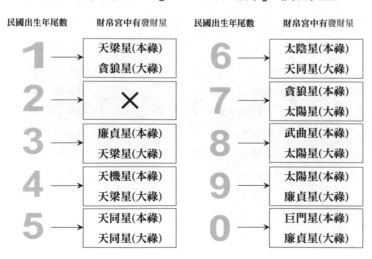

進財大運地圖

女生命宮在寅【52～61歲】發財星

民國出生年尾數	財帛宮中有發財星	民國出生年尾數	財帛宮中有發財星
1	天梁星(本祿) 武曲星(大祿)	6	太陰星(本祿) 太陰星(大祿)
2	破軍星(本祿) 武曲星(大祿)	7	貪狼星(本祿) 巨門星(大祿)
3	廉貞星(本祿) 破軍星(大祿)	8	武曲星(本祿) 巨門星(大祿)
4	天機星(本祿) 破軍星(大祿)	9	太陽星(本祿) 天機星(大祿)
5	天同星(本祿) 太陰星(大祿)	0	巨門星(本祿) 天機星(大祿)

進財大運地圖

女生命宮在卯【52～61歲】發財星

民國出生年尾數	財帛宮中有發財星	民國出生年尾數	財帛宮中有發財星
1	天梁星(本祿) 太陽星(大祿)	6	太陰星(本祿) 貪狼星(大祿)
2	破軍星(本祿) 太陽星(大祿)	7	貪狼星(本祿) 天梁星(大祿)
3	廉貞星(本祿) 廉貞星(大祿)	8	武曲星(本祿) 天梁星(大祿)
4	天機星(本祿) 廉貞星(大祿)	9	太陽星(本祿) 天同星(大祿)
5	天同星(本祿) 貪狼星(大祿)	0	巨門星(本祿) 天同星(大祿)

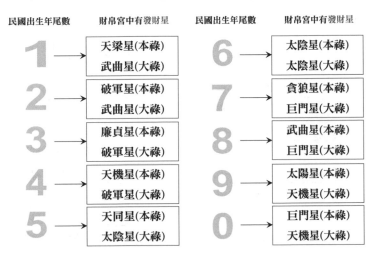

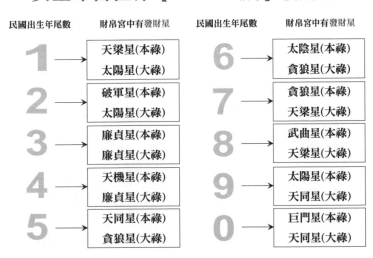

進財大運地圖

女生命宮在辰【52～61歲】發財星

民國出生年尾數	財帛宮中有發財星	民國出生年尾數	財帛宮中有發財星
1	天梁星(本祿) 巨門星(大祿)	6	太陰星(本祿) 武曲星(大祿)
2	破軍星(本祿) 巨門星(大祿)	7	×
3	廉貞星(本祿) 天機星(大祿)	8	武曲星(本祿) 破軍星(大祿)
4	天機星(本祿) 天機星(大祿)	9	太陽星(本祿) 太陰星(大祿)
5	天同星(本祿) 武曲星(大祿)	0	巨門星(本祿) 太陰星(大祿)

進財大運地圖

女生命宮在巳【52～61歲】發財星

民國出生年尾數	財帛宮中有發財星	民國出生年尾數	財帛宮中有發財星
1	天梁星(本祿) 天梁星(大祿)	6	太陰星(本祿) 太陽星(大祿)
2	破軍星(本祿) 天梁星(大祿)	7	貪狼星(本祿) 廉貞星(大祿)
3	×	8	武曲星(本祿) 廉貞星(大祿)
4	天機星(本祿) 天同星(大祿)	9	太陽星(本祿) 貪狼星(大祿)
5	天同星(本祿) 太陽星(大祿)	0	巨門星(本祿) 貪狼星(大祿)

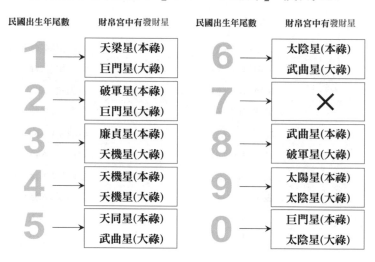

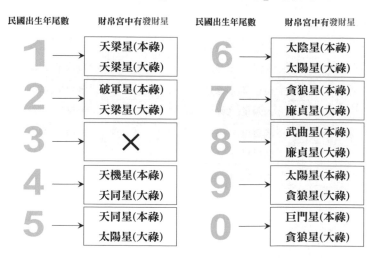

進財大運地圖

女生命宮在午【52～61歲】發財星

民國出生年尾數	財帛宮中有發財星
1	天梁星(本祿) 破軍星(大祿)
2	破軍星(本祿) 破軍星(大祿)
3	廉貞星(本祿) 太陰星(大祿)
4	天機星(本祿) 太陰星(大祿)
5	天同星(本祿) 巨門星(大祿)
6	太陰星(本祿) 巨門星(大祿)
7	✕
8	武曲星(本祿) 天機星(大祿)
9	太陽星(本祿) 武曲星(大祿)
0	巨門星(本祿) 武曲星(大祿)

進財大運地圖

女生命宮在未【52～61歲】發財星

民國出生年尾數	財帛宮中有發財星
1	天梁星(本祿) 天梁星(大祿)
2	破軍星(本祿) 廉貞星(大祿)
3	✕
4	✕
5	天同星(本祿) 太陽星(大祿)
6	太陰星(本祿) 天梁星(大祿)
7	貪狼星(本祿) 廉貞星(大祿)
8	武曲星(本祿) 天同星(大祿)
9	太陽星(本祿) 貪狼星(大祿)
0	巨門星(本祿) 太陽星(大祿)

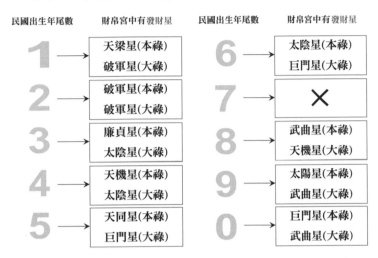

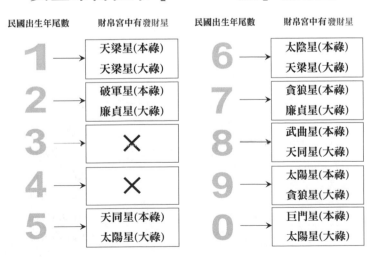

進財大運地圖

女生命宮在申【52～61歲】發財星

民國出生年尾數	財帛宮中有發財星	民國出生年尾數	財帛宮中有發財星
1 →	天梁星(本祿) 破軍星(大祿)	6 →	太陰星(本祿) 破軍星(大祿)
2 →	破軍星(本祿) 天機星(大祿)	7 →	×
3 →	廉貞星(本祿) 太陰星(大祿)	8 →	武曲星(本祿) 太陰星(大祿)
4 →	天機星(本祿) 武曲星(大祿)	9 →	太陽星(本祿) 武曲星(大祿)
5 →	天同星(本祿) 巨門星(大祿)	0 →	巨門星(本祿) 巨門星(大祿)

進財大運地圖

女生命宮在酉【52～61歲】發財星

民國出生年尾數	財帛宮中有發財星	民國出生年尾數	財帛宮中有發財星
1 →	天梁星(本祿) 廉貞星(大祿)	6 →	太陰星(本祿) 天梁星(大祿)
2 →	破軍星(本祿) 廉貞星(大祿)	7 →	貪狼星(本祿) 天同星(大祿)
3 →	廉貞星(本祿) 貪狼星(大祿)	8 →	武曲星(本祿) 天同星(大祿)
4 →	×	9 →	太陽星(本祿) 太陽星(大祿)
5 →	天同星(本祿) 天梁星(大祿)	0 →	巨門星(本祿) 太陽星(大祿)

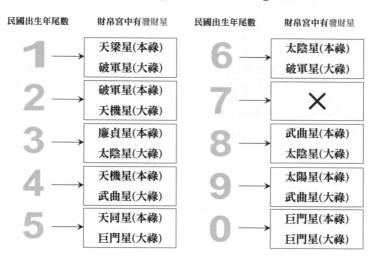

進財大運地圖

女生命宮在戌【52～61歲】發財星

民國出生年尾數	財帛宮中有發財星	民國出生年尾數	財帛宮中有發財星
1 →	天梁星(本祿) 天機星(大祿)	6 →	太陰星(本祿) 破軍星(大祿)
2 →	破軍星(本祿) 天機星(大祿)	7 →	貪狼星(本祿) 太陰星(大祿)
3 →	廉貞星(本祿) 武曲星(大祿)	8 →	武曲星(本祿) 太陰星(大祿)
4 →	天機星(本祿) 武曲星(大祿)	9 →	太陽星(本祿) 巨門星(大祿)
5 →	天同星(本祿) 破軍星(大祿)	0 →	巨門星(本祿) 巨門星(大祿)

進財大運地圖

女生命宮在亥【52～61歲】發財星

民國出生年尾數	財帛宮中有發財星	民國出生年尾數	財帛宮中有發財星
1 →	天梁星(本祿) 天同星(大祿)	6 →	太陰星(本祿) 廉貞星(大祿)
2 →	破軍星(本祿) 廉貞星(大祿)	7 →	貪狼星(本祿) 天同星(大祿)
3 →	廉貞星(本祿) 太陽星(大祿)	8 →	武曲星(本祿) 貪狼星(大祿)
4 →	天機星(本祿) 太陽星(大祿)	9 →	太陽星(本祿) 天梁星(大祿)
5 →	╳	0 →	巨門星(本祿) 天梁星(大祿)

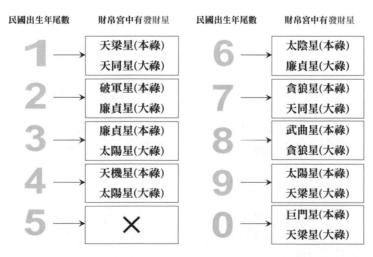

進財大運地圖：六十二至七十一歲男生的發財星
【六十二至七十一歲】的男生擁有智富的發財星嗎？循線連連看，找出您的發跡時機點！

進財大運地圖

男生命宮在子【62～71歲】發財星

民國出生年尾數	財帛宮中有發財星	民國出生年尾數	財帛宮中有發財星
1 →	天梁星(本祿) 太陽星(大祿)	6 →	太陰星(本祿) 太陽星(大祿)
2 →	破軍星(本祿) 天梁星(大祿)	7 →	貪狼星(本祿) 天梁星(大祿)
3 →	廉貞星(本祿) 廉貞星(大祿)	8 →	武曲星(本祿) 廉貞星(大祿)
4 →	天機星(本祿) 天同星(大祿)	9 →	太陽星(本祿) 天同星(大祿)
5 →	天同星(本祿) 貪狼星(大祿)	0 →	巨門星(本祿) 貪狼星(大祿)

進財大運地圖

男生命宮在丑【62～71歲】發財星

民國出生年尾數	財帛宮中有發財星	民國出生年尾數	財帛宮中有發財星
1 →	天梁星(本祿) 巨門星(大祿)	6 →	×
2 →	破軍星(本祿) 破軍星(大祿)	7 →	×
3 →	廉貞星(本祿) 天機星(大祿)	8 →	武曲星(本祿) 天機星(大祿)
4 →	×	9 →	太陽星(本祿) 太陰星(大祿)
5 →	天同星(本祿) 武曲星(大祿)	0 →	巨門星(本祿) 武曲星(大祿)

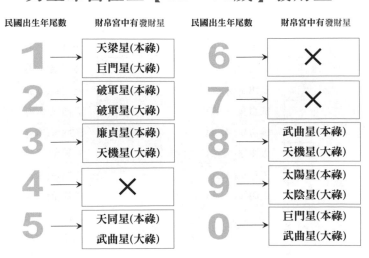

進財大運地圖

男生命宮在寅【62～71歲】發財星

民國出生年尾數	財帛宮中有發財星	民國出生年尾數	財帛宮中有發財星
1	天梁星(本祿) 天梁星(大祿)	6	太陰星(本祿) 天梁星(大祿)
2	破軍星(本祿) 廉貞星(大祿)	7	貪狼星(本祿) 廉貞星(大祿)
3	×	8	武曲星(本祿) 天同星(大祿)
4	×	9	太陽星(本祿) 貪狼星(大祿)
5	天同星(本祿) 太陽星(大祿)	0	巨門星(本祿) 太陽星(大祿)

進財大運地圖

男生命宮在卯【62～71歲】發財星

民國出生年尾數	財帛宮中有發財星	民國出生年尾數	財帛宮中有發財星
1	天梁星(本祿) 破軍星(大祿)	6	太陰星(本祿) 破軍星(大祿)
2	破軍星(本祿) 天機星(大祿)	7	×
3	廉貞星(本祿) 太陰星(大祿)	8	武曲星(本祿) 太陰星(大祿)
4	天機星(本祿) 武曲星(大祿)	9	太陽星(本祿) 武曲星(大祿)
5	天同星(本祿) 巨門星(大祿)	0	巨門星(本祿) 巨門星(大祿)

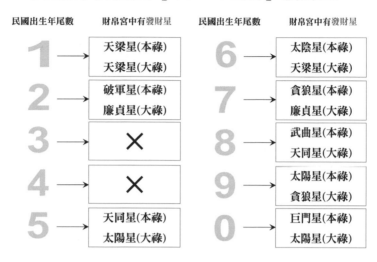

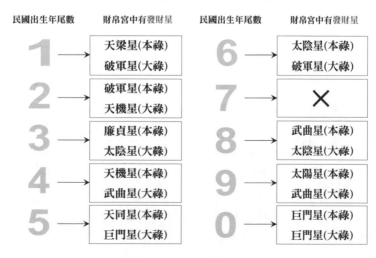

進財大運地圖

男生命宮在辰【62～71歲】發財星

民國出生年尾數	財帛宮中有發財星	民國出生年尾數	財帛宮中有發財星
1 →	天梁星(本祿) 廉貞星(大祿)	6 →	太陰星(本祿) 廉貞星(大祿)
2 →	破軍星(本祿) 天同星(大祿)	7 →	貪狼星(本祿) 天同星(大祿)
3 →	廉貞星(本祿) 貪狼星(大祿)	8 →	武曲星(本祿) 貪狼星(大祿)
4 →	天機星(本祿) 太陽星(大祿)	9 →	太陽星(本祿) 太陽星(大祿)
5 →	天同星(本祿) 天梁星(大祿)	0 →	巨門星(本祿) 天梁星(大祿)

進財大運地圖

男生命宮在巳【62～71歲】發財星

民國出生年尾數	財帛宮中有發財星	民國出生年尾數	財帛宮中有發財星
1 →	天梁星(本祿) 天機星(大祿)	6 →	太陰星(本祿) 天機星(大祿)
2 →	破軍星(本祿) 太陰星(大祿)	7 →	貪狼星(本祿) 太陰星(大祿)
3 →	廉貞星(本祿) 武曲星(大祿)	8 →	武曲星(本祿) 武曲星(大祿)
4 →	天機星(本祿) 巨門星(大祿)	9 →	太陽星(本祿) 巨門星(大祿)
5 →	天同星(本祿) 破軍星(大祿)	0 →	巨門星(本祿) 破軍星(大祿)

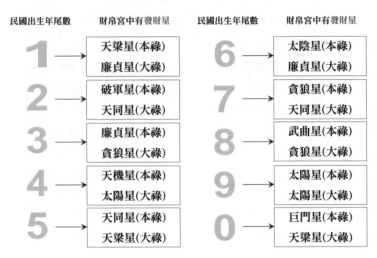

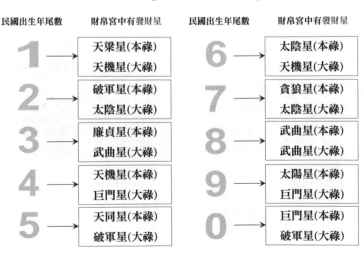

進財大運地圖

男生命宮在午【62～71歲】發財星

民國出生年尾數	財帛宮中有發財星	民國出生年尾數	財帛宮中有發財星
1	天梁星(本祿) 天同星(大祿)	6	太陰星(本祿) 天同星(大祿)
2	破軍星(本祿) 貪狼星(大祿)	7	貪狼星(本祿) 貪狼星(大祿)
3	廉貞星(本祿) 太陽星(大祿)	8	武曲星(本祿) 太陽星(大祿)
4	天機星(本祿) 天梁星(大祿)	9	太陽星(本祿) 天梁星(大祿)
5	天同星(本祿) 廉貞星(大祿)	0	巨門星(本祿) 廉貞星(大祿)

進財大運地圖

男生命宮在未【62～71歲】發財星

民國出生年尾數	財帛宮中有發財星	民國出生年尾數	財帛宮中有發財星
1	天梁星(本祿) 太陰星(大祿)	6	太陰星(本祿) 太陰星(大祿)
2	破軍星(本祿) 武曲星(大祿)	7	貪狼星(本祿) 武曲星(大祿)
3	廉貞星(本祿) 巨門星(大祿)	8	武曲星(本祿) 巨門星(人祿)
4	天機星(本祿) 破軍星(大祿)	9	太陽星(本祿) 破軍星(大祿)
5	天同星(本祿) 天機星(大祿)	0	巨門星(本祿) 天機星(大祿)

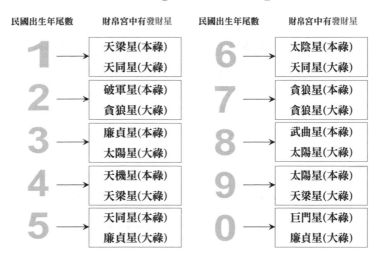

進財大運地圖

男生命宮在申【62～71歲】發財星

民國出生年尾數	財帛宮中有發財星	民國出生年尾數	財帛宮中有發財星
1	天梁星(本祿) 天同星(大祿)	6	太陰星(本祿) 天同星(大祿)
2	破軍星(本祿) 貪狼星(大祿)	7	貪狼星(本祿) 貪狼星(大祿)
3	廉貞星(本祿) 太陽星(大祿)	8	武曲星(本祿) 太陽星(大祿)
4	天機星(本祿) 天梁星(大祿)	9	太陽星(本祿) 天梁星(大祿)
5	×	0	巨門星(本祿) 廉貞星(大祿)

進財大運地圖

男生命宮在酉【62～71歲】發財星

民國出生年尾數	財帛宮中有發財星	民國出生年尾數	財帛宮中有發財星
1	天梁星(本祿) 太陰星(大祿)	6	太陰星(本祿) 太陰星(大祿)
2	破軍星(本祿) 武曲星(大祿)	7	貪狼星(本祿) 武曲星(大祿)
3	廉貞星(本祿) 巨門星(大祿)	8	武曲星(本祿) 巨門星(大祿)
4	天機星(本祿) 破軍星(大祿)	9	太陽星(本祿) 破軍星(大祿)
5	天同星(本祿) 天機星(大祿)	0	巨門星(本祿) 天機星(大祿)

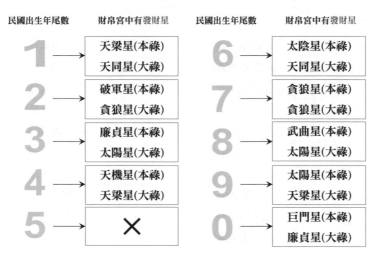

進財大運地圖

男生命宮在戌【62～71歲】發財星

民國出生年尾數	財帛宮中有發財星	民國出生年尾數	財帛宮中有發財星
1 →	天梁星(本祿) 貪狼星(大祿)	6 →	太陰星(本祿) 貪狼星(大祿)
2 →	破軍星(本祿) 太陽星(大祿)	7 →	貪狼星(本祿) 太陽星(大祿)
3 →	廉貞星(本祿) 天梁星(大祿)	8 →	✕
4 →	天機星(本祿) 廉貞星(大祿)	9 →	✕
5 →	天同星(本祿) 天同星(大祿)	0 →	巨門星(本祿) 天同星(大祿)

進財大運地圖

男生命宮在亥【62～71歲】發財星

民國出生年尾數	財帛宮中有發財星	民國出生年尾數	財帛宮中有發財星
1 →	✕	6 →	太陰星(本祿) 武曲星(大祿)
2 →	破軍星(本祿) 巨門星(大祿)	7 →	貪狼星(本祿) 巨門星(大祿)
3 →	廉貞星(本祿) 破軍星(大祿)	8 →	武曲星(本祿) 破軍星(大祿)
4 →	天機星(本祿) 天機星(大祿)	9 →	太陽星(本祿) 天機星(大祿)
5 →	天同星(本祿) 太陰星(大祿)	0 →	✕

進財大運地圖：六十二至七十一歲女生的發財星

【六十二至七十一歲】的女生擁有智富的發財星嗎？循線連連看，找出您的發跡時機點！

進財大運地圖

女生命宮在子【62～71歲】發財星

民國出生年尾數	財帛宮中有發財星	民國出生年尾數	財帛宮中有發財星
1 →	天梁星(本祿) 太陽星(大祿)	6 →	太陰星(本祿) 太陽星(大祿)
2 →	破軍星(本祿) 天梁星(大祿)	7 →	貪狼星(本祿) 天梁星(大祿)
3 →	廉貞星(本祿) 廉貞星(大祿)	8 →	武曲星(本祿) 廉貞星(大祿)
4 →	天機星(本祿) 天同星(大祿)	9 →	太陽星(本祿) 天同星(大祿)
5 →	天同星(本祿) 貪狼星(大祿)	0 →	巨門星(本祿) 貪狼星(大祿)

進財大運地圖

女生命宮在丑【62～71歲】發財星

民國出生年尾數	財帛宮中有發財星	民國出生年尾數	財帛宮中有發財星
1 →	天梁星(本祿) 巨門星(大祿)	6 →	×
2 →	破軍星(本祿) 破軍星(大祿)	7 →	×
3 →	廉貞星(本祿) 天機星(大祿)	8 →	武曲星(本祿) 天機星(大祿)
4 →	×	9 →	太陽星(本祿) 太陰星(大祿)
5 →	天同星(本祿) 武曲星(大祿)	0 →	巨門星(本祿) 武曲星(大祿)

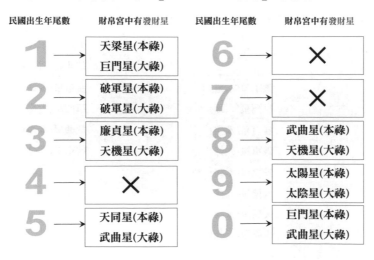

進財大運地圖

女生命宮在寅【62～71歲】發財星

民國出生年尾數	財帛宮中有發財星	民國出生年尾數	財帛宮中有發財星
1 →	天梁星(本祿) 天梁星(大祿)	6 →	太陰星(本祿) 天梁星(大祿)
2 →	破軍星(本祿) 廉貞星(大祿)	7 →	貪狼星(本祿) 廉貞星(大祿)
3 →	✕	8 →	武曲星(本祿) 天同星(大祿)
4 →	✕	9 →	太陽星(本祿) 貪狼星(大祿)
5 →	天同星(本祿) 太陽星(大祿)	0 →	巨門星(本祿) 太陽星(大祿)

進財大運地圖

女生命宮在卯【62～71歲】發財星

民國出生年尾數	財帛宮中有發財星	民國出生年尾數	財帛宮中有發財星
1 →	天梁星(本祿) 破軍星(大祿)	6 →	太陰星(本祿) 破軍星(大祿)
2 →	破軍星(本祿) 天機星(大祿)	7 →	✕
3 →	廉貞星(本祿) 太陰星(大祿)	8 →	武曲星(本祿) 太陰星(大祿)
4 →	天機星(本祿) 武曲星(大祿)	9 →	太陽星(本祿) 武曲星(大祿)
5 →	天同星(本祿) 巨門星(大祿)	0 →	巨門星(本祿) 巨門星(大祿)

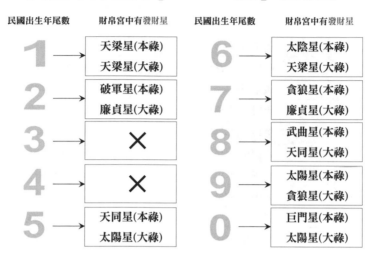

進財大運地圖

女生命宮在辰【62～71歲】發財星

民國出生年尾數	財帛宮中有發財星	民國出生年尾數	財帛宮中有發財星
1 →	天梁星(本祿) 廉貞星(大祿)	6 →	太陰星(本祿) 廉貞星(大祿)
2 →	破軍星(本祿) 天同星(大祿)	7 →	貪狼星(本祿) 天同星(大祿)
3 →	廉貞星(本祿) 貪狼星(大祿)	8 →	武曲星(本祿) 貪狼星(大祿)
4 →	天機星(本祿) 太陽星(大祿)	9 →	太陽星(本祿) 太陽星(大祿)
5 →	天同星(本祿) 天梁星(大祿)	0 →	巨門星(本祿) 天梁星(大祿)

進財大運地圖

女生命宮在巳【62～71歲】發財星

民國出生年尾數	財帛宮中有發財星	民國出生年尾數	財帛宮中有發財星
1 →	天梁星(本祿) 天機星(大祿)	6 →	太陰星(本祿) 天機星(大祿)
2 →	破軍星(本祿) 太陰星(大祿)	7 →	貪狼星(本祿) 太陰星(大祿)
3 →	廉貞星(本祿) 武曲星(大祿)	8 →	武曲星(本祿) 武曲星(大祿)
4 →	天機星(本祿) 巨門星(大祿)	9 →	太陽星(本祿) 巨門星(大祿)
5 →	天同星(本祿) 破軍星(大祿)	0 →	巨門星(本祿) 破軍星(大祿)

進財大運地圖

女生命宮在午【62～71歲】發財星

民國出生年尾數	財帛宮中有發財星	民國出生年尾數	財帛宮中有發財星
1 →	天梁星(本祿) 天同星(大祿)	6 →	太陰星(本祿) 天同星(大祿)
2 →	破軍星(本祿) 貪狼星(大祿)	7 →	貪狼星(本祿) 貪狼星(大祿)
3 →	廉貞星(本祿) 太陽星(大祿)	8 →	武曲星(本祿) 太陽星(大祿)
4 →	天機星(本祿) 天梁星(大祿)	9 →	太陽星(本祿) 天梁星(大祿)
5 →	天同星(本祿) 廉貞星(大祿)	0 →	巨門星(本祿) 廉貞星(大祿)

進財大運地圖

女生命宮在未【62～71歲】發財星

民國出生年尾數	財帛宮中有發財星	民國出生年尾數	財帛宮中有發財星
1 →	天梁星(本祿) 太陰星(大祿)	6 →	太陰星(本祿) 太陰星(大祿)
2 →	破軍星(本祿) 武曲星(大祿)	7 →	貪狼星(本祿) 武曲星(大祿)
3 →	廉貞星(本祿) 巨門星(大祿)	8 →	武曲星(本祿) 巨門星(大祿)
4 →	天機星(本祿) 破軍星(大祿)	9 →	太陽星(本祿) 破軍星(大祿)
5 →	天同星(本祿) 天機星(大祿)	0 →	巨門星(本祿) 天機星(大祿)

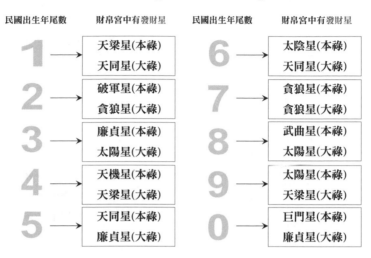

進財大運地圖

女生命宮在申【62～71歲】發財星

民國出生年尾數	財帛宮中有發財星	民國出生年尾數	財帛宮中有發財星
1 →	天梁星(本祿) 天同星(大祿)	6 →	太陰星(本祿) 天同星(大祿)
2 →	破軍星(本祿) 貪狼星(大祿)	7 →	貪狼星(本祿) 貪狼星(大祿)
3 →	廉貞星(本祿) 太陽星(大祿)	8 →	武曲星(本祿) 太陽星(大祿)
4 →	天機星(本祿) 天梁星(大祿)	9 →	太陽星(本祿) 天梁星(大祿)
5 →	×	0 →	巨門星(本祿) 廉貞星(大祿)

進財大運地圖

女生命宮在酉【62～71歲】發財星

民國出生年尾數	財帛宮中有發財星	民國出生年尾數	財帛宮中有發財星
1 →	天梁星(本祿) 太陰星(大祿)	6 →	太陰星(本祿) 太陰星(大祿)
2 →	破軍星(本祿) 武曲星(大祿)	7 →	貪狼星(本祿) 武曲星(大祿)
3 →	廉貞星(本祿) 巨門星(大祿)	8 →	武曲星(本祿) 巨門星(大祿)
4 →	天機星(本祿) 破軍星(大祿)	9 →	太陽星(本祿) 破軍星(大祿)
5 →	天同星(本祿) 天機星(大祿)	0 →	巨門星(本祿) 天機星(大祿)

進財大運地圖

女生命宮在戌【62～71歲】發財星

民國出生年尾數	財帛宮中有發財星	民國出生年尾數	財帛宮中有發財星
1 →	天梁星(本祿) 貪狼星(大祿)	6 →	太陰星(本祿) 貪狼星(大祿)
2 →	破軍星(本祿) 太陽星(大祿)	7 →	貪狼星(本祿) 太陽星(大祿)
3 →	廉貞星(本祿) 天梁星(大祿)	8 →	✕
4 →	天機星(本祿) 廉貞星(大祿)	9 →	✕
5 →	天同星(本祿) 天同星(大祿)	0 →	巨門星(本祿) 天同星(大祿)

進財大運地圖

女生命宮在亥【62～71歲】發財星

民國出生年尾數	財帛宮中有發財星	民國出生年尾數	財帛宮中有發財星
1 →	✕	6 →	太陰星(本祿) 武曲星(大祿)
2 →	破軍星(本祿) 巨門星(大祿)	7 →	貪狼星(本祿) 巨門星(大祿)
3 →	廉貞星(本祿) 破軍星(大祿)	8 →	武曲星(本祿) 破軍星(大祿)
4 →	天機星(本祿) 天機星(大祿)	9 →	太陽星(本祿) 天機星(大祿)
5 →	天同星(本祿) 太陰星(大祿)	0 →	✕

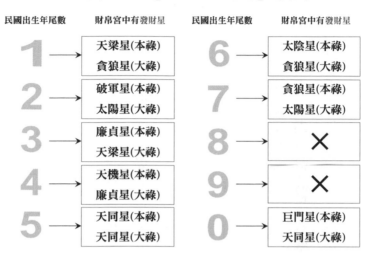

四、二〇一四～二〇一八年個人財運預測

「後天財運地圖」也要告訴您，西元二〇一四～二〇一八年您的財運走向。

發跡時機點可以幫助您做好長期性的投資規劃。掌握每年個人短期的後天財運，也是理財的進退攻略，讓您進可攻、退可守，成為理財界的常勝將軍。現在就來分析西元二〇一四～二〇一八年的財運地圖，每一步都可以走得很踏實！

老天爺很公平地安排好每個人的發跡時機，倘若您在財運地圖裡，找不到您的發財星，怎麼辦？別擔心，我們可以再往西元二〇一九年後來尋寶。

「後天財運地圖」如何循線找到西元二〇一四～二〇一八年的發財狀況？

尋寶步驟：找到當年度的發財狀況

後天財運地圖

西元2014～2018年您的財運如何？

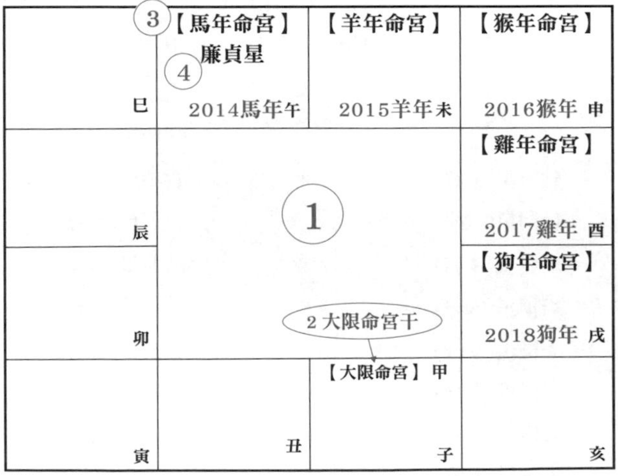

例如：對應二〇一四甲午年年財運地圖（上圖），阿發這十年大限命宮在子，馬年命宮在午，午宮為流年命宮廉貞星座守，找到了阿發二〇一四年的發財狀況。

馬年為甲午年，天干甲之化祿星為廉貞星，見紫微斗數四化飛星訣的圖表。所以「阿發二〇一四年財運：運勢通達，理財投資亨通」。對於阿發而言，可以籌資準備，依據財神爺與喜神選擇投資方式，在二〇一四年大發利市！

後天財運地圖
西元 2014 ～ 2018 年您的財運如何

尋寶地圖順序：

1. 請先表列出紫微斗數命盤
2. 找出大限命宮裡的天干
3. 找到流年命宮的位置
4. 連線到命宮星宿
5. 找到了當年度的發財狀況

流年宮星

大限命宮天干是：甲

2014年
甲午年財運

流年宮星	財運
紫微星	穩定事業財　謹防財庫破
天機星	財運平平　不動產尚可守
太陽星	運勢困頓　謹慎理財可守
武曲星	財運亨通　不動產運平平
天同星	財運困頓　謹防詐騙破財
廉貞星	運勢通達　理財投資亨通
天府星	財運亨通　不動產運平平
太陰星	財運困頓　謹防詐騙破財
貪狼星	投機賭性強　防財庫有損
巨門星	財運平平　不動產尚可守
天相星	運勢通達　理財投資亨通
天梁星	進財運平　不動產可守
七殺星	投機賭性強　不動產運平
破軍星	偏財運佳　不動產運亦可

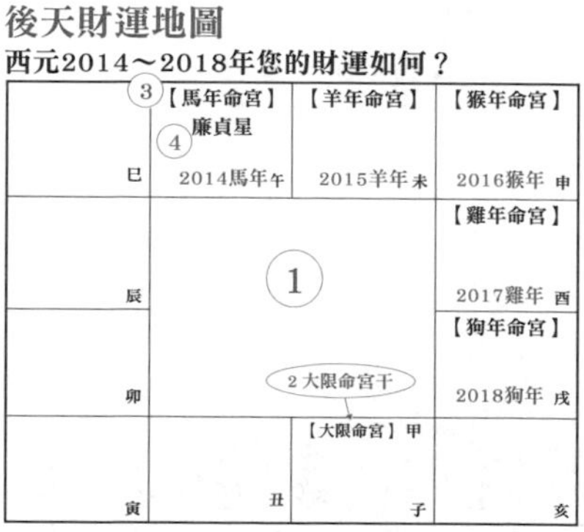

阿發：

這十年大限命宮在子，馬年命宮在午，午宮是廉貞星。

阿發二〇一四年財運：
運勢通達、理財投資亨通

二〇一四年個人財運紫微斗數預測

西元二〇一四年，民國一〇三年，甲午馬年，
您的財運如何？

註：個人財運圖表中，紅底為財運亨通者

十年大限命宮天干為「甲」，馬年流年命宮在午，流年命宮中「？」星座守，對應星宿說明，即可找到您二〇一四年的發財狀況。

註：有紅底的星宿代表財運亨通者

2014年
甲午年財運

大限命宮天干是：**甲**

流年宮星

流年宮星	財運
破軍星	偏財運佳　不動產運亦可
七殺星	投機賭性強　不動產運平
天梁星	進財運平　不動產可守
天相星	運勢通達　理財投資亨通
巨門星	財運平平　不動產尚可守
貪狼星	投機賭性強　防財庫有損
太陰星	財運困頓　謹防詐騙破財
天府星	財運亨通　不動產運平平
廉貞星	運勢通達　理財投資亨通
天同星	財運困頓　謹防詐騙破財
武曲星	財運亨通　不動產運平平
太陽星	運勢困頓　謹慎理財可守
天機星	財運平平　不動產尚可守
紫微星	穩定事業財　謹防財庫破

十年大限命宮干為「乙」，馬年流年命宮在午，流年命宮中「？」星座守，對應星宿說明，即可找到您二〇一四年的發財狀況。

2014年 甲午年財運

大限命宮天干是：乙

流年宮星

星	財運
破軍星	偏財運佳　不動產運難守
七殺星	投機賭性強　不動產運佳
天梁星	進財運平平　不動產可守
天相星	運勢通達　謹防資產有損
巨門星	遠方財運佳　不動產可守
貪狼星	投機賭性強　防財庫有損
太陰星	財運困頓　謹防詐騙破財
天府星	財運投資亨通　不動產佳
廉貞星	運勢通達　謹防資產有損
天同星	財運困頓　謹防詐騙破財
武曲星	財運投資亨通　不動產佳
太陽星	運勢困頓　謹防資產有損
天機星	運勢通達　不動產運穩健
紫微星	穩定事業財　謹防財庫破

十年大限命宮干為「丙」，馬年流年命宮在午，流年命宮中「？」星座守，對應星宿說明，即可找到您二〇一四年的發財狀況。

2014年 甲午年財運

大限命宮天干是：丙

流年宮星

星	財運
破軍星	偏財運佳　不動產運亦可
七殺星	投機賭性強　不動產運平
天梁星	進財運勢平　不動產可守
天相星	運勢起伏　不動產運尚佳
巨門星	財運亨通　不動產運可守
貪狼星	投機賭性強　防財庫有損
太陰星	運勢通達　財運攻守難防
天府星	財運投資亨通　不動產佳
廉貞星	運勢起伏　不動產運尚佳
天同星	運勢通達　財運攻守難防
武曲星	財運困頓　不動產運平平
太陽星	運勢困頓　謹慎理財可守
天機星	財運亨通　不動產運可守
紫微星	穩定事業財　謹防財庫破

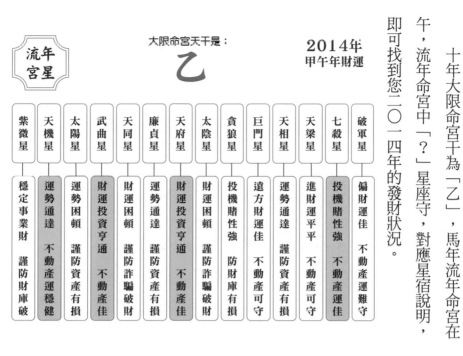

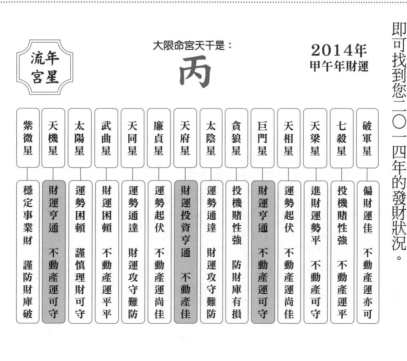

十年大限命宮干為「丁」，馬年流年命宮在午，流年命宮中「？」星座守，對應星宿說明，即可找到您二〇一四年的發財狀況。

流年宮星

大限命宮天干是：**丁**

2014年
甲午年財運

流年宮星	財運
紫微星	穩定事業財　謹防財庫破
天機星	財運平平　不動產尚可守
太陽星	財運亨通　謹慎理財可守
武曲星	財運投資穩健　財庫難守
天同星	運勢通達　財運難攻可守
廉貞星	運勢通達　理財投資亨通
天府星	財運投資穩健　財庫難守
太陰星	運勢通達　財運難攻可守
貪狼星	投機賭性強　防財庫有損
巨門星	財運平平　不動產尚可守
天相星	運勢通達　理財投資亨通
天梁星	財運亨通　謹慎理財可守
七殺星	投機賭性強　不動產難守
破軍星	偏財運佳　不動產運通達

十年大限命宮干為「戊」，馬年流年命宮在午，流年命宮中「？」星座守，對應星宿說明，即可找到您二〇一四年的發財狀況。

流年宮星

大限命宮天干是：**戊**

2014年
甲午年財運

流年宮星	財運
紫微星	穩定事業財　謹防財庫破
天機星	運勢困頓　不動產尚可守
太陽星	運勢困頓　謹慎理財可守
武曲星	財運投資穩健　財庫難守
天同星	運勢平穩　財運難攻可守
廉貞星	運勢通達　理財投資亨通
天府星	財運投資穩健　財庫難守
太陰星	運勢平穩　財運難攻可守
貪狼星	投機運勢強　防財庫有損
巨門星	財運平平　不動產尚可守
天相星	運勢通達　理財投資亨通
天梁星	財運困頓　不動產運通達
七殺星	投機運勢強　防財庫有損
破軍星	偏財運佳　不動產運亦可

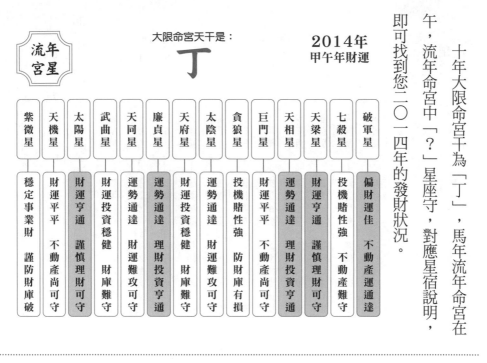

十年大限命宮干為「己」，馬年流年命宮在午，流年命宮中「？」星座守，對應星宿說明，即可找到您二〇一四年的發財狀況。

流年宮星

大限命宮天干是：

己

2014年

甲午年財運

紫微星	財運亨通 謹防財庫破失
天機星	運勢困頓 不動產尚可守
太陽星	運勢困頓 謹慎理財可守
武曲星	財運亨通 不動產運平平
天同星	運勢平穩 財運難攻可守
廉貞星	運勢通達 不動產運尚可
天府星	財運亨通 不動產運平平
太陰星	運勢平穩 財運難攻可守
貪狼星	投機賭性強 防財庫有損
巨門星	財運平平 不動產運亨通
天相星	運勢通達 不動產運尚可
天梁星	進財運勢平 不動產可守
七殺星	投機賭性強 不動產運平
破軍星	偏財運佳 不動產運亦可

流年命宮、財帛宮及田宅宮若適逢文曲星，謹防財務有損、難以守成。

後天財運地圖？

西元2014馬年您的財運相關宮位

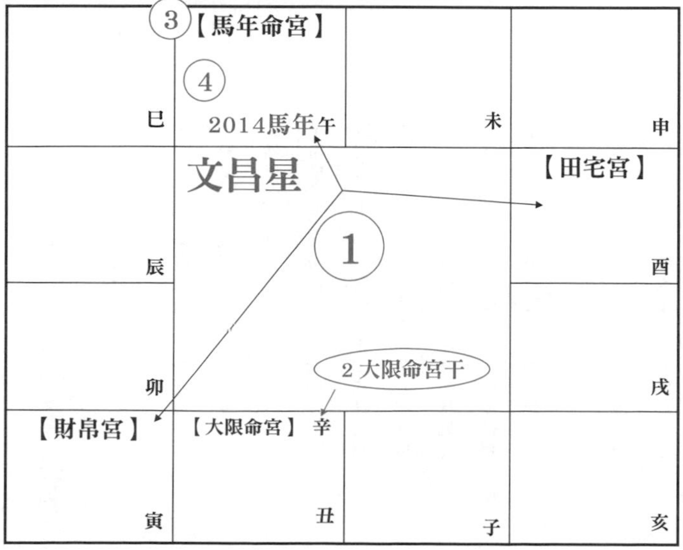

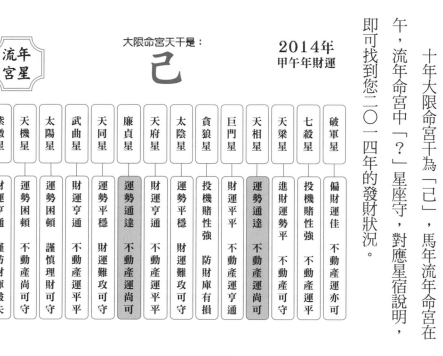

十年大限命宮干為「庚」，馬年流年命宮在午，流年命宮中「？」星座守，對應星宿說明，即可找到您二〇一四年的發財狀況。

流年宮星

大限命宮天干是：

庚

2014年
甲午年財運

流年宮星	財運
紫微星	財運穩定 不動產運起伏
天機星	財運困頓 不動產尚可守
太陽星	運勢起伏 謹慎理財可守
武曲星	財運亨通 不動產運平平
天同星	運勢困頓 財運難攻可守
廉貞星	運勢通達 不動產運困頓
天府星	財運亨通 不動產運平平
太陰星	運勢困頓 財運難攻可守
貪狼星	投機賭性強 防財庫有損
巨門星	財運困頓 不動產運尚可
天相星	運勢通達 不動產運困頓
天梁星	進財運勢平 不動產可守
七殺星	投機賭性強 不動產運平
破軍星	偏財運佳 不動產運亦可

十年大限命宮干為「辛」，馬年流年命宮在午，流年命宮中「？」星座守，對應星宿說明，即可找到您二〇一四年的發財狀況。

流年宮星

大限命宮天干是：

辛

2014年
甲午年財運

流年宮星	財運
紫微星	穩定事業財 謹防財庫破
天機星	財運平平 不動產尚可守
太陽星	運勢困頓 謹慎理財可守
武曲星	財運亨通 不動產運困頓
天同星	財運困頓 財運起伏難守
廉貞星	運勢通達 不動產運尚可
天府星	財運亨通 不動產運困頓
太陰星	財運困頓 財運起伏難守
貪狼星	投機賭性強 防財庫有損
巨門星	運勢困頓 不動產運尚可
天相星	運勢通達 不動產運尚可
天梁星	進財運勢平 不動產可守
七殺星	投機賭性強 不動產運破
破軍星	偏財運佳 不動產運亦可

流年命宮、財帛宮及田宅宮若適逢文昌星，謹防財務有損、難以守成。

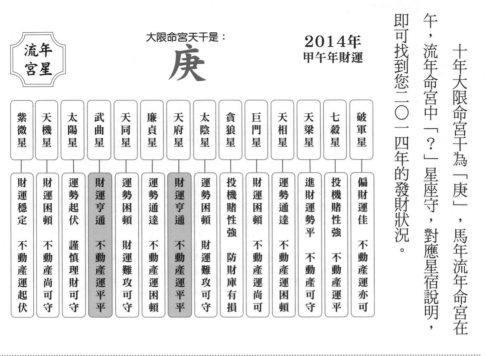

十年大限命宮干為「壬」，馬年流年命宮在午，流年命宮中「?」星座守，對應星宿說明，即可找到您二〇一四年的發財狀況。

流年宮星

大限命宮天干是：**壬**

2014年 甲午年財運

紫微星	財運困頓	謹防財庫破失
天機星	財運亨通	不動產尚可守
太陽星	運勢困頓	謹慎理財可守
武曲星	運勢困頓	不動產運平平
天同星	運勢平穩	財運難攻可守
廉貞星	運勢通達	不動產運尚可
天府星	運勢困頓	不動產運平平
太陰星	運勢平穩	財運難攻可守
貪狼星	投機賭性強	防財庫有損
巨門星	財運亨通	不動產運難守
天相星	運勢通達	不動產運尚可
天梁星	運勢通達	不動產尚可守
七殺星	投機賭性強	不動產運平
破軍星	偏財運佳	不動產運亦可

十年大限命宮干為「癸」，馬年流年命宮在午，流年命宮中「?」星座守，對應星宿說明，即可找到您二〇一四年的發財狀況。

流年宮星

大限命宮天干是：**癸**

2014年 甲午年財運

紫微星	穩定事業財	謹防財庫破
天機星	財運平平	不動產尚可守
太陽星	運勢困頓	不動產運難守
武曲星	財運亨通	不動產運平平
天同星	運勢平穩	財運難攻可守
廉貞星	運勢通達	不動產運尚可
天府星	財運亨通	不動產運平平
太陰星	運勢平穩	財運難攻可守
貪狼星	投機賭性強	財運攻守難
巨門星	財運平平	不動產尚可守
天相星	運勢通達	不動產運尚可
天梁星	進財運勢平	不動產難守
七殺星	投機賭性強	財運起伏大
破軍星	偏財運佳	不動產運可守

二〇一五年個人財運紫微斗數預測

西元二〇一五年、民國一〇四年、乙未羊年，您的財運如何？

十年大限命宮干為「甲」，羊年流年命宮在未，流年命宮中「？」星座守，對應星宿說明，即可找到您二〇一五年的發財狀況。

流年宮星

大限命宮天干是：甲

2015年
乙未年財運

流年宮星	財運	
紫微星	穩定財源	謹防財庫破失
天機星	財運平平	不動產運尚可
太陽星	運勢困頓	謹慎理財可守
武曲星	財運通達	理財投資亨通
天同星	運勢困頓	不動產運亨通
廉貞星	運勢通達	不動產運尚可
天府星	財運穩定	不動產防是非
太陰星	運勢困頓	謹慎理財可守
貪狼星	財運通達	理財投資亨通
巨門星	運勢困頓	不動產運亨通
天相星	財運穩定	不動產防破失
天梁星	運勢通達	不動產運尚可
七殺星	運勢通達	不動產運尚可
破軍星	穩定財源	謹防財庫破失

十年大限命宮干為「乙」，羊年流年命宮在未，流年命宮中「？」星座守，對應星宿說明，即可找到您二〇一五年的發財狀況。

流年宮星

大限命宮天干是：乙

2015年 乙未年財運

星	財運
紫微星	穩定財源 謹防財庫破失
天機星	財運平平 不動產運變動
太陽星	運勢困頓 理財進退自如
武曲星	運勢革新 不動產運亨通
天同星	財運平平 不動產運尚可
廉貞星	運勢穩健 不動產運尚可
天府星	財運穩定 不動產防是非
太陰星	運勢困頓 理財進退自如
貪狼星	運勢革新 不動產運亨通
巨門星	財運平平 不動產運尚可
天相星	財運穩定 不動產運尚可
天梁星	財運困頓 不動產運平穩
七殺星	運勢穩健 不動產運尚可
破軍星	穩定財源 謹防財庫破失

十年大限命宮干為「丙」，羊年流年命宮在未，流年命宮中「？」星座守，對應星宿說明，即可找到您二〇一五年的發財狀況。

流年宮星

大限命宮天干是：丙

2015年 乙未年財運

星	財運
紫微星	穩定財源 不動產運破失
天機星	財運通達 不動產運機動
太陽星	運勢困頓 謹慎理財可守
武曲星	財運困頓 不動產運亨通
天同星	運勢通達 不動產防破失
廉貞星	運勢困頓 不動產運亨通
天府星	運勢穩定 不動產防是非
太陰星	運勢困頓 謹慎理財可守
貪狼星	財運困頓 不動產運亨通
巨門星	運勢通達 不動產防破失
天相星	財運穩定 不動產運尚可
天梁星	財運困頓 不動產運平穩
七殺星	運勢困頓 不動產運亨通
破軍星	穩定財源 不動產運破失

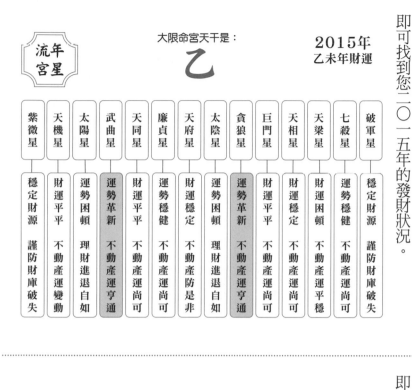

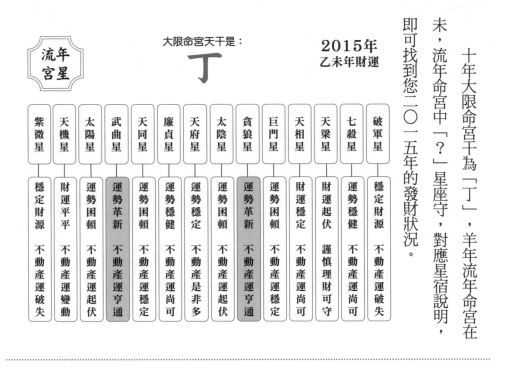

十年大限命宮干為「丁」，羊年流年命宮在未，流年命宮中「？」星座守，對應星宿說明，即可找到您二〇一五年的發財狀況。

2015年
乙未年財運

大限命宮天干是：**丁**

流年宮星

星	財運	不動產運
破軍星	穩定財源	不動產運破失
七殺星	運勢穩健	不動產運尚可
天梁星	財運起伏	謹慎理財可守
天相星	財運穩定	不動產運尚可
巨門星	運勢困頓	不動產運穩定
貪狼星	運勢革新	不動產運亨通
太陰星	運勢困頓	不動產運起伏
天府星	運勢穩定	不動產是非多
廉貞星	運勢穩健	不動產運尚可
天同星	運勢困頓	不動產運穩定
武曲星	運勢革新	不動產運亨通
太陽星	運勢困頓	不動產運起伏
天機星	財運平平	不動產運變動
紫微星	穩定財源	不動產運破失

十年大限命宮干為「戊」，羊年流年命宮在未，流年命宮中「？」星座守，對應星宿說明，即可找到您二〇一五年的發財狀況。

2015年
乙未年財運

大限命宮天干是：**戊**

流年宮星

星	財運	不動產運
破軍星	穩定財源	不動產運破失
七殺星	運勢穩健	不動產運尚可
天梁星	財運困頓	謹慎理財可守
天相星	財運穩定	不動產運尚可
巨門星	財運平平	不動產運尚可
貪狼星	運勢革新	不動產運起伏
太陰星	財運起伏	不動產謹守成
天府星	運勢穩定	不動產防是非
廉貞星	運勢穩健	不動產運尚可
天同星	財運平平	不動產運尚可
武曲星	運勢革新	不動產運起伏
太陽星	財運起伏	不動產謹守成
天機星	運勢起伏	不動產運亨通
紫微星	穩定財源	不動產運破失

十年大限命宮干為「己」，羊年流年命宮在未，流年命宮中「？」星座守，對應星宿說明，即可找到您二〇一五年的發財狀況。

後天財運地圖？

西元2015羊年您的財運相關宮位

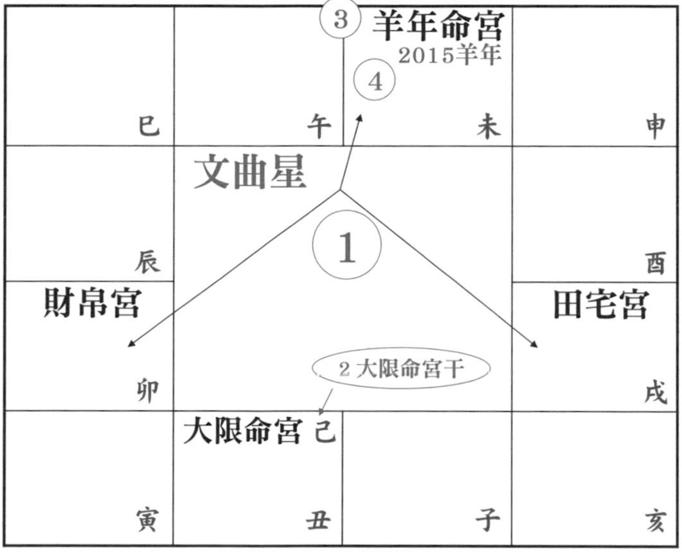

流年命宮、財帛宮及田宅宮若適逢文曲星，謹防財務有損、難以守成。

流年宮星

大限命宮天干是：**己**

2015年 乙未年財運

流年宮星	運勢	不動產／財運
紫微星	財運亨通	不動產運破失
天機星	財運平平	不動產運變動
太陽星	運勢困頓	財運進退自如
武曲星	運勢強盛	不動產運亨通
天同星	財運平平	不動產運尚可
廉貞星	運勢穩健	不動產運尚可
天府星	運勢穩定	不動產防是非
太陰星	運勢困頓	財運進退自如
貪狼星	運勢強盛	不動產運亨通
巨門星	財運平平	不動產運尚可
天相星	財運穩定	不動產運尚可
天梁星	財運困頓	謹慎理財可守
七殺星	運勢穩健	不動產運尚可
破軍星	財運亨通	不動產運破失

十年大限命宮干為「庚」，羊年流年命宮在未，流年命宮中「？」星座守，對應星宿說明，即可找到您二〇一五年的發財狀況。

流年宮星

大限命宮天干是：**庚**

2015年
乙未年財運

紫微星	穩定財源	不動產運破失
天機星	財運困頓	不動產運變動
太陽星	運勢起伏	財運進退可守
武曲星	運勢革新	不動產運亨通
天同星	運勢困頓	不動產運尚可
廉貞星	運勢穩健	不動產運破失
天府星	運勢穩定	不動產防是非
太陰星	運勢起伏	財運進退可守
貪狼星	運勢革新	不動產運亨通
巨門星	運勢困頓	不動產運尚可
天相星	財運穩定	不動產運亨通
天梁星	財運困頓	謹慎理財可守
七殺星	運勢穩健	不動產運破失
破軍星	穩定財源	不動產運破失

十年大限命宮干為「辛」，羊年流年命宮在未，流年命宮中「？」星座守，對應星宿說明，即可找到您二〇一五年的發財狀況。

流年宮星

大限命宮天干是：**辛**

2015年
乙未年財運

紫微星	穩定財源	不動產運破失
天機星	財運通達	不動產運機動
太陽星	運勢困頓	財運進退可守
武曲星	運勢革新	不動產運亨通
天同星	運勢困頓	不動產運尚可
廉貞星	運勢穩健	不動產運尚可
天府星	運勢穩定	不動產運亨通
太陰星	運勢起伏	財運進退可守
貪狼星	運勢革新	不動產運亨通
巨門星	運勢困頓	不動產運尚可
天相星	財運穩定	不動產運尚可
天梁星	財運困頓	謹慎理財可守
七殺星	運勢穩健	不動產運尚可
破軍星	穩定財源	不動產運破失

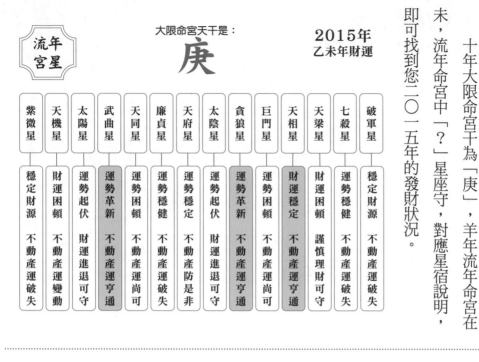

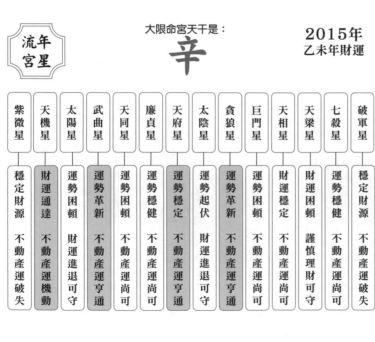

流年命宮、財帛宮及田宅宮若適逢文昌星，謹防財務有損、難以守成。

後天財運地圖？

西元2015羊年您的財運相關宮位

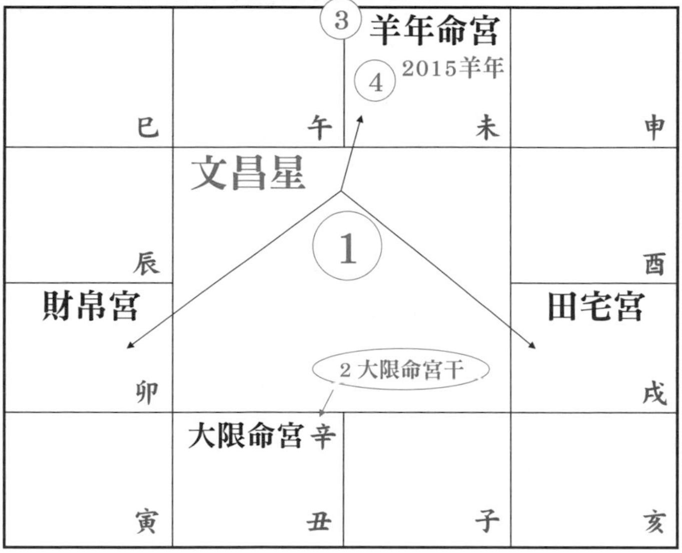

十年大限命宮干為「壬」，羊年流年命宮在未，流年命宮中「？」星座守，對應星宿說明，即可找到您二〇一五年的發財狀況。

流年宮星

大限命宮天干是：

壬

2015年
乙未年財運

星	運勢	不動產／財運
紫微星	財運困頓	不動產運破失
天機星	財運平平	不動產運變動
太陽星	運勢困頓	財運進退可守
武曲星	運勢困頓	不動產運亨通
天同星	財運亨通	不動產運變動
廉貞星	運勢穩健	不動產運尚可
天府星	運勢穩定	不動產防是非
太陰星	運勢起伏	財運進退可守
貪狼星	運勢困頓	不動產運亨通
巨門星	財運亨通	不動產運變動
天相星	財運穩定	不動產運尚可
天梁星	運勢亨通	理財不當破失
七殺星	運勢穩健	不動產運尚可
破軍星	財運困頓	不動產運破失

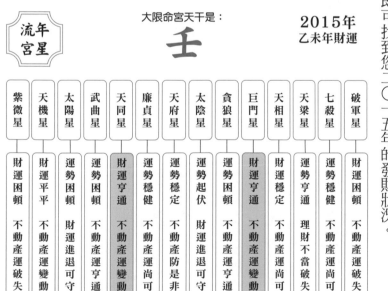

十年大限命宮干為「癸」，羊年流年命宮在未，流年命宮中「？」星座守，對應星宿說明，即可找到您二〇一五年的發財狀況。

2015年 乙未年財運

大限命宮天干是：**癸**

流年宮星	財運	
破軍星	運勢亨通	不動產運破失
七殺星	運勢穩健	理財不當破失
天梁星	財運困頓	謹慎理財可守
天相星	財運穩定	不動產運尚可
巨門星	財運平平	不動產運尚可
貪狼星	運勢困頓	財運進退自如
太陰星	運勢起伏	財運進退可守
天府星	財運困頓	不動產防是非
廉貞星	運勢穩健	理財不當破失
天同星	財運平平	不動產運尚可
武曲星	運勢困頓	財運進退自如
太陽星	運勢困頓	財運進退可守
天機星	財運平平	不動產運變動
紫微星	運勢亨通	不動產運破失

二〇一六年個人財運紫微斗數預測

西元二〇一六年、民國一〇五年、丙申猴年，您的財運如何？

十年大限命宮干為「甲」，猴年流年命宮在申，流年命宮中「？」星座守，對應星宿說明，即可找到您二〇一六年的發財狀況。

流年宮星

大限命宮天干是：**甲**

2016年
丙申年財運

星	財運
紫微星	穩定財源 不動產防是非
天機星	財運亨通 不動產運尚佳
太陽星	運勢困頓 謹慎理財可守
武曲星	財運起伏 不動產運變動
天同星	財運困頓 不動產運起伏
廉貞星	運勢起伏 不動產運亨通
天府星	穩定財源 不動產防是非
太陰星	財運亨通 不動產運尚佳
貪狼星	投機賭性強 不動產變動
巨門星	財運平平 謹慎理財可守
天相星	財運起伏 不動產運變動
天梁星	財運平平 不動產運起伏
七殺星	投機賭性強 防財庫有損
破軍星	投機賭性強 不動產運穩

十年大限命宮干為「乙」，猴年流年命宮在申，流年命宮中「？」星座守，對應星宿說明，即可找到您二〇一六年的發財狀況。

流年宮星

大限命宮天干是：**乙**

2016年
丙申年財運

星	財運
紫微星	穩定財源 不動產防是非
天機星	運勢起伏 不動產運尚佳
太陽星	財運亨通 謹慎理財可守
武曲星	財運困頓 不動產運尚佳
天同星	運勢通達 理財進退困窘
廉貞星	運勢困頓 不動產運亨通
天府星	穩定財源 不動產防是非
太陰星	運勢起伏 不動產運尚佳
貪狼星	投機賭性強 不動產變動
巨門星	財運亨通 謹慎理財可守
天相星	財運困頓 不動產運尚佳
天梁星	運勢通達 理財進退困窘
七殺星	投機賭性強 不動產運平
破軍星	投機賭性強 不動產運穩

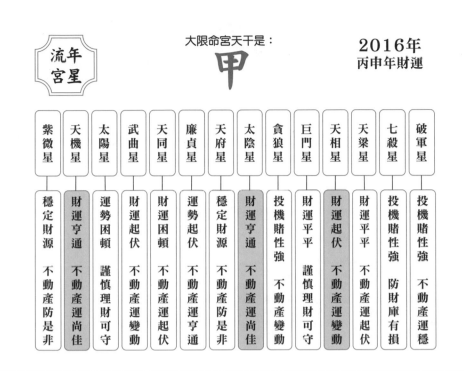

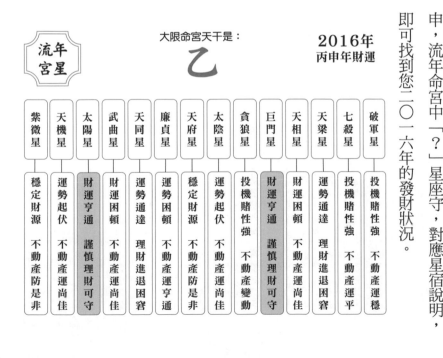

十年大限命宮干為「丙」，猴年流年命宮在申，流年命宮中「？」星座守，對應星宿說明，即可找到您二〇一六年的發財狀況。

2016年
丙申年財運

大限命宮天干是：
丙

流年宮星	
破軍星	投機賭性強　不動產運穩
七殺星	投機賭性強　不動產運平
天梁星	運勢通達　理財進退困窘
天相星	財運困頓　不動產運變動
巨門星	財運平平　謹慎理財可守
貪狼星	投機賭性強　不動產變動
太陰星	財運亨通　不動產運尚佳
天府星	穩定財源　不動產防是非
廉貞星	運勢困頓　不動產運亨通
天同星	運勢通達　理財進退困窘
武曲星	財運困頓　不動產運變動
太陽星	財運平平　謹慎理財可守
天機星	財運亨通　不動產運尚佳
紫微星	穩定財源　不動產防是非

十年大限命宮干為「丁」，猴年流年命宮在申，流年命宮中「？」星座守，對應星宿說明，即可找到您二〇一六年的發財狀況。

2016年
丙申年財運

大限命宮天干是：
丁

流年宮星	
破軍星	投機賭性強　不動產運穩
七殺星	投機賭性強　不動產運破
天梁星	運勢通達　不動產運困窘
天相星	財運困頓　不動產運變動
巨門星	運勢困頓　謹慎理財可守
貪狼星	投機賭性強　不動產變動
太陰星	運勢通達　不動產運尚佳
天府星	穩定財源　不動產防是非
廉貞星	運勢困頓　不動產運亨通
天同星	運勢通達　不動產運困窘
武曲星	財運困頓　不動產運變動
太陽星	運勢困頓　謹慎理財可守
天機星	運勢通達　不動產運尚佳
紫微星	穩定財源　不動產防是非

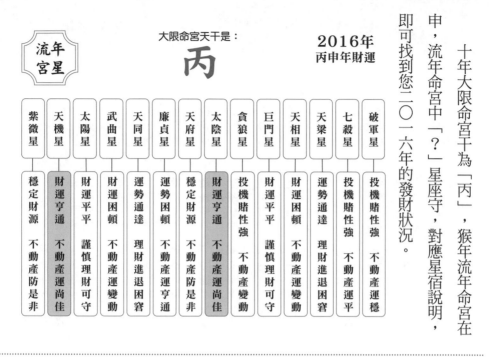

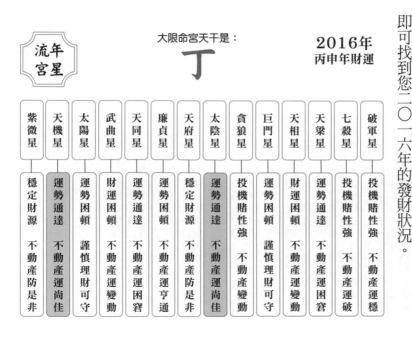

十年大限命宮干為「戊」，猴年流年命宮在申，流年命宮中「？」星座守，對應星宿說明，即可找到您二〇一六年的發財狀況。

2016年
丙申年財運

大限命宮天干是：

戊

流年宮星

流年宮星	說明
紫微星	穩定財源　不動產防是非
天機星	**運勢通達　不動產運尚佳**
太陽星	財運困頓　謹慎理財可守
武曲星	財運困頓　不動產運破失
天同星	運勢通達　不動產運起伏
廉貞星	運勢困頓　不動產運亨通
天府星	穩定財源　不動產防是非
太陰星	**運勢通達　不動產運尚佳**
貪狼星	投機賭性強　不動產變動
巨門星	財運困頓　謹慎理財可守
天相星	財運困頓　不動產運破失
天梁星	運勢通達　不動產運起伏
七殺星	**投機賭性強　財運狀況佳**
破軍星	投機賭性強　不動產運破

十年大限命宮干為「己」，猴年流年命宮在申，流年命宮中「？」星座守，對應星宿說明，即可找到您二〇一六年的發財狀況。

2016年
丙申年財運

大限命宮天干是：

己

流年宮星

流年宮星	說明
紫微星	**財運亨通　不動產謹守成**
天機星	**財運亨通　不動產運尚佳**
太陽星	財運平平　謹慎理財可守
武曲星	財運困頓　不動產運變動
天同星	運勢通達　不動產運困窘
廉貞星	運勢困頓　不動產運亨通
天府星	**財運亨通　不動產謹守成**
太陰星	**財運亨通　不動產運尚佳**
貪狼星	投機賭性強　不動產變動
巨門星	財運平平　謹慎理財可守
天相星	財運困頓　不動產運變動
天梁星	運勢通達　不動產運困窘
七殺星	投機賭件強　不動產運平
破軍星	投機賭件強　不動產運穩

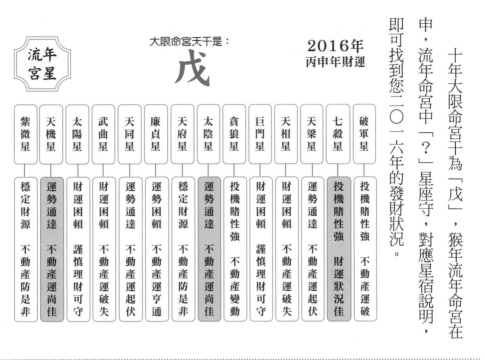

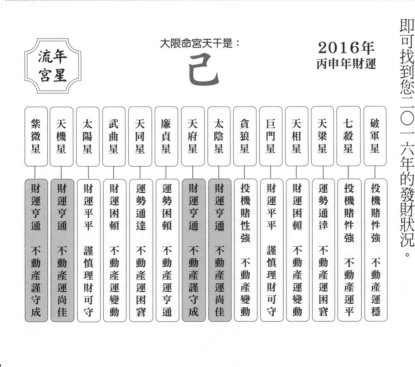

十年大限命宮干為「己」，流年命宮、財帛宮及田宅宮若適逢文曲星，即便運勢通達，仍需謹防財務有損、難以守成。

後天財運地圖

西元2016猴年您的財運相關宮位

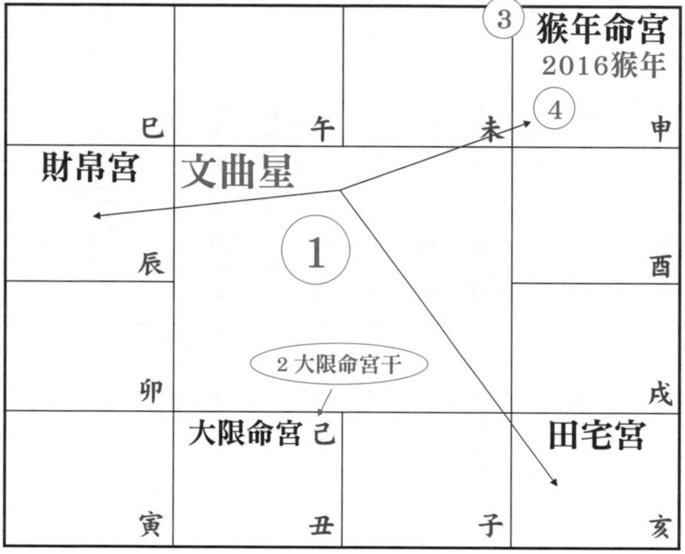

十年大限命宮干為「庚」，猴年流年命宮在申，流年命宮中「？」星座守，對應星宿說明，即可找到您二〇一六年的發財狀況。

流年宮星

大限命宮天干是：

庚

2016年
丙申年財運

星	財運	不動產
紫微星	穩定財源	不動產防是非
天機星	財運起伏	謹慎理財可守
太陽星	運勢通達	不動產運穩定
武曲星	財運困頓	不動產運變動
天同星	運勢起伏	不動產運困窘
廉貞星	運勢困頓	不動產運起伏
天府星	穩定財源	不動產防是非
太陰星	財運起伏	謹慎理財可守
貪狼星	投機賭性強	不動產變動
巨門星	運勢通達	不動產運穩定
天相星	財運困頓	不動產運變動
天梁星	運勢起伏	不動產運困窘
七殺星	投機賭性強	不動產運平
破軍星	投機賭性強	不動產運穩

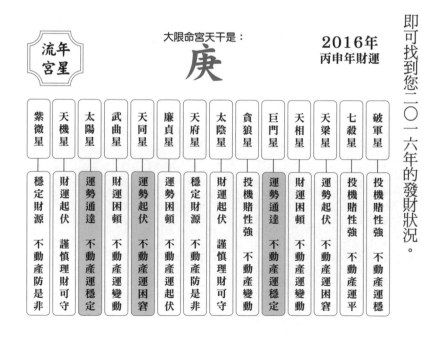

十年大限命宮干為「辛」，猴年流年命宮在申，流年命宮中「？」星座守，對應星宿說明，即可找到您二〇一六年的發財狀況。

流年宮星

大限命宮天干是：

辛

2016年
丙申年財運

星	財運	不動產運
紫微星	穩定財源	不動產運亨通
天機星	財運亨通	不動產運尚佳
太陽星	運勢通達	不動產運穩定
武曲星	財運困頓	不動產運變動
天同星	運勢通達	不動產運困窘
廉貞星	運勢困頓	不動產運亨通
天府星	穩定財源	不動產運亨通
太陰星	財運亨通	不動產運尚佳
貪狼星	投機賭性強	不動產變動
巨門星	運勢通達	不動產運穩定
天相星	財運困頓	不動產運變動
天梁星	運勢通達	不動產運困窘
七殺星	投機賭性強	不動產運平
破軍星	投機賭性強	不動產運穩

十年大限命宮干為「辛」，流年命宮、財帛宮及田宅宮若適逢文昌星，即便運勢通達，仍需謹防財務有損、難以守成。

後天財運地圖

西元2016猴年您的財運相關宮位

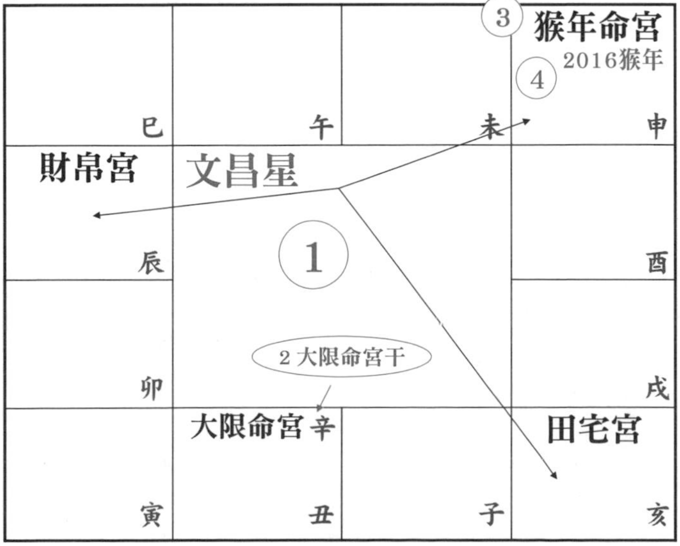

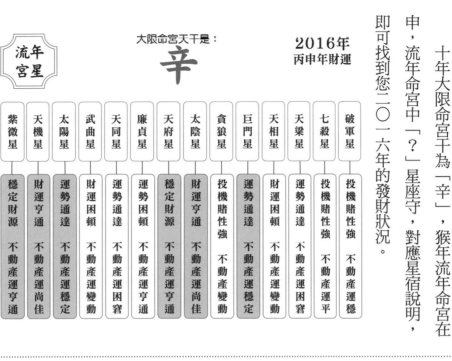

十年大限命宮干為「壬」，猴年流年命宮在申，流年命宮中「？」星座守，對應星宿說明，即可找到您二〇一六年的發財狀況。

2016年
丙申年財運

大限命宮天干是：
壬

流年宮星

流年宮星	財運	不動產／理財
破軍星	投機賭性強	不動產運穩
七殺星	投機賭性強	不動產運平
天梁星	運勢通達	不動產運困窘
天相星	運勢困頓	理財進退難守
巨門星	財運亨通	不動產運穩定
貪狼星	投機賭性強	不動產亨通
太陰星	財運亨通	不動產運尚佳
天府星	財運困頓	不動產防是非
廉貞星	運勢困頓	不動產運亨通
天同星	運勢通達	不動產運困窘
武曲星	運勢困頓	理財進退難守
太陽星	財運亨通	不動產運穩定
天機星	財運亨通	不動產運尚佳
紫微星	財運困頓	不動產防是非

十年大限命宮干為「癸」，猴年流年命宮在申，流年命宮中「？」星座守，對應星宿說明，即可找到您二〇一六年的發財狀況。

2016年
丙申年財運

大限命宮天干是：
癸

流年宮星

流年宮星	財運	不動產／理財
破軍星	投機賭性強	運勢進退佳
七殺星	投機賭性強	理財運困窘
天梁星	運勢通達	不動產運困窘
天相星	財運困頓	不動產運變動
巨門星	財運平平	謹慎理財可守
貪狼星	投機賭性強	理財運起伏
太陰星	財運亨通	不動產運尚佳
天府星	穩定財源	不動產防是非
廉貞星	運勢困頓	不動產運亨通
天同星	運勢通達	不動產運困窘
武曲星	財運困頓	不動產運變動
太陽星	財運平平	謹慎理財可守
天機星	財運亨通	不動產運尚佳
紫微星	穩定財源	不動產防是非

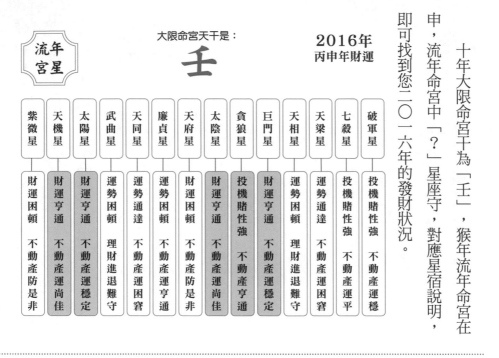

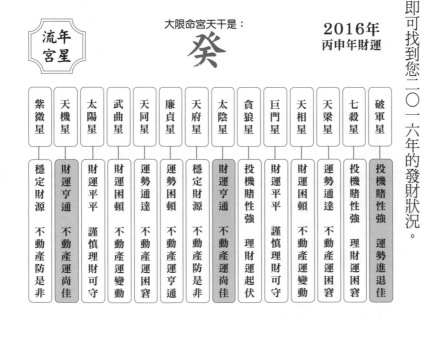

二〇一七年個人財運紫微斗數預測

西元二〇一七年、民國一〇六年、丁酉雞年，您的財運如何？

十年大限命宮干為「甲」，雞年流年命宮在酉，流年命宮中「？」星座守，對應星宿說明，即可找到您二〇一七年的發財狀況。

流年宮星

大限命宮天干是：

甲

2017年

丁酉年財運

流年宮星	財運
紫微星	穩定財源　不動產防變動
天機星	運勢困頓　不動產防變動
太陽星	運勢困頓　理財進退可守
武曲星	財運亨通　不動產防變動
天同星	財運困頓　不動產防變動
廉貞星	運勢通達　理財投資亨通
天府星	財運亨通　不動產運破失
太陰星	財運困頓　不動產運亨通
貪狼星	穩定財源　不動產防變動
巨門星	運勢困頓　不動產防變動
天相星	穩定財源　不動產運亨通
天梁星	運勢困頓　理財進退可守
七殺星	財運亨通　不動產防變動
破軍星	運勢通達　理財投資亨通

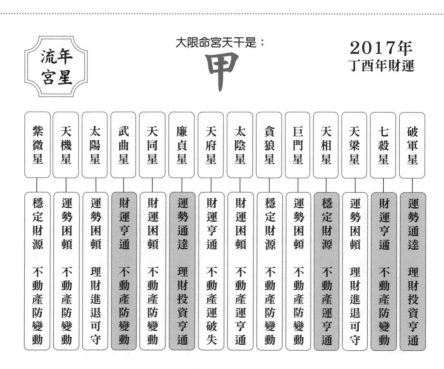

十年大限命宮干為「乙」，雞年流年命宮在酉，流年命宮中「？」星座守，對應星宿說明，即可找到您二〇一七年的發財狀況。

2017年
丁酉年財運

大限命宮天干是：
乙

流年宮星

流年宮星	財運	不動產
紫微星	穩定財源	不動產防變動
天機星	運勢起伏	不動產防變動
太陽星	財運起伏	謹慎理財可守
武曲星	財運變動	不動產運亨通
天同星	財運困頓	不動產防變動
廉貞星	運勢變動	不動產運起伏
天府星	財運變革	不動產運破失
太陰星	財運變動	謹慎理財可守
貪狼星	穩定財源	不動產防變動
巨門星	運勢起伏	不動產防變動
天相星	運勢穩定	不動產運起伏
天梁星	財運起伏	謹慎理財可守
七殺星	財運變動	不動產運亨通
破軍星	運勢變動	不動產運起伏

十年大限命宮干為「丙」，雞年流年命宮在酉，流年命宮中「？」星座守，對應星宿說明，即可找到您二〇一七年的發財狀況。

2017年
丁酉年財運

大限命宮天干是：
丙

流年宮星

流年宮星	財運	不動產
紫微星	穩定財源	不動產防變動
天機星	財運亨通	不動產防變動
太陽星	財運亨通	不動產運穩定
武曲星	財運困頓	不動產防變動
天同星	運勢通達	財運破失難守
廉貞星	運勢困頓	不動產運起伏
天府星	財運困頓	不動產運破失
太陰星	財運變動	不動產運困窘
貪狼星	穩定財源	不動產防變動
巨門星	財運亨通	不動產防變動
天相星	運勢穩定	不動產運亨通
天梁星	財運亨通	不動產運穩定
七殺星	財運困頓	不動產防變動
破軍星	運勢困頓	不動產運起伏

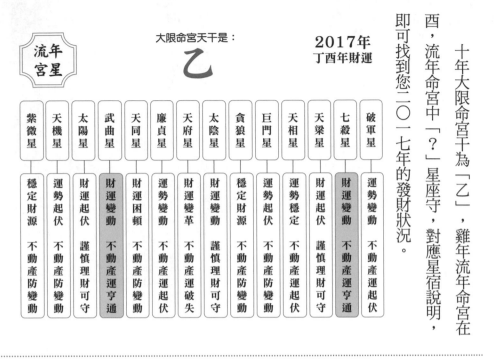

十年大限命宮干為「丁」，雞年流年命宮在酉，流年命宮中「?」星座守，對應星宿說明，即可找到您二〇一七年的發財狀況。

2017年
丁酉年財運

大限命宮天干是：**丁**

流年宮星

流年宮星	財運
破軍星	運勢變革 不動產運亨通
七殺星	運勢變革 不動產防變動
天梁星	財運亨通 不動產運穩定
天相星	運勢穩定 不動產運亨通
巨門星	運勢困頓 理財進退變動
貪狼星	穩定財源 不動產防變動
太陰星	財運變動 謹慎理財可守
天府星	財運變革 不動產運破失
廉貞星	運勢變革 不動產運亨通
天同星	財運困頓 不動產防變動
武曲星	運勢變革 不動產防變動
太陽星	財運亨通 不動產運穩定
天機星	運勢困頓 理財進退變動
紫微星	穩定財源 不動產防變動

十年大限命宮干為「戊」，雞年流年命宮在酉，流年命宮中「?」星座守，對應星宿說明，即可找到您二〇一七年的發財狀況。

2017年
丁酉年財運

大限命宮天干是：**戊**

流年宮星

流年宮星	財運
破軍星	運勢變革 不動產運亨通
七殺星	財運亨通 不動產運破失
天梁星	財運亨通 不動產運穩定
天相星	運勢穩定 不動產運亨通
巨門星	運勢困頓 不動產防變動
貪狼星	運勢亨通 不動產防變動
太陰星	財運變動 謹慎理財可守
天府星	財運亨通 不動產運破失
廉貞星	運勢變革 不動產運亨通
天同星	財運困頓 不動產防變動
武曲星	財運亨通 不動產運破失
太陽星	財運亨通 不動產運穩定
天機星	運勢困頓 不動產防變動
紫微星	運勢亨通 不動產防變動

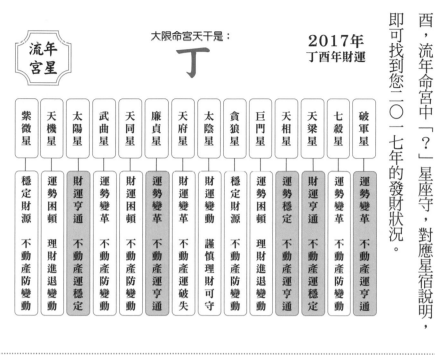

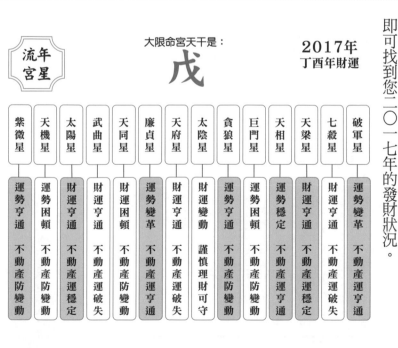

十年大限命宮干為「己」，雞年流年命宮在酉，流年命宮中「？」星座守，對應星宿說明，即可找到您二〇一七年的發財狀況。

流年宮星

大限命宮天干是：己

2017年
丁酉年財運

紫微星	天機星	太陽星	武曲星	天同星	廉貞星	天府星	太陰星	貪狼星	巨門星	天相星	天梁星	七殺星	破軍星
財運亨通 不動產防變動	運勢困頓 不動產運亨通	財運亨通 不動產運穩定	運勢通達 不動產防變動	財運困頓 不動產防變動	運勢變革 不動產運亨通	運勢變革 不動產運破失	財運變動 謹慎理財可守	財運亨通 不動產防變動	運勢困頓 不動產運亨通	運勢穩定 不動產運亨通	財運亨通 不動產運穩定	運勢通達 不動產防變動	運勢變革 不動產運亨通

十年大限命宮干為「己」，流年命宮、財帛宮及田宅宮若適逢文曲星，即便運勢通達，仍需謹防財務有損、難以守成。

後天財運地圖

西元2017雞年您的財運相關宮位

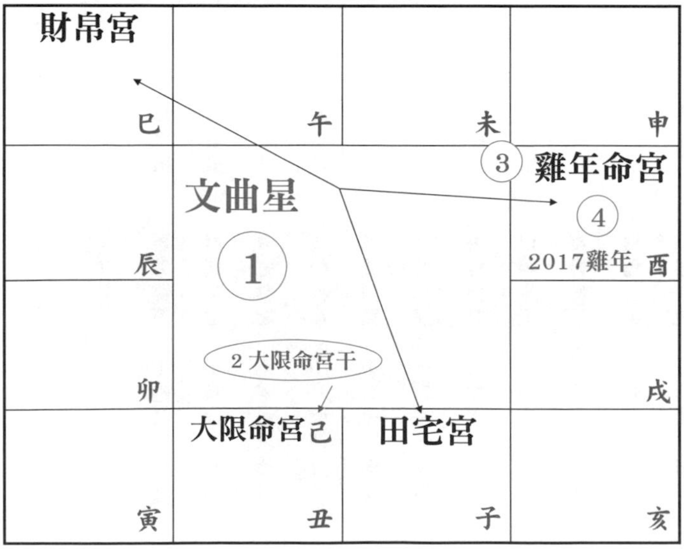

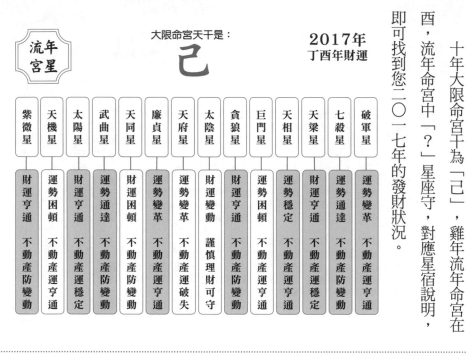

十年大限命宮干為「庚」，雞年流年命宮在酉，流年命宮中「？」星座守，對應星宿說明，即可找到您二〇一七年的發財狀況。

2017年 丁酉年財運

大限命宮天干是：**庚**

流年宮星

流年宮星	財運
破軍星	運勢變革 不動產運起伏
七殺星	運勢變革 不動產防變動
天梁星	運勢通達 理財進退自如
天相星	運勢穩定 不動產運起伏
巨門星	運勢困頓 理財進退困難
貪狼星	穩定財源 不動產防變動
太陰星	財運亨通 謹慎理財可守
天府星	運勢變革 不動產運破失
廉貞星	運勢變革 不動產運起伏
天同星	財運困頓 不動產防變動
武曲星	運勢變革 不動產防變動
太陽星	運勢通達 理財進退自如
天機星	運勢困頓 理財進退困難
紫微星	穩定財源 不動產防變動

十年大限命宮干為「辛」，雞年流年命宮在酉，流年命宮中「？」星座守，對應星宿說明，即可找到您二〇一七年的發財狀況。

2017年 丁酉年財運

大限命宮天干是：**辛**

流年宮星

流年宮星	財運
破軍星	運勢變革 不動產運亨通
七殺星	運勢變革 不動產防變動
天梁星	財運亨通 謹慎理財可守
天相星	運勢穩定 不動產運亨通
巨門星	運勢起伏 不動產防變動
貪狼星	穩定財源 不動產防變動
太陰星	財運平平 謹慎理財可守
天府星	運勢變革 不動產運起伏
廉貞星	運勢變革 不動產運亨通
天同星	財運起伏 不動產防變動
武曲星	運勢變革 不動產防變動
太陽星	財運亨通 謹慎理財可守
天機星	運勢起伏 不動產防變動
紫微星	穩定財源 不動產防變動

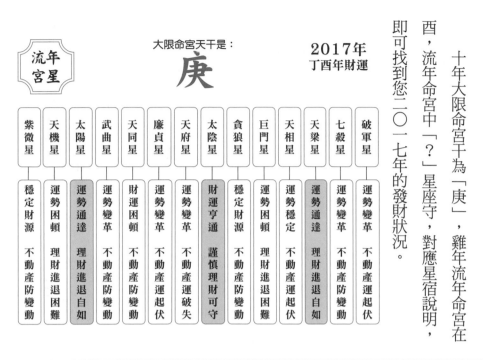

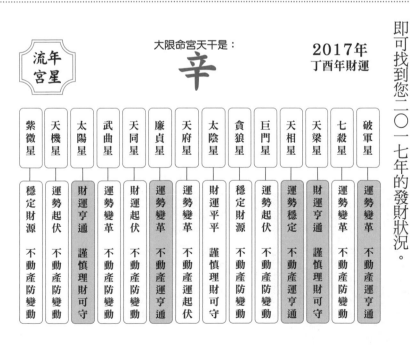

十年大限命宮干為「辛」，流年命宮、財帛宮及田宅宮若適逢文昌星，即便運勢通達，仍需謹防財務有損、難以守成。

後天財運地圖？

西元2017雞年您的財運相關宮位

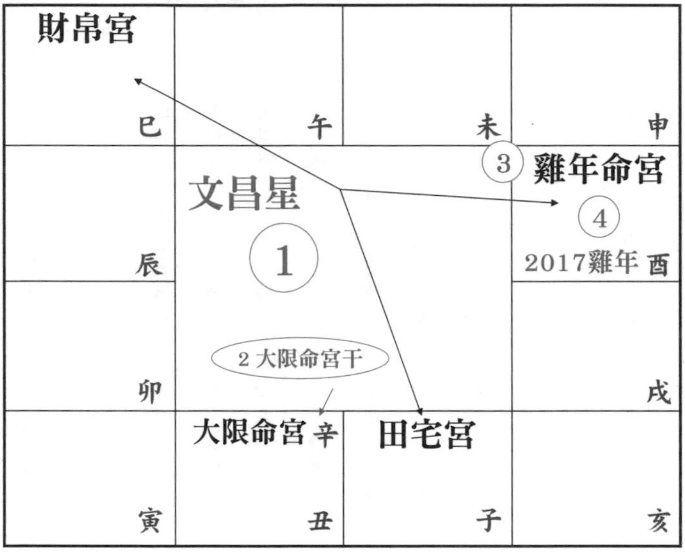

十年大限命宮干為「壬」，雞年流年命宮在酉，流年命宮中「？」星座守，對應星宿說明，即可找到您二〇一七年的發財狀況。

流年宮星

大限命宮天干是：

壬

2017年
丁酉年財運

星	運勢	說明
紫微星	財運困頓	不動產運亨通
天機星	運勢困頓	不動產運變動
太陽星	運勢亨通	理財進退可守
武曲星	運勢困頓	不動產防變動
天同星	財運困頓	不動產防變動
廉貞星	運勢變革	不動產運亨通
天府星	運勢變革	不動產運破失
太陰星	運勢通達	謹慎理財可守
貪狼星	財運困頓	不動產運亨通
巨門星	運勢困頓	不動產運變動
天相星	運勢穩定	不動產運亨通
天梁星	運勢亨通	理財進退可守
七殺星	運勢困頓	不動產防變動
破軍星	運勢變革	不動產運亨通

十年大限命宮干為「壬」，雞年流年命宮在酉，流年命宮中「？」星座守，對應星宿說明，即可找到您二〇一七年的發財狀況。

2017年
丁酉年財運

大限命宮天干是：**癸**

流年宮星

星	財運	不動產
紫微星	運勢困頓	不動產防變動
天機星	運勢困頓	不動產運變動
太陽星	財運亨通	理財進退可守
武曲星	財運困頓	不動產防變動
天同星	財運困頓	不動產運亨通
廉貞星	運勢通達	不動產運亨通
天府星	運勢困頓	不動產運破失
太陰星	運勢通達	不動產運亨通
貪狼星	運勢困頓	不動產防變動
巨門星	運勢困頓	不動產運變動
天相星	運勢穩定	不動產運亨通
天梁星	財運亨通	理財進退可守
七殺星	財運困頓	不動產防變動
破軍星	運勢通達	不動產運亨通

二〇一八年個人財運紫微斗數預測

西元二〇一八年、民國一〇七年、戊戌狗年，您的財運如何？

十年大限命宮干為「甲」，狗年流年命宮在戌，流年命宮中「？」星座守，對應星宿說明，即可找到您二〇一八年的發財狀況。

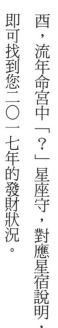

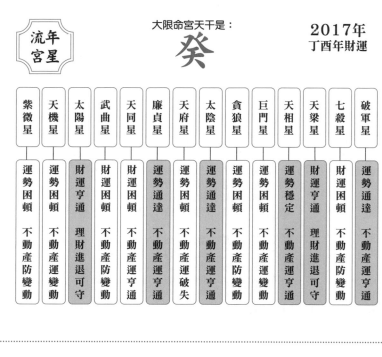

流年宮星

大限命宮天干是：**甲**

2018年 戊戌年財運

星	財運	說明
紫微星	穩定財源	不動產運破失
天機星	財運平平	不動產運亨通
太陽星	運勢困頓	理財運防是非
武曲星	財運亨通	不動產運破失
天同星	財運平平	謹慎理財可守
廉貞星	運勢通達	理財穩防是非
天府星	運勢通達	理財穩防是非
太陰星	財運困頓	謹慎理財可守
貪狼星	投機賭性	偏財進退不一
巨門星	運勢困頓	不動產運亨通
天相星	穩定財源	不動產運破失
天梁星	財運平平	不動產運亨通
七殺星	財運亨通	不動產防是非
破軍星	投機賭性強	不動產破失

十年大限命宮干為「乙」，狗年流年命宮在戌，流年命宮中「？」星座守，對應星宿說明，即可找到您二〇一八年的發財狀況。

流年宮星

大限命宮天干是：**乙**

2018年 戊戌年財運

星	財運	說明
紫微星	穩定財源	不動產運破失
天機星	運勢起伏	理財進退不一
太陽星	運勢平平	理財運防是非
武曲星	財運穩定	不動產運起伏
天同星	財運平平	謹慎理財可守
廉貞星	運勢穩定	理財佳防是非
天府星	運勢穩定	理財佳防是非
太陰星	財運起伏	謹慎理財可守
貪狼星	投機賭性	偏財進退不一
巨門星	運勢平平	不動產防變動
天相星	穩定財源	不動產運破失
天梁星	財運平平	不動產運亨通
七殺星	財運亨通	不動產防是非
破軍星	投機賭性強	不動產破失

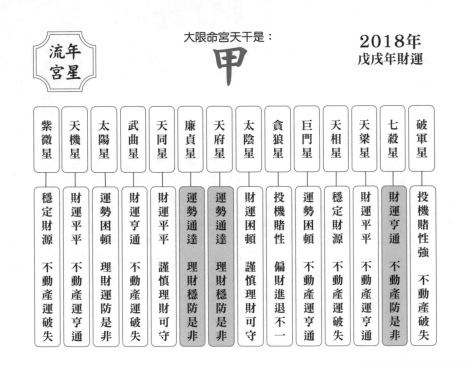

十年大限命宮干為「丙」，狗年流年命宮在戌，流年命宮中「？」星座守，對應星宿說明，即可找到您二〇一八年的發財狀況。

流年宮星

大限命宮天干是：丙

2018年
戊戌年財運

星	財運
紫微星	穩定財源　不動產防變動
天機星	運勢困頓　理財進退亨通
太陽星	運勢平平　理財運防是非
武曲星	財運困頓　不動產運破失
天同星	財運平平　謹慎理財可守
廉貞星	運勢困頓　不動產運亨通
天府星	運勢困頓　不動產運亨通
太陰星	財運困頓　謹慎理財可守
貪狼星	投機賭性　運勢通達可成
巨門星	運勢平平　不動產運破失
天相星	穩定財源　不動產防變動
天梁星	運勢困頓　理財進退亨通
七殺星	財運通達　不動產運亨通
破軍星	投機賭性強　不動產變動

十年大限命宮干為「丁」，狗年流年命宮在戌，流年命宮中「？」星座守，對應星宿說明，即可找到您二〇一八年的發財狀況。

流年宮星

大限命宮天干是：丁

2018年
戊戌年財運

星	財運
紫微星	穩定財源　不動產運亨通
天機星	運勢困頓　理財進退亨通
太陽星	財運困頓　理財運防是非
武曲星	財運穩定　不動產運破失
天同星	運勢平平　謹慎理財可守
廉貞星	運勢穩定　不動產運破失
天府星	運勢穩定　不動產運破失
太陰星	財運困頓　謹慎理財可守
貪狼星	投機賭性　運勢通達可成
巨門星	運勢平平　不動產防變動
天相星	穩定財源　不動產運亨通
天梁星	運勢困頓　理財進退亨通
七殺星	財運通達　不動產運困窘
破軍星	投機賭性強　不動產亨通

十年大限命宮干為「戊」，狗年流年命宮在戊，流年命宮中「？」星座守，對應星宿說明，即可找到您二〇一八年的發財狀況。

流年宮星

大限命宮天干是：**戊**

2018年
戊戌年財運

流年宮星	財運
紫微星	穩定財源 不動產防變動
天機星	運勢困頓 不動產運亨通
太陽星	運勢平平 理財運防是非
武曲星	財運穩定 不動產運破失
天同星	運勢平平 謹慎理財可守
廉貞星	運勢穩定 不動產防是非
天府星	運勢穩定 不動產防是非
太陰星	財運困頓 謹慎理財可守
貪狼星	投機賭性 運勢通達可成
巨門星	運勢平平 不動產防變動
天相星	穩定財源 不動產防變動
天梁星	運勢困頓 不動產運亨通
七殺星	財運通達 不動產防是非
破軍星	投機賭性強 不動產變動

十年大限命宮干為「己」，狗年流年命宮在戊，流年命宮中「？」星座守，對應星宿說明，即可找到您二〇一八年的發財狀況。

流年宮星

大限命宮天干是：**己**

2018年
戊戌年財運

流年宮星	財運
紫微星	財運亨通 不動產防變動
天機星	運勢困頓 不動產運亨通
太陽星	運勢平平 理財運防是非
武曲星	財運穩定 不動產運破失
天同星	運勢平平 謹慎理財可守
廉貞星	運勢穩定 不動產防是非
天府星	運勢穩定 不動產防是非
太陰星	財運困頓 謹慎理財可守
貪狼星	投機賭性 運勢通達可成
巨門星	運勢平平 不動產防變動
天相星	財運亨通 不動產防變動
天梁星	運勢困頓 不動產運亨通
七殺星	財運通達 不動產防是非
破軍星	投機賭性強 不動產變動

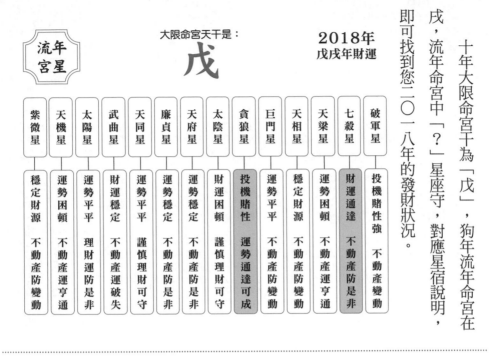

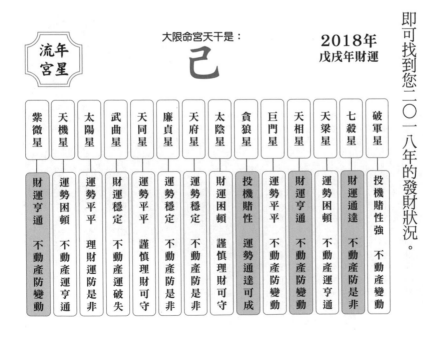

十年大限命宮干為「己」，流年命宮、財帛宮及田宅宮若適逢文曲星，即便運勢通達，仍需謹防財務有損、難以守成。

後天財運地圖？

西元2018狗年您的財運相關宮位

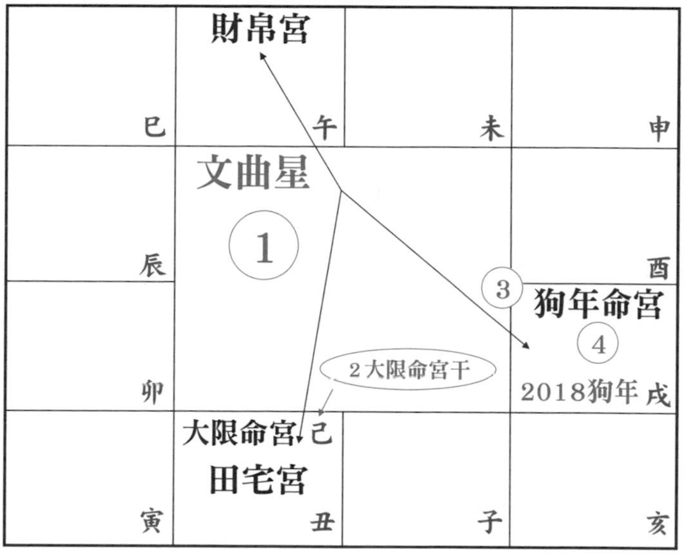

十年大限命宮干為「庚」，狗年流年命宮在戌，流年命宮中「？」星座守，對應星宿說明，即可找到您二〇一八年的發財狀況。

流年宮星　　大限命宮天干是：**庚**　　**2018年 戊戌年財運**

星	財運
紫微星	財源穩定　不動產運亨通
天機星	運勢困頓　理財進退不一
太陽星	運勢通達　理財運防是非
武曲星	財運穩定　不動產運破失
天同星	運勢平平　謹慎理財可守
廉貞星	運勢穩定　不動產運破失
天府星	運勢穩定　不動產運破失
太陰星	財運困頓　謹慎理財可守
貪狼星	投機賭性　運勢通達可成
巨門星	財運亨通　不動產防變動
天相星	財源穩定　不動產運亨通
天梁星	運勢困頓　理財進退不一
七殺星	財運通達　不動產運破失
破軍星	投機賭性強　不動產亨通

十年大限命宮干為「辛」，狗年流年命宮在戌，流年命宮中「？」星座守，對應星宿說明，即可找到您二〇一八年的發財狀況。

流年宮星

大限命宮天干是：**辛**

2018年 戊戌年財運

星	財運	不動產
破軍星	投機賭性強	不動產變動
七殺星	財運亨通	不動產運亦佳
天梁星	運勢困頓	不動產運亨通
天相星	穩定財源	不動產防變動
巨門星	運勢通達	不動產防變動
貪狼星	投機賭性	運勢通達可成
太陰星	財運困頓	謹慎理財可守
天府星	運勢穩定	不動產運亨通
廉貞星	運勢穩定	不動產運亨通
天同星	運勢平平	謹慎理財可守
武曲星	財運穩定	不動產運破失
太陽星	財運亨通	謹慎理財可守
天機星	運勢困頓	不動產運亨通
紫微星	穩定財源	不動產防變動

十年大限命宮干為「辛」，流年命宮、財帛宮及田宅宮若適逢文昌星，即便運勢通達，仍需謹防財務有損、難以守成。

後天財運地圖

西元2018狗年您的財運相關宮位

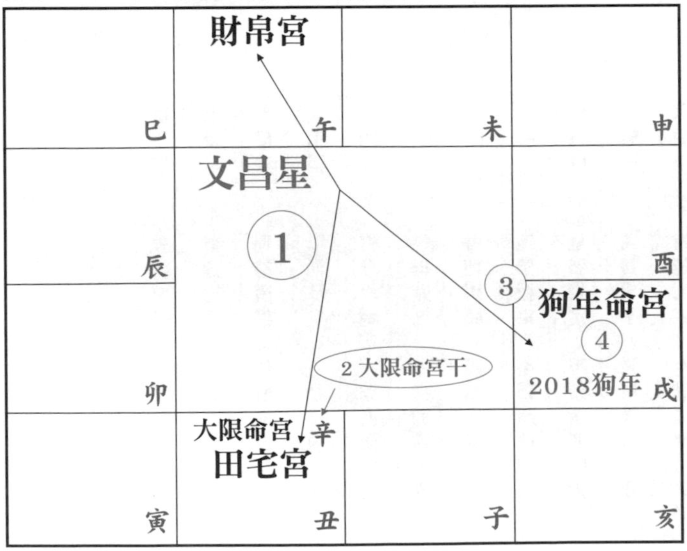

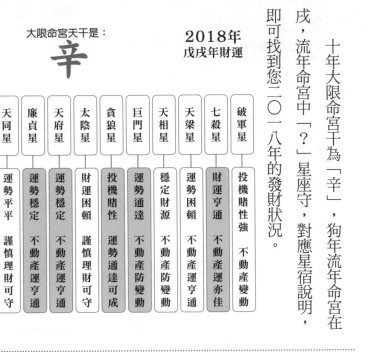

十年大限命宮干為「壬」，狗年流年命宮在戌，流年命宮中「？」星座守，對應星宿說明，即可找到您二〇一八年的發財狀況。

流年宮星

大限命宮天干是：**壬**

2018年 戊戌年財運

星	財運
紫微星	財運困頓 不動產防變動
天機星	運勢起伏 不動產運浮動
太陽星	運勢平平 理財運防是非
武曲星	運勢困頓 不動產運破失
天同星	財運亨通 不動產運穩定
廉貞星	運勢穩定 不動產防是非
天府星	運勢穩定 不動產防是非
太陰星	財運困頓 謹慎理財可守
貪狼星	投機賭性 運勢通達可成
巨門星	運勢平平 不動產防變動
天相星	財運困頓 不動產防變動
天梁星	運勢起伏 不動產運浮動
七殺星	財運亨通 不動產防是非
破軍星	投機賭性強 不動產變動

十年大限命宮干為「癸」，狗年流年命宮在戌，流年命宮中「？」星座守，對應星宿說明，即可找到您二〇一八年的發財狀況。

流年宮星

大限命宮天干是：**癸**

2018年 戊戌年財運

星	財運
紫微星	穩定財源 不動產防變動
天機星	運勢困頓 不動產運起伏
太陽星	運勢平平 理財運防是非
武曲星	財運穩定 不動產運破失
天同星	運勢平平 謹慎理財可守
廉貞星	運勢穩定 不動產防是非
天府星	運勢穩定 不動產防是非
太陰星	財運困頓 謹慎理財可守
貪狼星	運勢起伏 理財進退不一
巨門星	運勢平平 不動產防變動
天相星	穩定財源 不動產防變動
天梁星	運勢困頓 不動產運起伏
七殺星	財運起伏 不動產防是非
破軍星	投機賭性強 不動產變動

心 得 筆 記

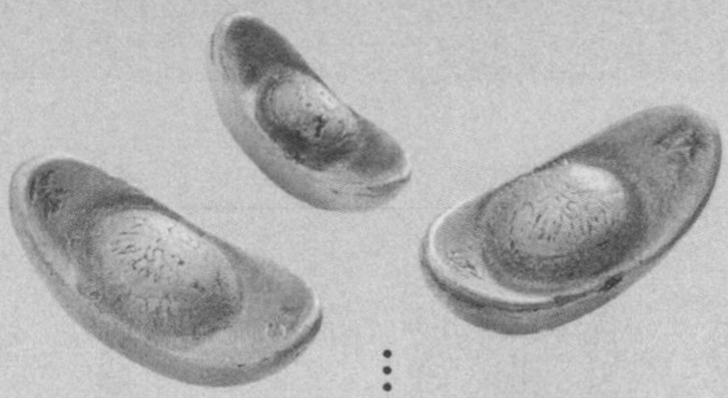

第五章

拼錢要訣四：搭配當年紫微斗數理財預測投資規劃

一、千金難買早知道，教您做好風險管理

拼錢四要訣：

第一要訣　用紫微斗數判斷投資環境
第二要訣　了解適合自己的投資方式
第三要訣　認知自己財運好壞的時機點
第四要訣　預測理財趨勢

第一要訣用紫微斗數判斷投資環境；第二與第三要訣重點在於認知自我，掌握自己的優勢與時運點；第四要訣則是學習敬天仰地，掌握局勢，並能預測股市先機。如此萬全的準備，勢必能讓您先知先覺，做好風險管理，趨吉避凶。

運用紫微斗數預測股市，這套學問由家師洪培峰大師自民國七十五年開始推演、應證至今，近三十年的數據與經驗，準確性可達八成以上。目前推演數據以台灣股市為主，除了一般分析參考外，現在您多了一項預知的能力，讓您在理財運用上比別人佔有先機。在經濟學原則上，經濟狀態是否旺盛或是蕭條？除了全球性問題之外，還有每個國家的政治問題、意外災難問題，都會影響整個經濟，因此預測上會受到這些因素而產生偏差。理財風險運用，請大家仍需逐步運作，切忌所有雞蛋放在同一個簍子中。好好演練，把握住您擁有此書的福報與機緣。

二、西元二〇一四年大局趨勢預測圖

西元二〇一四年波段的趨勢預測圖如下。請大家依據個人運勢掌握趨勢，逐步攻略。

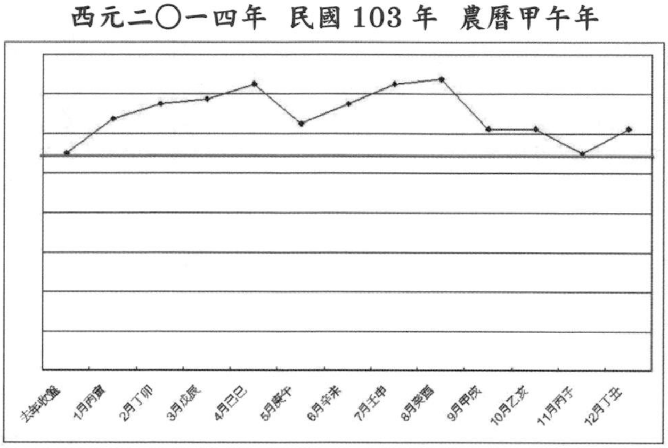

有關股市之預測，本篇幅是依據斗數與天地陰陽生剋大膽假設。其中易因國際經濟與政治變化而有所差異，因此投資（短線），請參照作者每日之預測網頁臉書【魁鉞運星】會員專區，精準度將會更高，敬請見諒。

三、西元二〇一四年農曆每年的氣數分析預測

接續為西元二〇一四年農曆每年的氣數分析預測，提供您參酌運作：

二〇一四年台灣股市紫微斗數預測

有關股市之預測，本篇幅是依據斗數與天地陰陽生剋大膽假設。其中易因國際經濟與政治變

化而有所差異，因此投資（短線），請參照作者每日之預測網頁臉書【魁鉞運星】會員專區，精準度將會更高，敬請見諒。

田宅宮 小限2歲 己 武曲陷(科) 破軍陷(權) 病符 36 - 45 癸乙丁己辛 巳	官祿宮 小限3歲 庚 太陽廟(忌) 台輔 歲建 46 - 55 甲丙戊庚壬 午	僕役宮 小限4歲 辛 天府廟 天鉞 晦氣 56 - 65 乙丁己辛癸 未	遷移宮 小限5歲 壬 天機 天馬 太陰 解神 孤辰 喪門 66 - 75 丙戊庚壬甲 申
福德宮 小限1歲 戊 天同陷 三台 文曲 寡宿 左輔 鳳閣 弔客 26 - 35 壬甲丙戊庚 辰	紫微斗數台灣股市預測命盤 西元2014年 民國103甲午年		疾厄宮 小限6歲 癸 紫微廟 恩光 貪狼 天刑 紅鸞 貫索 76 - 85 丁己辛癸乙 酉
父母宮 小限12歲 丁 擎羊陷 天貴 鈴星 天喜 咸池 天德 16 - 25 辛癸乙丁己 卯			財帛宮 小限7歲 甲 巨門陷 八座 文昌陷 龍池 右弼 華蓋 官符 86 - 95 戊庚壬甲丙 戌
命宮 小限11歲 丙 祿存廟 陰煞 封誥 (身) 白虎 指背 6 - 15 庚壬甲丙戊 寅	兄弟宮 小限10歲 丁 廉貞(祿) 天姚 七殺廟 天魁 陀羅廟 火星 龍德 天煞 116 - 125 辛癸乙丁己 丑	夫妻宮 小限9歲 丙 天梁廟 天哭 天虛 大耗 災煞 106 - 115 庚壬甲丙戊 子	子女宮 小限8歲 乙 天相 地劫 天空 小耗 劫煞 96 - 105 己辛癸乙丁 亥

西元二〇一四年（民國一〇三年）國際經濟、政治、天象、股市……預測

干支甲午木火相生，紫微斗數是廉貞化祿、破軍化權、武曲化科、太陽化忌。

廉貞隸屬官祿主，巨門屬開創新局，武曲屬財經房產，太陽化忌屬政治、教育，不利男性（年長男性須防）。疾病方面須防瘧疾，注意飲食感染。

經上述預測：

一、世界東方較為動盪不安（戰爭、風災、地震、乾旱…）。

二、經濟有復甦向榮的現象。

三、國內股市指數亦有再創新高的趨勢。

四、股市在上半年較為忽上忽下、穩定盤上之跡象，年中至中秋前後較為動盪不安（農曆五月及九月較為不利多頭）。

西元年	年干支	年生剋	市場/月份	1	2	3	4	5	6	7	8	9	10	11	12
2014	甲午	木火	多頭	丙寅	丁卯	戊辰	己巳	庚午	辛未	壬申	癸酉	甲戌	乙亥	丙子	丁丑
廉貞祿 太陽忌				+	+	+	+	-	+	+	+	-	+	-	+
				多頭				盤整				盤整			

西元二〇一四年 民國 103 年 農曆甲午年

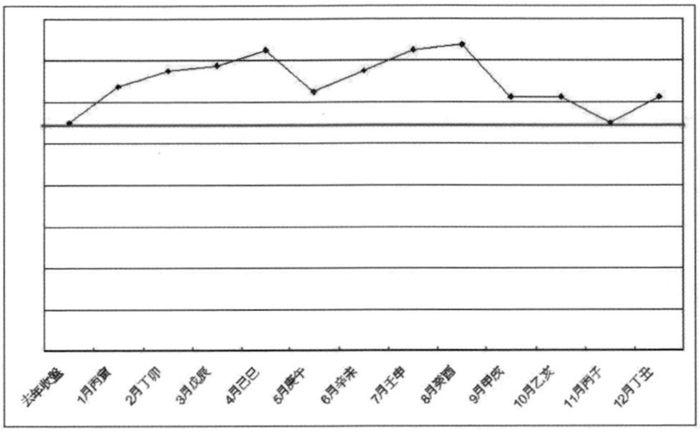

西元二〇一四年每月國內（台灣）股市預測：

正月

農曆正月氣數卜得一卦：潛藏自有光明日，守耐無如待月明，龍虎相翻生定數，春風一轉漸飛鶯。意謂臘月之去，春即來，茲當欣欣向榮，故宜耐心等候月圓之時。

正月丙寅木火相生，廉貞化忌主上旬忽上忽下震盪行情。月中後較為穩定盤升。

時序進入暖春，正是春暖花開嬌豔色之時，萬物欣欣向榮。

二月

農曆二月氣數卜得一卦：柔順而靜，坤之六爻皆吉，陰盛於陽，不怕亢龍之悔。意謂漸入佳境之意，唯戒之於貪，見好即收。

二月丁卯相生，太陰化祿主上旬氣數盤堅行情。巨門化忌須防十日以前拉回整理。

三月

農曆三月氣數卜得一卦：一個兔兒一個雞，等全無不合人思，有朝遇遘東風力，且看天公造化機。意謂謀略求實，不宜妄求，等待機運。

三月戊辰比肩，年月天干相剋。貪狼化祿主上旬氣數較為活繃亂跳。天機化忌主下旬拉回整理，應屬偏空行情。

四月

農曆四月氣數卜得一卦：月到天心人有望，牛郎巧合屬天成，不須輾轉求良偶，天喜從人命自榮。意謂財氣獲利穩足。福祿天成。

四月己巳相生偏向多頭行情。武曲化祿主上旬氣數較佳。文曲化忌主中旬拉回整理。

五月

農曆五月氣數卜得一卦：十日灘頭坐，一日過九灘，東風須著力，人事自全完。意謂謀事艱苦，須步步為營，此月為潛藏之時，等待機運。

五月庚午相剋，空頭行情。太陽化祿主中旬震盪至下旬。天同化忌主下旬須防盤跌整理。

六月

農曆六月氣數卜得一卦：一聲鶯報上林春，恐是虛聲，未必崢嶸，若要崢嶸，還須月圓後。意謂眼前無法舒展，當到中秋之後，方顯吉祥之兆。

六月辛未相生，盤堅行情。巨門化祿主上旬盤堅。文昌化忌主中旬須防拉回整理。此月須防政策性的失誤（文書過失）。

七月

農曆七月氣數卜得一卦：虎作中堂，雞犬相關，天不如人求，反增多少笑，安而不危，菊花天到。意謂目前尚是艱難險阻，是多阻礙，需候時而行。

七月壬申相生，主盤整行情。天梁化祿主下旬較穩定。武曲化忌主上旬須防拉回整理。

八月

農曆八月氣數卜得一卦：圓又缺，缺又圓，連又斷，斷又連，遇渡橋，舟在前也，須慎言方得周全。意謂反覆不已，皆是必須小心應對。

八月癸酉相生、巳酉相剋氣數較弱，須防盤跌。破軍化祿、貪狼化忌，主上旬忽上忽下來回震盪。

九月

農曆九月氣數卜得一卦：時來風迭滕王閣，運至何憂跨仙鶴，甲乙丙運天雲梯，也知桂香味自卓。意謂秋風報喜，財氣漸瀰漫。立秋後可獲利也。

九月甲戌相剋為盤整行情。廉貞化祿主上旬氣數較穩定。太陽化忌主中旬不利有震盪盤低的跡象。

十月

農曆十月氣數卜得一卦：一半就，一半不就，惹得爭鬥，取之不吉，治之宜早，吉祥方保也要慢尋討。意謂宜守己安分，凡事戒之於貪，等待吉祥到來。

十月乙亥相生、年月相剋（須防風災、水災），氣數顯示不穩定。天機化祿屬下旬較為穩定盤堅。太陰化忌主中旬拉回整理。

十一月

農曆十一月氣數卜得一卦：苦而甘，甘而苦，一子一午，送喜不送憂，也要自裁生。意謂一子一午之際遇，一好一歹之時，堅定意志待喜來臨。

十一月丙子相剋盤整行情。天同化祿主下旬盤堅。廉貞化忌主上旬拉回整理。

十二月

農曆十二月氣數卜得一卦：富貴功名各有期，龍虎相逢雞犬宜，果然採獲他人手，自是金鱗上玉時。意謂小心勤力，自有佳境利得。

十二月丁丑相生盤堅行情。太陰化祿主中旬盤升。巨門化忌主上旬拉回整理。

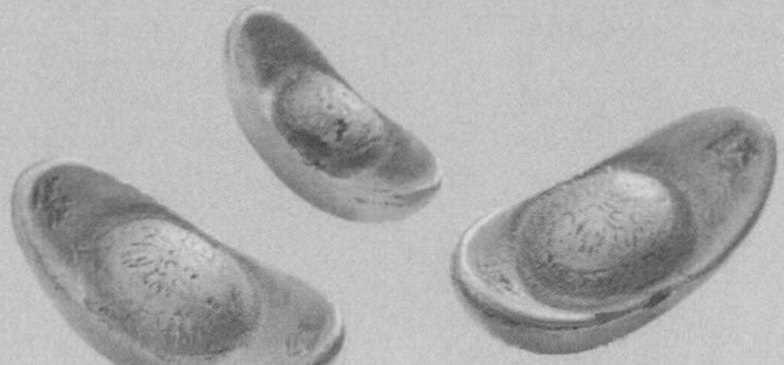

第六章

布置開運發財風水，讓您發財守庫

掌握了本書的四大要訣後，您便搶得天時與人和的優勢！人處於天地之間，除了擁有天時之運與人和之助，地利之便也不可或缺。地理的運用能使所有的生物體精氣神飽足，讓人充滿幹勁與能量。風水的佈局運用得當，風生水起的好地理，就是創造健康與財富的秘笈！

招財風水布置法運用方法：

一、上天的恩賜、大地的瑰寶—風水學之「地氣」

二、「我的財位在哪裡？」

流年九宮飛星之財位

三、「如何布置我的招財風水？」

1. 金錢樹、發財樹
2. 水晶洞、聚寶盆
3. 財源滾滾
4. 貔貅、三足蟾蜍

四、運用裝飾物品之材質、色彩、形狀來催財

五、藏風又聚氣，財氣不渙散

一、上天的恩賜、大地的瑰寶：風水學之「地氣」

風水經書曰：「氣乘風則散，界水則止。古人聚之使不散，行之使有止，故謂之風水。」經書裡面所說的氣，即是風水學中的地氣，它是一種很珍貴的能量，能對生物體帶來很好的庇護，甚至能提昇一個人的氣運。俗話常說；一命、二運、三風水、四積陰德、五讀書。由此可見風水

好壞對人的影響是很大的，不可輕忽它。

存在於大自然界中的地氣很嬌嫩，它由地底直透而上，卻很容易被非自然的建材、化學物品等物質來破壞，一旦居家布置用了這些化學材質，非但會破壞了地氣，甚至會造成一種對生物不利的氣場，試舉例幾種地板材質如下：

1. 磁磚（含化學釉藥）

2. 塑膠地板

3. 化學地毯

4. 花崗岩地板（雖是天然石材，卻含放射性元素「氡」）

5. 非天然實木地板（製程含化學劑）

6. 泡過藥水之實木地板（防蟲防蛀）

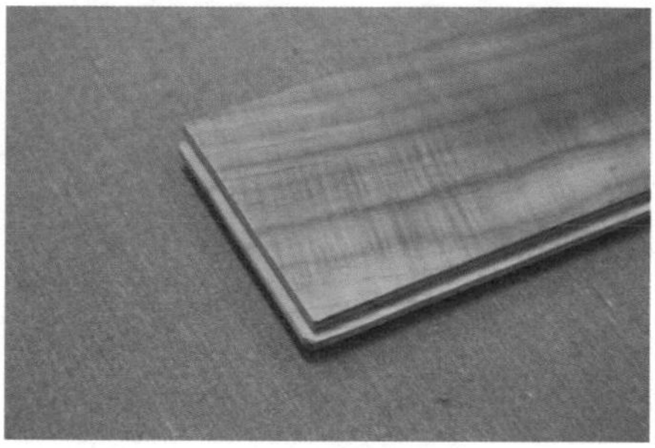

只要製程或鋪設地板過程使用了化學物質，就會阻隔了地氣的穿透性，化學成分愈多，則居家風水就會變得愈差。一間居家風水地氣不好的房子，是很難能夠幫主人賺錢的。即使勉強布置了招財風水，其功效也是很差，無法達到加乘的效果。

筆者有幸習得師門風水堪輿之術，更得恩師傳承風水地氣勘測之法寶「尋龍尺」，今將近二十年來風水勘測之心得分享有緣讀者大眾，希望大家在居家風水布置上，能夠結合吉祥方位及風水地氣，獲得幸福美滿人生。

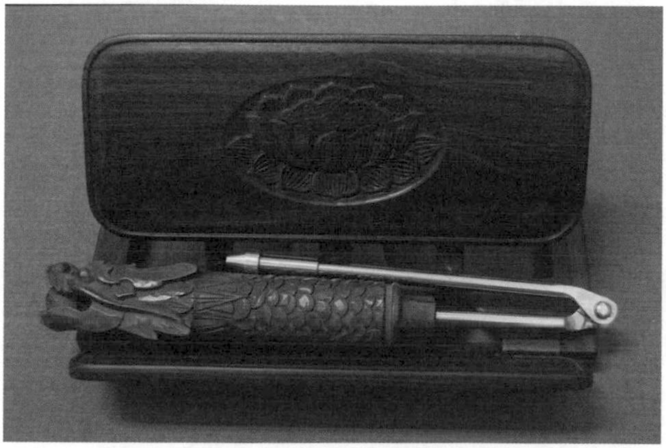

上圖：師門傳承風水勘測寶物「尋龍尺」

二、「我的財位在哪裡？」

隨著每個流年的變化，我們可以運用流年九宮飛星的方法，找出適合在家中或辦公室內，布置招財風水格局的方位所在。請參考下列表格中所示流年與求財方位對照表，就可以很容易的找出，自己在家裡可以布置招財風水的位置。

流年屋宅九宮飛星催財吉方

民國年份	求正財方位（六白方）	求偏財方位（八白方）
102、111	西北方	東北方
103、112	西方	南方
104、113	東北方	北方
105、114	南方	西南方
106、115	北方	東方
107、116	西南方	東南方
108、117	東方	中央
109、118	東南方	西北方
110、119	中央	西方

以今年民國一〇三年（歲次甲午）為例：

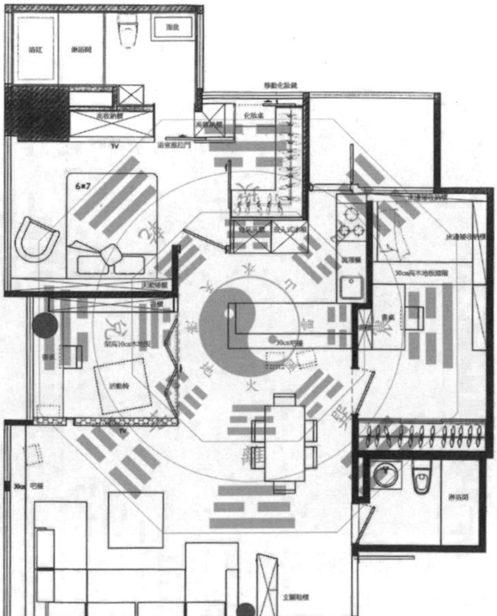

李君的房子是座西朝東的方位，如今想在自己的屋宅內設置招財的風水格局，則李君可以在屋宅內的西方、南方二處，布置招財風水格局。（圖中標示圓圈處）

三、「如何布置我的招財風水？」

由上篇內容已經知道，今年屋宅內的招財吉方在哪裡。接下來，我們就是要來選擇自己喜歡的擺設物品，一般而言，招財風水擺設之物宜用天然材質，如此較容易與財氣感應，太多化學加工處理過的材質，在此較不建議。

以下列出幾種常用的招財風水擺設之物：

1. 金錢樹、發財樹

在財位擺設盆栽金錢樹或發財樹，可以藉由植物本身的生發之氣招來財氣。不過有一點要特別注意，千萬不可讓植物出現枯萎凋零的現象，如此反有財患病之兆。有時水澆太多根部會爛掉，水澆太少會枯萎，不可不慎！倘若細心照料下植物還一直死掉，換了幾盆都一樣的話，則該處必然是離氣之處（接不到地氣，還造成氣場不佳之處），自然也不宜作為財位。

發財樹

金錢樹

2. 水晶洞、聚寶盆

細心找到蘊藏高能量的水晶洞或聚寶盆，然後在招財方位，找出至少不離氣的空間，則自然可以收到聚財的效果。

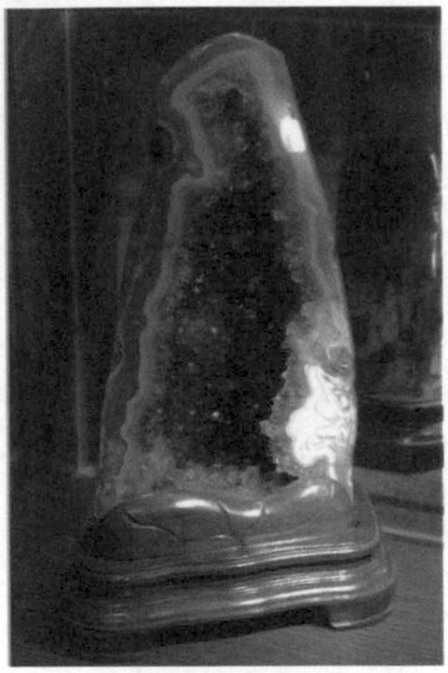

紫水晶洞

紅瑪瑙聚寶盆

3. 財源滾滾

自古風水就有水為財的說法，所以若能在財位上，擺設一個流水源源不斷的風水格局，則

上圖：能量水晶測試。高能量紫晶洞釋放出來的能量，可使尋龍尺逆時針方向轉動指向老師，代表能量很強。

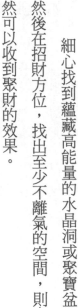

財源自然是滾滾而來啊！尤其是命中五行缺水的人，更適合布置此招財格局。不過有一點要特別注意，水要向內流，千萬不要往外流，一旦水流方向朝著門口屋外流，豈不是財沒招進來，還一直往外送出去，反而有破財之象。

上圖：水為財，流水不斷往內流，象徵著財源滾滾而來。

4. 貔貅、三足蟾蜍

＊貔貅

貔貅是中國人心目中的財獸，相傳是龍的九子，龍頭、馬身、麟腳，無翅膀但能騰雲駕霧，號令雷霆，降雨開晴。相傳貔貅沒有排泄系統，所以被喻為「有入無出」的神獸，也象徵著金銀財寶只進不出。

貔貅分為雄性和雌性，雄性兩角的為「貔」，又叫「辟邪」，代表財運；雌性一角的為「貅」，又叫「天祿」，代表財庫。貔貅可以用來招財、驅邪、擋煞、鎮宅，納食四方金銀，聚財於肚，可催官運。民間有「一摸貔貅運程旺盛，二摸貔貅財運滾滾，三摸貔貅平步青雲」的美好祝願。所以公母貔貅放在財位上時，可以把公的「貔」

頭朝外去咬錢回來，把母的「貅」頭朝內擺設，負責存錢在家裡。

＊三足蟾蜍

相傳三腳蟾蜍原是一隻妖精，天性喜歡金銀財寶，對錢財有敏銳洞悉力，很會挖掘財源。後來被劉海禪師收服，從此便助劉海禪師救濟貧窮百姓，造福鄉里。其特徵是紅眼、三隻腳、背有七星陣、口咬錢幣。

上圖：貔貅

上圖：三腳蟾蜍

四、運用裝飾物品之材質、色彩、形狀來催財

風水招財的方法，除了在財位上擺設招財吉祥物外，我們也可以利用每個人命中八字所代表為財的日元生剋五行（木、火、土、金、水），依其所主之形狀、顏色、材質，來配合家中的室內裝潢，也可以有招財的效果喔！

在顏色上來說：

木代表綠色

火代表紅色

土代表黃色、棕色

出生日天干	五行屬性	財星五行
甲、乙	木	土
丙、丁	火	金
戊、己	土	水
庚、辛	金	木
壬、癸	水	火

個人財星五型對照表（日元即出生日天干）

金代表白色、金屬色（金、銀）

水代表藍色、黑色

對形狀而言：

木直、火尖、土方、金圓、水曲，是五行所代表的形狀，即是說：

木主較直條的形狀，例如長方形、長條形。

火主有尖形之形狀，例如三角形、尖凸形。

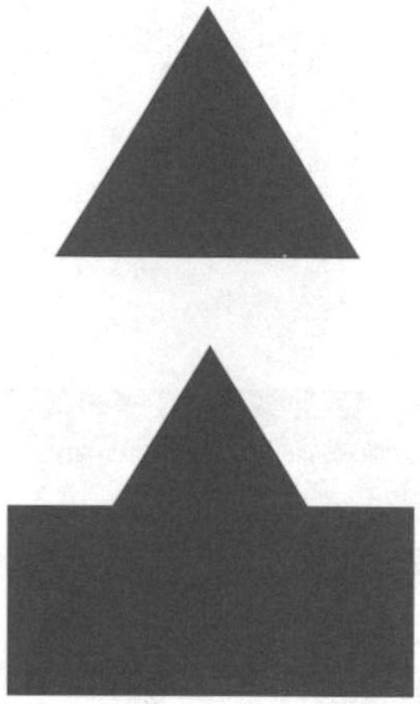

土主較為四方的形狀，例如正方形、四角形。

金主圓圓的形狀，例如正圓形，橢圓形。

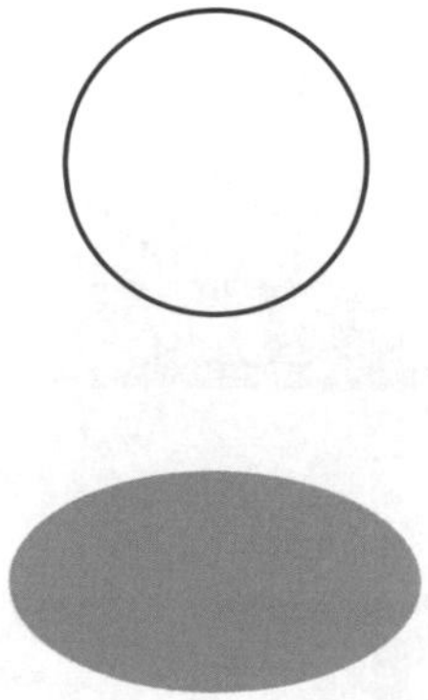

水主彎彎曲曲的形狀，例如圓弧形、S形。

以材質方面來說：

木即是木製品，例如木雕、木桌椅、木櫃、花木園藝、盆栽、書本。

火即是用到火或電之物品，例如瓦斯爐、蠟燭、薰香燈、電氣用品。

土即是土石製品，例如石雕、石頭、陶藝品、寶石、水晶。

金即是金屬製品，例如金屬飾品、金屬藝品、金屬傢俱。

水即是利用水的設施或物品，例如：吧檯、水族箱、魚池、水車造景裝飾。

五、藏風又聚氣，財氣不渙散

此案例A君買了一間新房子，在房子的財官風水格局上，我們可以在這些相關位置，作如下的布置：

1. 把大門開在氣場強的位置，才能財丁兩旺。
2. 財位氣場要強，且要能夠藏風聚氣，才能財源滾滾。
3. 書房文昌位氣場要強，方能催發考運、官運。同時我們也可以放置一些風水吉祥物，來加強風水格局。

在文昌位上可擺放盆栽幸運竹，代表步步高升，或擺設高能量的紫水晶七星陣。

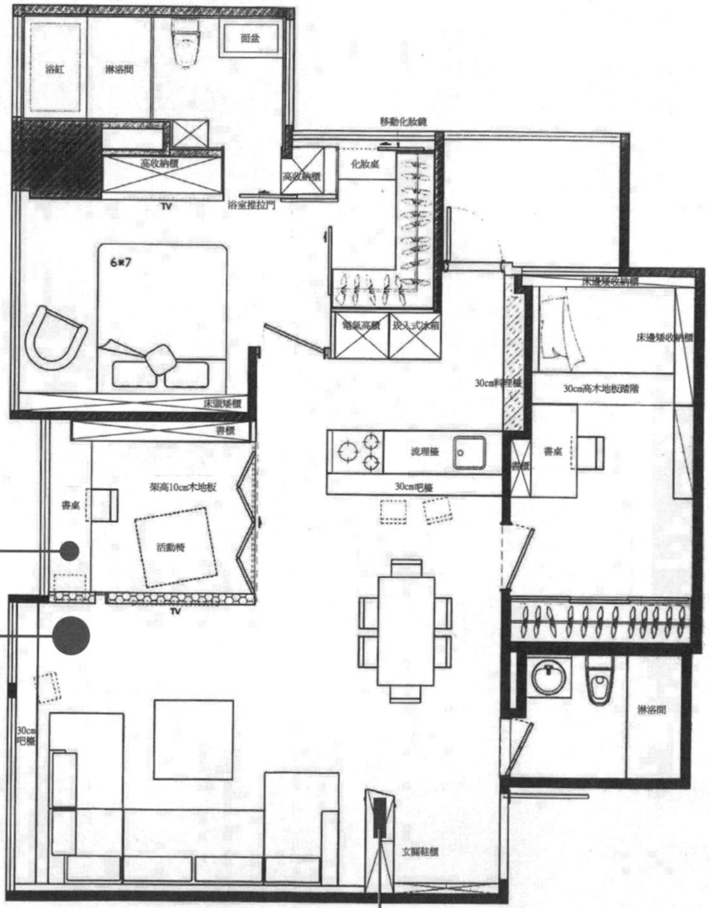

在玄關的矮櫃上，可以放置高能量的水晶洞，既可擋煞，又可納氣。

在進入客廳斜對角的財位上，可布置招財的物品。

後　記

從小夢想雲遊四海、懸壺濟世，觀宇宙而心懷虔誠、放眼人間而力行慈悲。因緣際會遇到恩師「洪培峰大師」，大師妙手回春解中西醫無救的病痛，短短二星期得到身心平靜；毅然放棄高薪拜師學藝一圓夢想。下醫醫病、中醫醫心、上醫醫國、無上醫醫世界！一步一腳印築夢踏實。感謝洪大師如再造父母，翔鉞必精進濟世回饋社會。

師曾云:「翔鉞不負教導繼承師門真傳服務社會」，祈舊雨新知愛護天鉞門及天星紫研會諸位大德繼續指導！感恩。

國家圖書館出版品預行編目(CIP)資料

算錢：用命理風水解出您的投資方向和時機，
輕鬆晉升億萬富翁 /
阮翔鉞，洪紹魁著. -- 初版. --
新北市：智林文化，2014.02
面；　公分. --（新生活視野；24）
ISBN 978-986-7792-62-4（平裝）
1. 紫微斗數
293.11　　102025943

新生活視野 24

算錢：

用命理風水解出您的投資方向和時機，輕鬆晉升億萬富翁

作　者 / 阮翔鉞、洪紹魁
編　輯 / 黃懿慧、盧化茵
校　對 / 陳品方、唐亮凱、吳姵靚、曾慧華、
吳姵萱、董彥秀、溫貴花、萬書璇
設　計 / 果實文化設計工作室
排　版 / 蔡政哲
出版者 / 智林文化
地　址 / 新北市中和區中山路 2 段 530 號 6 樓之 1
電　話 / (02) 2222-7270
傳　真 / (02) 2222-1270
網　站 / www.guidebook.com.tw
E-mail / notime.chung@msa.hinet.net
Facebook / www.facebook.com/bigtreebook
劃　撥 / 戶名：大樹林出版社・帳號：18746459
總經銷 / 旭昇圖書有限公司
地　址 / 新北市中和區中山路二段 352 號 2 樓
電　話 / (02)2245-1480
傳　真 / (02)2245-1479

本書如有缺頁、破損、裝訂錯誤，請寄回本公司更換
定 價 / 350 元
ISBN / 9789867792624

Printed in Taiwan
初版一刷 / 2014 年 02 月

回函好禮活動説明

魁鉞運星命理風水中心

命理 風水 合婚 擇日 命名 健康用品

116 台北市文山區興隆路一段 231 號 1 樓

電話：(02)5576-0526　0988-584-848

facebook【魁鉞運星】 尋夢園地

讀者填妥「回函表格」後，寄到「智林文化」。阮老師會在收到出版社資料 2 ～ 3 星期內，將流年運勢的答案 E-mail 給讀者。感恩回饋讀者，贈流年批示財運分析，分析內容案例如下：

姓名：王小明

西元 2014 年、民國 103 年、歲次甲午馬年、流年財運批示建議

適合您的投資方式	
適合您的投資時機	
本年財運整體分析	

每個月財運分析（農曆）	
一月 丙寅	
二月 丁卯	
三月 戊辰	
四月 己巳	
五月 庚午	
六月 辛未	
七月 壬申	
八月 癸酉	
九月 甲戌	
十月 乙亥	
十一月 丙子	
十二月 丁丑	
其他建議	

魁鉞運星　謹製　　年　　月　　日

[算錢]
新書教學會

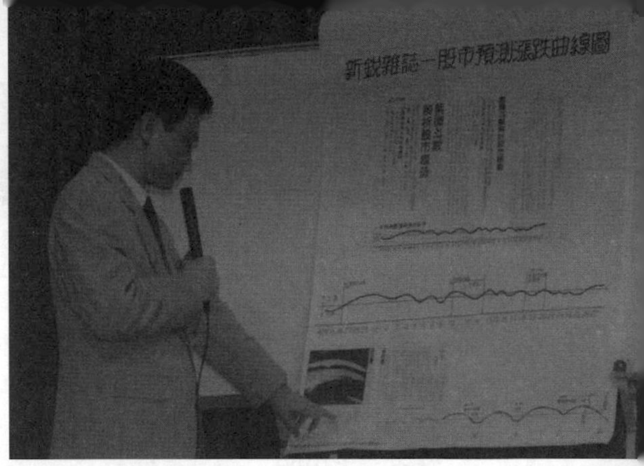

師承《天鉞星》洪培峰大師，七、八十年產經日報運用紫微斗數預測達九成準確度；再經三十年以上追蹤應證。簡單四大步驟循線尋找您的求財方向與時機。引導您『億萬富翁計畫』10 年五百萬資產、20 年千萬資產、30 年上億資產。

算錢一書為您展開智富地圖！

新書教學會教您解讀地圖，輕鬆理財致富、規劃人生。

◎ 103/02/15（六）11:00~12:00

◎ 103/02/26（三）14:00~15:00

◎ 103/03/15（六）11:00~12:00

◎ 103/03/26（三）14:00~15:00

◎ 103/04/12（六）11:00~12:00

◎ 103/04/23（三）14:00~15:00

【免費教學】持本書或現場購書者，可免費參加教學會（每場＄1,000)。

新書教學會地址：

台北市文山區興隆路一段 231 號（捷運新店線萬隆站下車走路約 10 分鐘）

報名電話 :(02)5576-0526 或 0988-584-848

魁鉞運星文創

現代科技文明盛行，人心充滿無奈與空虛，魁鉞運星有感於人世間的苦厄太多，不忍獨善其身，命理服務運用『紫微斗數因子學』，指點迷津助人無數，更編寫命理生活運用書籍，讓社會大眾能夠接觸到命理學術的奇妙助益與運用。

傳統堪輿導入『風水能量磁場學』，更上層樓，讓許多商家住宅鬼斧神工，徹底發揮風水助力。一門好風水必須擁有陽光、空氣、水及地氣；運用尋龍尺感測地氣磁場能量，讓我們在自然地氣能量中健康養生、興家立業、財丁興旺。

魁鉞運星為您服務：

命理諮商心靈諮詢 感情事業理財輔導
紫微斗數流年批命 開運風水鑑定設計
嬰兒取名公司命名 吉祥合婚喜慶擇吉
道家養生能量保健 能量水晶金工珠寶
紫微斗數學術教學 開運姓名學術教學
風水堪輿學術教學 道家自然養生教學

傳承濟世、服務眾生

魁鉞運星命理風水中心
台北市文山區興隆路一段231號
Tel. (02)5576-0526, 0988-584-848
Mail. fflightlovetw@yahoo.com.tw

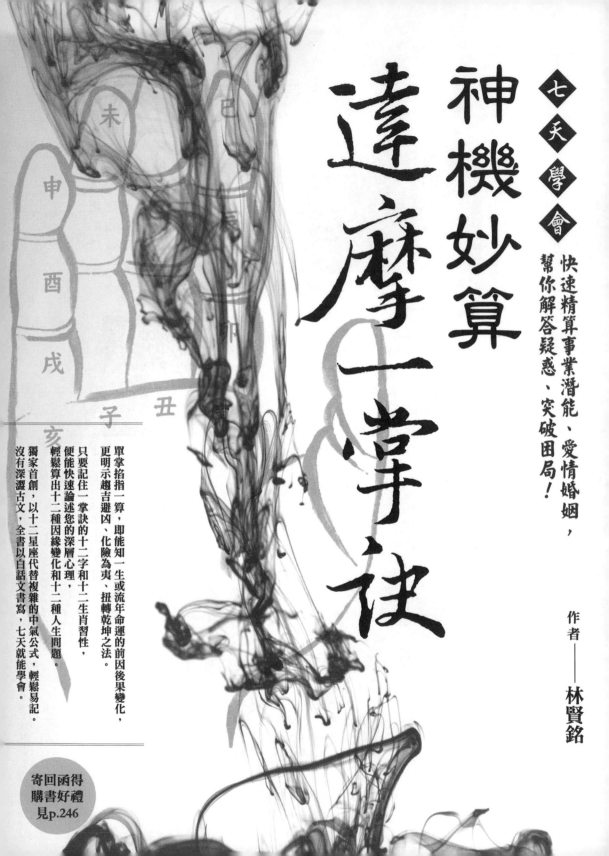

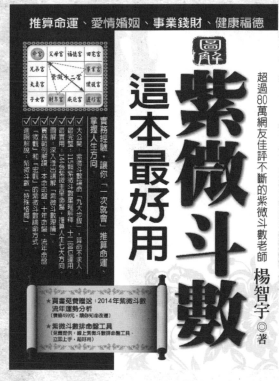

活用易經指引事業、愛情、人生方向

圖解 易經占卜

超過80萬網友佳評不斷的易經老師

實務經驗：一次學會易經占卜、易經64卦384爻哲理。

楊智宇◎著

這本最好用

本書特點

- ☑ 四大占卜秘技：金錢卦、抽籤卦、撲克牌、骰子卦。
- ☑ 公開：實務占卜「五大步驟」。《神準占卜不求人》。
- ☑ 1344個解卦範例：工作升遷、創業經商、感情運。
- ☑ 圖解：易經64卦、384爻。
- ☑ 易經全文翻譯，深入淺出解讀易經，現學現用。
- ☑ 64個歷史故事，講解易經「人生哲理」。
- ☑ 易經知識、易經的風水運用、易經起源、創作過程。

智林文化

請貼
5元郵票

智 林 文 化
大樹林出版社
BIG FOREST PUBLISHING CO., LTD.

地址：235新北市中和區中山路2段530號6F之一
讀者服務電話：(02)2222-7270
郵撥帳號：18746459 戶名：大樹林出版社

請沿虛線折下裝訂，謝謝！

★填好資料後請沿線裝訂，即可成為智林文化會員，並不定期收到e-mail新書快訊！

新生活視野 24

算錢

用命理風水解出您的投資方向和時機，輕鬆晉升億萬富翁

紫微

智林文化

紫微

書　　名：	算錢：用命理風水解出您的投資方向和時機，輕鬆晉升億萬富翁
姓　　名：	（必填）
性　　別：	□男　□女　（必填）
出生日期：	□國曆　□農曆〔請擇一，並打勾〕（必填）※免費紫微斗數流年運勢分析，需要正確的生辰資訊才能算命。沒有生辰無法分析。
	＿年＿月＿日＿時辰（必填）
電　　話：	室內電話：＿＿＿＿　手機：＿＿＿＿
E-mail：	（必填）
通訊地址：	□□□
學　　歷：	□研究所　□大學　□專科　□高中（職）　□國中
職　　業：	□商　□工　□學生　□公家機關　□自由業　□其他

請沿虛線折下裝訂，謝謝！

★購書地點：＿＿＿＿＿＿書局＿＿＿＿＿分店　其它＿＿＿＿＿

★從何處知道本書：□逛書店　□朋友介紹　□廣告DM　□其它

★您想參加紫微斗數教學課程嗎？　□想　□不想

可以參加的場次　□紫微斗數理財投資班

□紫微斗數保証班

★您對本書的意見：

內　　容	＿＿＿＿	1.豐富	2.尚　可	3.再加強
封面設計	＿＿＿＿	1.滿意	2.尚　可	3.改　進
編　　輯	＿＿＿＿	1.滿意	2.尚　可	3.改　進
價　　格	＿＿＿＿	1.偏高	2.可接受	3.偏　低

★您的建議：＿＿＿＿＿＿＿＿＿＿＿＿＿＿＿＿＿＿